PETER RICHTER
Deutsches Haus

Buch

Wie wir wohnen ist heute alles andere als unsere Privatangelegenheit. Im Gegenteil: Die Einrichtungen der Deutschen sind die öffentlichsten Bühnen, die es gibt. Und was da aufgeführt wird, sind absurde Dramen und groteske Komödien. Man weiß nicht, ob man lachen oder weinen soll, wenn man Peter Richter bei seiner Besichtigung des deutschen Wohnwahnsinns folgt. Denn eins steht fest: Beim verzweifelten Kampf um Individualität stellen sich allen die gleichen Fragen: Kinderklinik oder ganzheitliche Geburtshütte? Miete oder Eigentum? Dach- oder Erdgeschoß?
Und schließlich: Urne, Sarg oder Mausoleum?
Richters leidenschaftliches Plädoyer gegen bevormundende Einrichtungsratgeber jedweder Art ist nicht nur klug und amüsant geschrieben, sondern als Vorbereitung auf den nächsten Besuch im Möbelhaus geradezu unverzichtbar.

Autor

Peter Richter wurde 1973 in Dresden geboren. Er studierte in Hamburg und Madrid, ist promovierter Kunsthistoriker, lebt in Berlin und arbeitet als Autor und Kolumnist unter anderem für die Frankfurter Allgemeine Sonntagszeitung. Bereits mit seinem ersten Buch »Blühende Landschaften« gelang ihm ein sensationeller Erfolg.

Von Peter Richter ist bei Goldmann außerdem erschienen

Blühende Landschaften. Eine Heimatkunde (54220)

Peter Richter

Deutsches Haus

Von einem, der auszog,
das Wohnen zu lernen

GOLDMANN

FSC
Mix
Produktgruppe aus vorbildlich
bewirtschafteten Wäldern und
anderen kontrollierten Herkünften

Zert.-Nr. SGS-COC-1940
www.fsc.org
© 1996 Forest Stewardship Council

Verlagsgruppe Random House FSC-DEU-0100
Das FSC-zertifizierte Papier *München Super* für Taschenbücher
aus dem Goldmann Verlag liefert Mochenwangen Papier.

1. Auflage
Taschenbuchausgabe Januar 2008
Wilhelm Goldmann Verlag, München,
in der Verlagsgruppe Random House GmbH
Copyright © der Originalausgabe 2006
by Goldmann Verlag, München,
in der Verlagsgruppe Random House GmbH
Umschlaggestaltung: Design Team München
Umschlagfoto: Marc Schilkowski
KF · Herstellung: Str.
Druck und Bindung: GGP Media GmbH, Pößneck
Printed in Germany
ISBN: 978-3-442-15475-3

www.goldmann-verlag.de

Inhalt

Vorwort 9

Das Problem 23

Das Geburtshaus 31

Die Kinderstube 41

Das Jugendzimmer 51

Wohnkarrieren 70

Der Umzug 81

Die Wohnlage 90

Männer und Frauen 102

Das Möbelhaus 107

Die Heimerziehung 120

Wohnen und Fernsehen 158

Die Kindergartentantenhaftigkeit der Moderne 170

Miete oder Eigentum 182

Wohnen im Alter 191

Das Sterbezimmer 196

Das Grab 200

Literaturverzeichnis 215

Register 217

Gekränkter Hausbesitzer erschlägt Innenarchitektin.
Weil der Innenarchitektin seine Einrichtung nicht gefiel, hat sich ein Südafrikaner tödlich beleidigt gefühlt. Aus Rache ermordete er die Frau mit einer Axt.

Johannesburg – Der 37-jährige Hausbesitzer José da Silva wurde schuldig gesprochen, seine Innenarchitektin Beatrice Harrowyn ermordet zu haben.

2001 hatte da Silva die zehn Jahre ältere Frau eingeladen, um ihr voller Stolz sein neues Haus in einer vornehmen Vorstadt von Johannesburg vorzuführen. Doch statt lobende Worte für das Dekor zu verlieren, kritisierte die Ausstatterin mit geübtem Blick die Inneneinrichtung – und traf damit da Silva an einer empfindlichen Stelle.

»Wir gingen durch das Haus, und ich sagte ihr, was ich alles wollte«, berichtete da Silva laut der Zeitung »Star«. »Sie machte keine netten Kommentare über mein Haus, deswegen ging ich in die Garage und holte die Axt. Sie erinnerte mich an einen alten Schullehrer, den ich sehr gehaßt habe.« Da Silva sagte aus, Stimmen in seinem Kopf hätten ihm befohlen, ein Serienmörder zu werden.

Spiegel Online, 16. Juni 2004.

Vorwort

Und so verläßt er die Höhle, fest entschlossen, durch seine Geschicklichkeit der Rücksichtslosigkeit und Unaufmerksamkeit der Natur abzuhelfen. Der Mensch will sich eine Unterkunft schaffen, die ihn schützt, ohne ihn zu begraben. Er wählt vier starke Äste aus, verbindet sie mit vier anderen, die er quer über sie legt. Darüber breitet er von zwei Seiten Äste, die sich schräg ansteigend in einem Punkt berühren, und bedeckt das so entstandene Dach mit Blättern, die vor Hitze und Regen schützen.
Marc-Antoine Laugier, Essai sur l'Architecture, 1753

Nur ein paar Jahrtausende, nachdem der Mensch also die Höhlen verlassen hat, um sich seine erste eigene Urhütte zu zimmern, sieht die Sache schon ganz anders aus: Aus den Baumstämmen sind Wände geworden, an der Innenseite der Wände hängen große, flache Fernseher, und davor sitze ich. Ich sitze da, starre die Wand an und sehe: Wohnungen. Wohnungen. Wohnungen. Einrichtungsmagazine. Wohn-Shows. Deko-Soaps. Das erfolgreichste Fernsehformat der letzten Jahre. Es sind faktisch Horrorfilme, und sie handeln davon, wie der einzelne sich ins Private flüchtet – aber die Öffentlichkeit rückt gnadenlos hinterher und hält voll mit der Kamera drauf. Zu sehen sind: Wohnungen von völlig fremden Leuten, von Leuten, die es aufgegeben haben, die einfach nicht mehr weiterwissen. Sie hätte es auch gern endlich mal ein bißchen schön, sagt abgewirtschaftet die Frau, die dort wohnt, sie komme aber nicht dazu.

Ganze Lebensläufe liegen da plötzlich vor einem, man kann in diesen Einrichtungsruinen lesen wie in einem offenen und leider leeren Sparbuch. Die Leute lassen die Hosen weiter herunter als in den schlimmsten Nachmittagstalkshows, zur Belohnung stellen einem die vom Fernsehen dafür aber auch eine komplett neue Einrichtung in die Wohnung. Schlichte, klare Formen, hell, zur Zeit meistens auch irgendwas in Orange, nächstes Jahr vermutlich dann in Gelb, und fast immer mit »Loungecharakter«. Vorher sah es aus wie bei jemandem zu Hause, nachher wie bei Ikea. Die Frau weint vor Freude. Ich weine auch. Aber vor Angst.

Ja, ich habe wirklich Angst vor solchen Sendungen und den Frauen, die sie moderieren, vor Sonya Kraus und vor Enie van de Meiklokjes und am allermeisten vor Tine Wittler. Tine Wittler ist angeblich genauso alt wie ich, könnte aber meine Mutter sein, sie benimmt sich jedenfalls so. Ihre physische Erscheinung muß man mit dem Wort durchsetzungsfähig beschreiben, und ihre Sendung trägt nicht ohne Grund den martialischen Namen »Einsatz in vier Wänden«. Tine Wittler ist eine Wohnmatrone, die mit einer ganz besonders großen Portion Mutterwitz durch das Abendprogramm walzt, Haustüren eintritt, keinen Stein auf dem anderen läßt. Nie war man in seinen eigenen vier Wänden weniger sicher als heute. Immer diese Angst, daß meine Nachbarn sich bei Tine Wittlers Sendung bewerben, und dann verwechselt die aber aus Versehen die Tür, es klingelt, ich ahne nichts Böses, und draußen steht plötzlich ein Fernsehteam, Kameralampen gehen an, der Ton läuft, ich werde durch den Flur geschubst, drehe mich um, sehe den Fernseher, sehe im Fernseher, wie sich jemand, der aussieht wie ich, nur schlechter, nach dem Fernseher umdreht und genau dort das gleiche noch einmal sieht, und zwar so lange, bis einem ganz schlecht wird vor lauter Rückkopplungen; daraufhin schiebt sich die Decotainment-Mutti ins Bild und sagt: »Hier wohnst du also« – und bei dem Wort »wohnen« malt sie mit den Fingern Gänsefüßchen in die Luft, daß es aussieht, als wolle sie ein ganzes Flugzeug voller Sarkasmus auf die Landebahn winken. Mit stummfilmhaft *über*deutlich ausgedrücktem Entsetzen schaut sie in das, wofür ich Miete zahle: »Nun: Jaaaa«, sagt sie dann, »wie siehst du selbst denn das Problem?«

Es gebe, eigentlich, keines, sage ich.

»Nein?«, fragt mit einem belustigten Kiekser in der Stimme sie – und dann klingt sie wie jemand, der einem Kleinkind den Nuckel in den Mund zurückschiebt: »Kein Problem? Wir lösen es trotzdem!«

Einrichtungsexperten, Psychoanalytiker, Türkengangs – es ist immer das gleiche Schema:

Hast du ein Problem?

Nein.

Doch.

Nein.

Bumm.

Jedesmal brummt einem der Kopf hinterher mehr als vorher.

Und das liegt daran, daß es einen Spruch gibt, mit dem man einen Menschen genauso wirkungsvoll vor den Kopf schlagen kann wie mit einer Axt.

Dieser Spruch lautet: »Zeig mir deine Wohnung, und ich sage dir, wer du bist.«

Man kann es gar nicht dramatisch genug sagen: Dieser Satz ist für die moderne Wohnkultur, was in den antiken Mythen die Büchse der Pandora war. Seit er in der Welt ist, herrschen Unglück, Konfusion und Selbsthaß unter den Mietern. Und die Erfahrung zeigt, daß man besonders bei alleinstehenden Großstädtern jenseits der Dreißig mal besser alle spitzen Gegenstände aus ihrer Reichweite räumt, bevor man ihn auspackt, denn wo allenfalls an Brüsten und Nasen ähnlich verbissen herumgebastelt wird wie an der Außenwirkung der eigenen Biographie, kann es keine Freude sein, wenn man beim Öffnen der Wohnungstür einem Menschen gegenübertritt, der ganz offensichtlich ein noch größerer Versager ist, als draußen ohnehin schon alle glauben.

Denn was siehst du denn, wenn du in deine Wohnung hineinschaust wie in einen Spiegel? Biografische Geröllhalden. Windschiefe Konstruktionen aus gigantischen Ansprüchen, fehlenden Mitteln, Modeirrtümern und traurigen Kompromissen. Und das bist dann also du. Du bist: Das Billy-Regal, das alle haben. Und du bist: Das Teil von Alessi auf dem Billy-Regal, das alle haben, die auch mal etwas Besonderes wollten. Du bist: Sofa + Bett + Schrank + Fernseher + Eßtisch = Du bist das Existenzminimum, das nicht einmal ein Gerichtsvollzieher wegpfänden dürfte, sowie ein paar Urlaubsandenken.

Und falls jetzt jemand einwenden möchte, daß das doch immerhin schon mal eine ganze Menge sei, jedenfalls mehr, als die meisten sich jahrhundertelang für ihr Leben erhoffen durften, daß es ja wohl noch ein paar schlimmere Krisenherde auf der Erde gebe als die eigene Wohnung und daß man deswegen nicht gleich durchdrehen und mit der Axt herumfuchteln müsse: Nein! Das trifft, leider, nicht zu. In den Industriestaaten des Westens nicht, und in Deutschland schon gar nicht.

Es war der Maler Heinrich Zille, der gesagt hat, daß man einen Menschen mit einer Wohnung genauso erschlagen könne wie mit einer Axt. Und damit meinte er vor allem die tuberkulösen Wohnbedingungen in den Arbeitervierteln von Berlin, wo er, Zille, die vielen dicken Proletarierinnenhintern gemalt hat, die da aus den Souterrains immer so dekorativ ins Bild ragten. Wenn man aber mal in Betracht zieht, daß in denselben Souterrains heute Retromöbel und Designer-Lampen verkauft werden, während die Leute dort über die Schwierigkeiten mit der Möblierung ihres Selbstbildes noch viel erbarmungswürdiger dreinschauen als alle Lumpenproletarier auf allen Zillebildern zusammen: Dann weist das nicht nur ziemlich eindeutig darauf hin, daß in der Zwischenzeit eine ganze Menge passiert sein muß – es ist vielmehr sogar so, daß im Grunde kaum etwas anderes passiert ist.

Vielleicht lag Friedrich Engels gar nicht so falsch, als er 1872 die »Wohnungsfrage« gewissermaßen zum eigentlichen Kernthema der Weltgeschichte erklärt hat; und seine These, daß eine wirkliche Lösung dieser Frage nur mit dem Anbruch des Kommunismus zusammenfallen könne, die ist zumindest bis heute nicht widerlegt. Im Gegenteil, vielleicht muß man vorläufig auch das Ziel einer umfassenden Wohnzufriedenheit als eine Utopie begreifen, der man einfach nicht näherkommt, egal über wieviele Leichen man geht.

Wenn auch beim Wohnen der Fortschritt ein Wind ist, der vom Paradies her weht, dann müßte zunächst einmal von den biblischen Strafgerichten der Restauration geredet werden, von dem Moment, als aus Mann und Weib Familienvater und Hausfrau gemacht wurden, und davon, daß der Unterschied zwischen »bürgerlichen« und »sozialistischen« Vorstellungen von der richtigen Art zu leben von Engels bis heute immer noch am zuverlässigsten anhand der jeweiligen Wohnkonzeptionen deutlich wird. Von der ungerechten Rolle, die das Wohneigentum im Wahlrecht des deutschen Kaiserreichs spielte, müßte gesprochen werden und von der sogenannten »Hauszinssteuer«, die vielleicht das Revolutionärste war, was die Weimarer Republik zu bieten hatte, und natürlich davon, was aus diesen Finanzmitteln wurde und was uns von den berühmten zwanziger Jahren im wesentlichen geblieben ist, nämlich Wohnsiedlungen und Siedlungswohnungen. Wenn man also wie ein Benjaminscher Engel der Geschichte rückwärts durch das Entsetzen flöge, würde man die verwaisten Zimmer der Deportierten zu Gesicht bekommen, und wie sich das Volk ohne Wohnraum breitmacht, und wie sich die britischen Bomber dann vor allem dessen Wohnviertel vornehmen. Danach kämen Trümmerfrauen ins Bild. Und Kräne. Und die Bauarbeiter von der Stalinallee am 17. Juni 53. Und ein Land, das den seltsam eschatologischen Beschluß faßt, die alte Engelssche Wohnungsfrage »als soziales Problem bis 1990« zu lösen. Ein Land, das erst von einem gelernten Tischler regiert wurde und dann von einem Dachdecker. Selten hat sich ein Staat so verzweifelt über die Unterbringung seiner Bürger zu legitimieren versucht wie die DDR mit ihrem wahnwitzigen Wohnungsbauprogramm, und selten ist einer so tragisch daran gescheitert. Die Massen an Plattenbauwohnungen, die über Deutschlands Osten gekübelt wurden, hatten einen Mangel beseitigen sollen und standen am Ende selber als Inbild des Mangels da. Und daß die sozialen Bedürfnisse nicht befriedigt werden können, ohne sofort neue, eher psychische zu wecken, wird vielleicht nirgends greifbarer als in der hilflosen Vertröstung »Erst jedem *eine* Wohnung, dann jedem *seine* Wohnung.« Mit den Folgen muß sich heute ein anderer Staat herumschlagen, und das wiederum liegt an einem Ereignis, zu dem es letztlich ja auch vor allem infolge sehr vieler Wohnungsumzüge zwischen Ost und West gekommen war. Daß einige besonders kluge Leute das gleich als »Ende der Geschichte« bejubelt haben, heißt aber noch lange nicht, daß damit auch die Wohnungsfrage schon vom Tisch wäre. Wohinein fließen denn ganz beträchtliche Teile der Aufbau-Ost-Milliarden? Und worum genau geht es noch mal, wenn von schrumpfenden Städten die Rede ist? Und von Eigenheimzulagen, Pendlerpauschalen, privater Altersversorgung, anrechenbarem Vermögen usw. usf.?

Wohnungen, Wohnungen, Wohnungen, Wohnungen.

Deutsche Politik ist seit über hundert Jahren im wesentlichen Wohnungspolitik. Es gibt zwischen Arbeitsmarkt, Energiekrise, innerer Sicherheit und Rente praktisch kein Thema, das nicht irgendwie auch mit der eigenen Wohnung zu tun hätte. Und wenn nach so vielen Jahren und so vielen Anstrengungen alles immer nur besser, aber nichts endlich auch einmal gut geworden ist, dann weist das sehr eindringlich darauf hin, daß das Wohnen eines jener selbsterhaltenden Probleme ist, die nie gelöst, sondern immer nur auf neue Niveaus gehoben und unendlich verfeinert werden.

Noch nie haben die Deutschen, oder zumindest die Westdeutschen, soviel Platz für sich selbst gehabt wie heute. Durchschnittlich vierzig Quadratmeter pro Kopf. Vor ein paar Jahrzehnten mußten sich noch ganze Großfamilien den Raum teilen, den heute im Schnitt jeder einzelne hat, fast alle anderen Europäer verfügen über weniger Quadratmeter an Privatsphäre. Alles ist über die Jahre immer größer, hygienischer oder sonstwie besser geworden, und der Wert der Wohnungsausstattung ist dabei sogar sprunghaft angestiegen: Deutsche Wohnungen sind heute Geldspeicher; wenn man den Zahlen der Wohnsoziologen glaubt, müßte man sich den Durchschnitts-Mieter als einen Dagobert Duck vorstellen, der seine von Verlustangst gepeinigten Nerven pausenlos in den angesammelten Werten seiner Wohnung badet. Tatsächlich trägt aber die Wohnung zu diesen Verlustängsten schon dadurch selber bei, daß sie das ist, wofür die meisten Menschen das meiste Geld ausgeben müssen. Trotz der vielen sozialpolitischen Gewaltanstrengungen hat sich in all diesen Jahren an einem Sachverhalt nichts geändert, der schon 1868 von einem Berliner Statistiker mit dem Namen Hermann Schwabe formuliert worden ist und seitdem als Schwabesches Gesetz durch alle privaten Haushaltspläne spukt: Je ärmer jemand ist, desto größer ist die Summe, die er im Verhältnis zu seinem Einkommen für die Wohnung ausgeben muß.

Es wäre natürlich schön, wenn diese Wohnung einen dann auch wirklich für die Strapazen entschädigen würde, die man an seinem Arbeitsplatz ihretwegen auf sich nimmt. Wie üblich beißt sich da aber die Katze mal wieder in den eigenen Schwanz, weil ein gelungenes und glückliches Wohnen nach dem Vorbild von Einrichtungszeitschriften, Prominenten-Homestorys und Fernsehfilmen, wie die Soziologen Harald Häußermann und Walter Siebel einmal lakonisch festgestellt haben, *sowohl* sehr viel Geld *als auch* sehr viel Freizeit erfordert. Die Tragik einer Erwerbstätigengesellschaft wie der unseren, möchte man ergänzen, besteht aber nun mal leider darin, daß die meisten nur *entweder* das eine *oder* das andere haben: Wer sich eine teure Wohnung leistet, muß dafür dermaßen viel arbeiten, daß er kaum noch nach Hause kommt, und wer arbeitslos ist, hat kein Geld für eine schöne Wohnung.

Und wer *diese* Probleme nicht mehr hat, hat dafür andere: Wenn man aus dem Gröbsten raus ist, beginnt nämlich mehr oder weniger automatisch schon der Ärger mit den Feinheiten. Nachdem die Grundversorgung geklärt ist, muß das Ich möbliert werden, und es sieht ganz so aus, als müßte jeder einzelne in seiner Wohnkarriere unter Schmerzen noch einmal nachvollziehen, wofür die Geschichte des Wohnens Jahrhunderte gebraucht hat. Es ist offenbar ein bißchen so wie mit der Phylo- und der Ontogenese in der Biologie, und der Moment, wenn jemand zum ersten Mal im Möbelmarkt vor der Frage steht, wie denn jetzt bitte eigentlich sein ganz persönlicher Wohnstil aussehen müßte, der entspricht dabei jenem historischen Augenblick, als im Wohnen der Zunftzwang fiel.

Bis ins neunzehnte Jahrhundert hinein hatte man es sich nämlich gar nicht aussuchen können. Wie man zu wohnen hatte war schon durch den sozialen Stand unentrinnbar festgeschrieben. Bei den Bauern, Handwerkern und Arbeitern war das durch die Arbeitsabläufe und die Armut ziemlich eindeutig geregelt und bei Aristokraten durch Etikette. Es sind die bürgerlichen Wohnungen gewesen, wo das dann anfing mit dem Anspruch, sich in seinem Zuhause selbst zu erkennen, zu spiegeln, zu definieren. Und wie immer, wenn jemand in die Freiheit entlassen wird, fehlte es nicht an Leuten, die ihm sagen wollten, was er damit anzufangen habe, die ihm bei der Gestaltung seiner selbst unter die Arme greifen wollten und für schlechte Laune und schlechtes Gewissen sorgten. Mit der Freiheit kamen wie üblich auch die Unsicherheit und die Angst und die Sehnsucht nach klaren, orientierenden Worten. Erst in dem Moment, als das Wohnen endlich als Privatangelegenheit und ganz persönliche Geschmackssache galt, wurde ein öffentliches Thema daraus, und das war auch der Zeitpunkt, als mit großem Gedonner eine völlig neue publizistische Gattung auf den Markt gerollt kam, die bis heute ganze Regalmeter in den Buchgeschäften und Zeitungskiosken füllt: die Wohnratgeber und Einrichtungsfibeln.

Seitdem ist das moderne Wohnen eine hochgradig paradoxe Veranstaltung, was man unter anderem schon an den Formulierungen erkennen kann, mit denen der Verband der deutschen Möbelindustrie für seine Belange wirbt, zum Beispiel: »Massentrend Individualität«. Das klingt nicht ganz zufällig nach dem sogenannten Paradox der Mode, das vor ziemlich genau hundert Jahren schon von Leuten wie Georg Simmel mehr oder weniger fasziniert bestaunt wurde; es ist tatsächlich so, daß das Wohnen inzwischen zu einer ähnlich wichtigen Waffe in den sozialen Distinktionskämpfen geworden ist wie die Mode. Die Leute wollen nicht nur angezogen sein, sie wollen nach Möglichkeit modisch angezogen sein und ihrem Typ entsprechend. Genau das gleiche hat Elisabeth Noelle-Neumann, die Queen Mom des deutschen Umfragewesens, in den siebziger Jahren auch von der Wohnfront melden können: Die Nachkriegszeiten, in denen die Leute schon froh waren, wenn sie überhaupt ein Dach über dem Kopf hatten, waren definitiv vorbei, jetzt kam es darauf an, sich durch die Einrichtung von den anderen zu unterscheiden. Allerspätestens seit diesem Zeitpunkt kann leider auch keiner mehr behaupten, das ginge ihn alles nichts an. Wer nämlich der Ansicht ist, daß ihm das Maklergesülze von den gehobenen und den weniger feinen Wohnlagen egal sein könne und daß er dann doch lieber da wohne, wo es billig ist: Der wird sich unter Umständen wundern, wenn er mal einen Bankkredit beantragt und nicht bekommt, weil die SCHUFA, die Schutzgemeinschaft für allgemeine Kreditsicherung, die den Banken und Mobilfunkfirmen zuflüstert, wen sie für solvent und zuverlässig hält und wen nicht, ihre Kunden gnadenlos auch nach deren Wohnlage beurteilt. Schon die falsche Straßenseite kann einen da zum Loser machen. Und wer meint, daß die ganzen Verfeinerungszwänge und Dekorationsexzesse, von denen in den Wohnzeitschriften ständig die Rede ist, nur für hysterische Wohnschwuchteln relevant seien, die sich aufführen wie Jean des Esseintes, der dandyhafte Held aus Huysmans' »Gegen den Strich«, und ihre Wohnungen zu ästhetizistischen Bollwerken gegen die Verkommenheit ihrer Umwelt ausbauen, wer also so wahnsinnig ist anzunehmen, wenigstens daheim könne man die Dinge schleifen lassen: Der wiederum sollte unbedingt zusehen, daß er soziale und berufliche Kontakte, die ihm wichtig sind, lieber in öffentlichen Gaststätten pflegt, statt die Leute zu sich nach Hause einzuladen, wo sie meistens gar nicht erst »Guten Tag« sagen, sondern gleich »Wieviel zahlst du hier«, wo sie mit schrägem Kopf vor der Bücherwand stehen, vor dem Essen unter die Teller schauen und auf dem Klo in den Badschränken stöbern, bevor sie einem sagen, wie die Stühle, auf denen man da immer unbehaglicher herumrutscht, mit Vornamen heißen und wieviel sie kosten würden, wenn sie echt wären. Wer sich heute noch Gäste einlädt, ist selber schuld, wenn er am Ende mit Gefühlen zwischen seinen Möbeln hockt, wie sie sonst nur von falsch ausgesprochenen Fremdwörtern ausgelöst werden oder von offenstehenden Hosentüren. Nirgendwo kann man sich schwerer blamieren als da, wo man sich eigentlich wie zu Hause und in Sicherheit fühlen sollte; und nirgendwo wird genauer hingeschaut als da, wo es eigentlich niemanden was angeht. Wer in so einer Situation das Fernsehteam von Tine Wittler zu Besuch hat, kann immerhin noch von Glück sagen, daß er wenigstens dabei sein darf, wenn er von seiner eigenen Wohnung beschämt wird. Bei MTV schmeißen sie die Leute nämlich zusätzlich noch raus aus ihrem Zimmer, bevor sie die UV-Lampe holen und nach »verräterischen Flekken« im Bettzeug suchen, denn von der DDR-Staatssicherheit bis zu den Moderatoren von Dating-Shows im Musikfernsehen herrscht die Überzeugung, daß man das wahre Wesen eines Menschen am besten bei ihm zu Hause erkennt, und zwar idealerweise dann, wenn er selber gar nicht da ist. Seit das Zuhause der Ort ist, an dem man endlich ganz man selbst sein kann, ist die wirklich wahre Wahrheit als das genaue Gegenteil dessen definiert, was jemand von sich zeigen möchte, als ein Blick hinter die Kulissen. Seitdem finden dort die eigentlichen Inszenierungen statt, im Privaten, nicht mehr in der Öffentlichkeit: Auf der Straße kann man sich einigermaßen gehen lassen, zu Hause nicht.

Insofern ist es auch kein Wunder, daß ein durchschnittlicher deutscher Fernsehzuschauer eher sagen kann, wie Guido Westerwelle wohnt und was er für Noppensocken dabei anhat, als was der Mann eigentlich beruflich macht. Das ist es, was Angela Merkel zum Beispiel stur und altmodisch nicht wahrhaben will, wenn sie ihr Privatleben zur Privatsache erklärt und sich auf keinen Fall in die Wohnung schauen lassen will: daß Gerhard Schröders Reihenendhaus in Hannover eben kein Rückzugsort war, sondern eine Wahlkampfbühne. Und daß sie die von Schröder gesetzten Maßstäbe in der Zurschaustellung des Privaten eigentlich nur noch dadurch übertreffen könnte, daß sie die lange Geschichte vom Wohnen und von der Privatheit und von der Selbstinszenierung endgültig zu einer großen repräsentationshistorischen Volte biegt und es mit den Regierungsgeschäften hält wie Ludwig XIV. in Versailles: im Nachthemd vom Bett aus.

Was ich damit eigentlich nur sagen will, ist folgendes:

Es gibt heute keine öffentlicheren Bühnen als die private Wohnung. Was hier aufgeführt wird, sind meistens Dramen, manchmal ist es aber auch eher komisch. Und davon handelt dieses Buch. Es handelt von der wichtigsten Sache der Welt, von einem Problem, das wirklich alle betrifft, von einer Aufgabe, die jeder für sich bewältigen muß: Es handelt vom Wohnen. Wohnen sei gleichbedeutend mit dem Sein, sagt Heidegger irgendwo. Wohnst du noch, oder lebst du schon, sagt dagegen neuerdings Ikea und will damit offenbar andeuten, daß das Wohnen als Daseinszustand irgendwie noch steigerungsfähig wäre. Ich aber wiederum sage: Es ist genau umgekehrt. Wenn, dann ist das Wohnen eher eine Steigerungsstufe des menschlichen Daseins, es dauert zum Beispiel wesentlich länger. Das Problem ist da, bevor man auf die Welt kommt, und man hat es noch an der Hacke, wenn man längst in der Kiste liegt. Denn dann fragt sich immer noch, in welcher. Grab, Urne oder Mausoleum. Und was dazwischen alles passiert, das läßt sich eigentlich ganz gut mit zwei Schlagworten zusammenfassen, die schon in den ersten Einrichtungsfibeln und Möbelmagazinen für ordentlich Streit gesorgt hatten: Serienproduktion oder Einzelanfertigung. Dieser Konflikt betrifft aber nicht nur die Kommoden und Schrankwände und Türgriffe, er betrifft auch das Leben, das zwischen diesen Dingen stattfindet, es handelt sich also um einen inneren Werkbundkonflikt, den jeder mit sich selbst ausmachen muß.

Meine Empfehlung, um das gleich mal vorwegzunehmen, läuft darauf hinaus, als Plattenbau zu beginnen und als zugemüllte Villa zu enden. Wenn dieses Buch ein Wohnratgeber wäre, dann würde der Rat, den es gibt, darin bestehen, sich ganz entschlossen von seinem eigenen biografischen Efeu überwuchern zu lassen und mit dem Einsatz von Feuerwaffen zu drohen, wenn die Tine Wittlers dieser Welt mit ihren Heckenscheren anrücken. Denn dieses Buch hält eben nichts von Wohnratgebern und Einrichtungspädagogen, jedenfalls nicht mehr als von Rahmenhandlungen in Pornofilmen. Die sozialpädagogischen Dekotips von Tine Wittler und ihren Kolleginnen sind für Zuschauer wie mich nur der lästige Aufhänger für etwas ganz anderes: für einen Voyeurismus, der beim Blick durch das Schlüsselloch nicht auf die nackte Frau auf dem Sofa aus ist, sondern nur auf das Sofa. Irgendwelche Handlungsimpulse lösen diese Heimwerkersendungen ansonsten nicht aus. Aber beim zweiterfolgreichsten Fernsehformat der letzten Jahre ist das ja nicht anders. Fernsehköche kochen im Fernsehen, und man sitzt davor und staunt und kaut, und zwar ein Fertiggericht.

Das Problem

Altbau, Flügeltüren und abgezogene Dielen, Immobilienmakler, Wohnberatung im Internet und warum der Autor dieses Buch überhaupt geschrieben hat.

———

Wer bin ich denn eigentlich, daß ich mir hier erlauben könnte, ein Buch über das Wohnen zu schreiben? Wenn ich mich in meiner eigenen Wohnung so umschaue, würde ich sagen: Jemand, der den Besuch einer Innenarchitektin eigentlich durchaus mal nötig hätte. Hier sieht es aus, als sei ich eben erst eingezogen oder als wollte ich in ein paar Tagen wieder raus. Dabei wohne ich jetzt auch schon sechs oder sieben Jahre hier. Ich habe mit der Zeit eine ganze WG hier rausgewohnt. Zuerst waren wir zu viert, dann zu dritt, zuletzt zu zweit, und jetzt hat mir mein letzter Mitbewohner eröffnet, daß er mit seiner Freundin zusammenziehen will. Ein ganz fantastischer Mitbewohner war das, ein rücksichtsvoller und besonnener Mensch, aber seit diese Freundin im Spiel war, benahmen sich beide wie Teletubbies, und ich kam mir vor wie eine störrische alte Vermieterin. Es war also absehbar, daß das zu Ende gehen würde. Während ich schreibe, werden im Nachbarzimmer gerade unter lautem Gurren die Umzugskisten gepackt, und die Frage ist nun natürlich die, was *ich* jetzt tun werde. Auch umziehen? Aber wohin? Drinbleiben und zur Ratifizierung meiner Entschlossenheit endlich mal die Rauhfaser von den Wänden reißen? Aber, wenn drinbleiben, mit wem? Allein? Neuen Mitbewohner suchen? Frau suchen? Familie gründen? Herrje. Was will ich eigentlich, und was kann ich mir leisten? Und wenn ich mir schonungslos klargemacht habe, was ich mir leisten kann: Was kann ich *dann* noch wollen? Fragen sind das, um die ich mich bisher lieber herumgedrückt habe, und nun werden sie von dieser Wohnung hier aufgeworfen, und es gibt ja, wie gesagt, Leute, die der Meinung sind, daß von der Wohnung, der Adresse, der Einrichtung und so weiter auch die entscheidenden Antworten darauf zu erwarten sind.

Obwohl also meine Kisten seit sechs oder sieben Jahren noch mehr oder weniger unausgepackt hier herumstehen und überhaupt alles nur so vorläufig und provisorisch eingerichtet ist, als würde ich jeden Tag mit einem Abberufungsbefehl rechnen, muß ich nach einer derart langen Zeit vielleicht doch endlich mal zugeben, daß mir diese Wohnung soweit offenbar ganz gut gefällt. Ein Altbau in Berlin-Prenzlauer Berg, wie er einem von den Kollegen in München oder Stuttgart immer ganz zu Recht geneidet wird: mit halbwegs hohen Wänden, Flügeltüren und dem ganzen Kram, den man bei Angehörigen meiner Altersklasse und Berufsgruppe auch erwarten darf. Was vielleicht nicht ganz in das übliche Bild paßt, ist der Fußboden. »Was, du hast noch Ochsenblut?«, fragen mich manchmal meine Gäste. »Nein«, antworte ich dann: »Das ist das Blut derjenigen, die mir einreden wollten, die Dielen lieber ›abzuziehen‹.« Wer in alten Häusern die strapazierfähige Farbe von den Bodendielen nimmt und so lange darauf herumpoliert, bis man sie praktisch nur noch in Museumsfilzpantoffeln betreten kann, ohne schwere Schäden zu hinterlassen, der hat sie meiner Ansicht nach nicht mehr alle. Es ist ein Akt der Grausamkeit: Wer Dielen »abzieht«, häutet im Zweifel auch Menschen. Und man kann noch nicht einmal behaupten, daß es besonders gut aussehe: »Abgezogene Dielen« sind grelles Hellholz, auf dem die Astlöcher herumliegen wie heruntergefallen und noch nicht zusammengekehrt. »Abgezogene Dielen«, damit das gleich mal klar ist, sind der Rucola-Salat der Wohnkultur, eine ärgerliche und häßliche Mode, die den Leuten hoffentlich eines Tages genauso peinlich sein wird wie gefakte Gucci-Sonnenbrillen mit Farbverlauf auf den Gläsern. Abgezogene Dielen also: Nein!

Balkon? Leider auch nein. Habe ich nicht, hätte ich allerdings gern. Aber einmal bin ich extra in eine Wohnung gezogen, weil der Balkon so prachtvoll war, und das ist auch wieder ein schlimmer Fehler gewesen, denn die Wohnung hinter dem Balkon war das, was die Makler »topsaniert« nennen – und das verheißt selten etwas Gutes. Sondern: einen Laminatfußboden, der lieber ein Trampolin geworden wäre. Rigipswände, die so dünn und brüchig waren, daß man, wenn man einen Nagel einschlug, auch auf der anderen Seite, da, wo er wieder rauskam, etwas dranhängen konnte, vorausgesetzt, es handelte sich um nichts Schweres. Und in der Küche kamen aus den Halogenstrahlern Speersche Lichtdome auf das Ceran-Kochfeld heruntergedonnert.

Die Fassade war in einer Weise angestrichen worden, als habe man damit krebskranken Kindern eine letzte Freude machen wollen, während das Treppenhaus mit seinen Wandmalereien (Springbrunnen, Weinlaub, Mauerwerk) versuchte, an gemütliche Lambrusco-Abende in einer Vorortpizzeria zu erinnern. Dafür tat der martialische Fahrstuhl so, als wollte er einen mindestens in den neunten Stock bringen, dabei hatte das Haus nur vier. Und das Schlimmste an all dem war, wie irrsinnig stolz die Vermieter auf dieses Desaster waren. Pausenlos rief die Hausverwaltung an, ob der Balkonbelag eventuell Blasen werfe, ob das Cerankochfeld pfleglich behandelt werde oder ob es auf dem schönen Laminat zu Kratzern gekommen sei. An irgendeine Form von unbeschwertem Zuhausesein war unter solchen Umständen natürlich nicht zu denken. Es lief auf ein distanziertes Tänzeln hinaus, auf ein dauerndes Achtgeben und Aufpassen, und letztlich auf das Gefühl, daß sich Wohnung und Bewohner gegenseitig für einander schämen.

Neuerdings stehe ich nämlich wieder häufiger in solchen Einbauhöllen. Ich bin ja jetzt wieder unterwegs und schaue mich um, lese die Anzeigen, frage, ob wer was weiß, besichtige Objekte und spreche mit Maklern, denen ich, während sie mir die Staffelmieten ausrechnen, langsam, ganz langsam die bunten Schlipse enger ziehen möchte. Ich erbringe Gehaltsnachweise, Bürgschaften, Sicherheiten, und ich fülle Fragebögen aus: Nein, kein Kind, kein Tier, kein Ausländer. Und ja, gerne bezahle ich auch »Abstand« für irgendwelchen Sperrmüll. Aber das meine ich alles nicht ernst. Denn wer ernsthaft eine Wohnung sucht, findet ja wie gesagt am Ende nur sich selbst, und die Frage ist, ob man dafür wirklich schon bereit ist. Eigentlich stehe ich da also nur rum und glotze, so wie die richtigen Interessenten auch, nur andersherum. An manchen Sonntagen sind das Hunderte, die sich da durch die leeren Flure und Zimmer schieben, Pärchen, die sich ihre Zukunft ausmalen und leise beratschlagen, wo das Bett hinkönnte und wo der Eßtisch. Ich frage mich immer, wo das Bett stand und wo der Eßtisch, und was mit den Leuten passiert ist, die hier raus sind, raus mußten, woran sie gescheitert sind, was schiefgelaufen ist, denn irgendwas ist immer schiefgelaufen, sonst wird so eine Wohnung nicht frei. Und wer es ganz genau wissen will, der geht zu Zwangsversteigerungen. Zwangsversteigerungen verhalten sich zu normalen Wohnungsbesichtigungen ungefähr so wie Hardcore zum Softporno, weil man da den Leuten direkt ins Gesicht sehen kann, während ihre Lebensträume von einem Auktionator zerhämmert werden.

Oft wird das jetzt auch im Fernsehen gezeigt, in diesen Sendungen, die ganz nah am Leben sein wollen und wo pausenlos mit der Kamera Jagd auf Leute gemacht wird, die so schon genug Probleme haben. Leute bei der Wohnungssuche, Leute beim Hausbau, Leute, denen bei der Einrichtung ein bißchen nachgeholfen wird, Leute, die mit den Krediten nicht mehr klarkommen, die gepfändet werden und die dann in der Obdachlosigkeit enden oder an einem schönen, von ihnen vorher noch selbst gezimmerten Dachbalken.

Ich verfolge das alles mit genauso großem Interesse wie auch Homestorys von Prominenten. Ich nehme zur Kenntnis, daß Peter Kloeppel, das Ankermännchen von RTL, »glatte, lasierte Oberflächen« mag und kann es kaum glauben. Ich beneide die Amerikaner um ihre bratapfelartige Dekopäpstin Martha Stewart, und ich frage mich, warum der bekannteste Raumausstatter Deutschlands immer noch Lothar Matthäus heißt.

Nur mich und meine Einrichtung bringt das alles keinen Schritt weiter. Ich weiß absolut nicht, was ich will; ich weiß nur, was definitiv nicht in Frage kommt, denn mein ästhetisches Kriterium, soviel dürfte inzwischen vielleicht deutlich geworden sein, ist, wenn überhaupt, das Ressentiment, und weil mir schleierhaft ist, wie sich auf diese Weise meine Wohnung jemals sinnvoll füllen soll, bin ich inzwischen schon soweit, daß ich im Internet nachschaue, was für ein Wohntyp ich bin. Es gibt da von der Zeitschrift »Living at home« nämlich tatsächlich einen Online-Test. Man muß aus einer Auswahl an Fotos diejenigen anklicken, die man am wenigsten zum Erbrechen findet, dann werden daraus ästhetische und lifestylemäßige Präferenzen abgeleitet, und zum Schluß bekommt man gesagt, was für ein Typ man ist, wo man wohnt und was man will. Bei mir stand da: »Protest mit Tendenz zu Wellness«.

Das klang schon mal gut. »Protest mit Tendenz zu Kompetenz« klang aber noch besser. Ich hatte es gehalten wie beim »Wahlomat«, wenn man erfahren muß, man sei einer Meinung mit der FDP und deshalb lieber noch mal korrigierend über seine Antworten geht. »Protest« war die Folge davon, daß ich die Abbildung einer Industriehalle im Zweifel sinnvoller finde als die eines Beduinen mit Panflöte, und es sollte milde umschreiben, daß ein normaler Möbelhändler mit mir nicht glücklich werden würde. Ich solle bei dem italienischen Hersteller Edra einkaufen, aber Sachen, die aussehen wie Stahlskulpturen aus einem Laienkünstlerkurs kann ich mir eigentlich auch direkt vom Sperrmüll holen. Denn »Kompetenz« wiederum kam bei mir raus, weil ich offenbar ein paar sogenannte Designer-Möbel richtig erkannt hatte. Es ist ja nicht so, daß ich total ahnungslos wäre. In meinem Rücken biegen sich ganze Bücherwände unter der Last von wohnungsbezogenem Wissen. Sachbuch wie Belletristik. Aber auf meine eigene Entschlußfreudigkeit wirkt das alles eher abschreckend. Wer abends gern mal »zu Hause bleibt«, um es sich »gemütlich« zu machen und »ein gutes Buch« zu lesen, wird feststellen, daß seit dem neunzehnten Jahrhundert beinahe grundsätzlich mit Beängstigendem, mit psychoanalytischem Irrsinn und mit klaustrophobischer Raserei gerechnet werden muß, sobald Leute beim Wohnen beschrieben werden. Es gibt, wo wir schon einmal bei den unangenehmen Dingen sind, auch kaum einen Themenbereich, aus dem der politische Sprachgebrauch ähnlich viele Metaphern bezogen hätte – und das ist natürlich ein absolut verantwortungsloser Wahnsinn und eine jahrtausendealte Unsitte, die im Grunde seit Platos »Staat« nichts als Ärger und Beklemmung in der Welt zurückgelassen hat. Ich hatte schon ein mulmiges Gefühl, als Gorbatschow damals anfing, ständig vom »gemeinsamen europäischen Haus« zu sprechen und von Perestroika, was ja nur die russische Vokabel für Umbaumaßnahmen ist. Und als Kurt Hager, der Propagandaminister der DDR, dann erklärte, bloß weil der Nachbar renoviere, müsse man selber ja nicht auch gleich neu tapezieren: Da wußte ich, daß es zu Ende geht. Wenn Politiker mehr zum Lesen kämen, würden sie sich vielleicht in ihren Formulierungen nicht immer auf so fatale Weise ausgerechnet da bedienen, wo nach Auskunft aller namhafter Literaten nahezu ausschließlich die Angst, das Entsetzen und der Horror zu Hause sind. Noch deprimierender sind eigentlich nur die Fachbücher zur Geschichte des Wohnens. Jeder Brockhaus ist unterhaltsamer. Und dünner.

Und warum dann jetzt hier noch ein Buch über das Wohnen?

Eben genau darum: Weil ich mich so lange mit der Theorie beschäftigt habe, und in der Praxis trotzdem immer noch jeden Tag aufs neue scheitere. Deshalb ist dieses Buch auch nur zum Teil eine Kulturgeschichte des Wohnens und zum anderen der schonungslose Schicksalsbericht eines Mannes, der am liebsten leise in seine Kissen weinen würde, wenn er nur wüßte, in welche.

Protest mit Tendenz zu Kompetenz. Das wäre eigentlich auch ein ganz guter Titel gewesen. Nun heißt es aber »Deutsches Haus«. Das hat eine ganze Reihe von Gründen. Zum Beispiel ist der sogenannte Erhebungsrahmen nun mal das, was ich jeden Tag erlebe: das Wohnen der Deutschen. Es wird zwar auch einen kleinen Blick ins Ausland geben, aber insgesamt kommt es mir so vor, als ob das Wohnen in Deutschland noch mal deutlich ernsthafter und mit größerem politischen Ehrgeiz betrieben würde als woanders. Deutsche Häuser gibt es auch im Ausland, in Olympischen Dörfern oder an Campus-Universitäten. Orte landsmannschaftlicher Selbstvergewisserung sind das, wo auch fernwehsüchtigste Deutsche zurück zu Bier und Bratwurst finden. Noch viel mehr faszinieren mich aber die Deutschen Häuser in Deutschland. Keine Kleinstadt und kaum ein Dorf, in dem es nicht eine Gaststätte gäbe, die »Deutsches Haus« heißt. Was das soll, habe ich nie in Erfahrung bringen können. Wer es weiß, kann sich gerne an den Verlag wenden. Worum es mir ging, war vor allem der prekäre, hartholzige Klang, der da mitschwingt. Das panische Herbeibrüllen von Gemütlichkeit.

Denn davon handelt auch dieses Buch. Und wem das nicht paßt, der kann sich ja stattdessen »Das englische Haus« von Hermann Muthesius zulegen. Das ist auch gut. Aber viel, viel teurer.

Dieses »Deutsche Haus« hier ist vielleicht ein bißchen merkwürdig eingerichtet, an manchen Stellen nüchtern und sachlich, an anderen eher plüschig, und einige Ecken wirken möglicherweise auch so überladen wie ein vollgestopfter Wohnzimmerschrank, aber ich glaube, es lohnt sich auf jeden Fall, darin herumzustöbern. Kommen Sie also rein, und fühlen Sie sich, wie es in einer der heuchlerischsten aller Redewendungen immer so schön heißt, ganz wie zu Hause.

Das Geburtshaus

Kinderkliniken, Hausgeburten, Plattenbauten und die Frage, wie und wo man zur Welt kommen muß, um später groß und bedeutend zu werden.

Sollte man in diesem Leben versuchen, die Welt zu verändern, Bleibendes zu schöpfen, über sich selbst und vor allem über die anderen hinauszuwachsen, sollte man es also darauf anlegen, bis über den Tod hinaus berühmt zu werden? Ich würde abraten. Man erspart der Nachwelt viel Ärger, wenn man es bleiben läßt. Die Schulklassen und Kulturtouristen kommender Jahrhunderte werden Besseres zu tun haben, als die Rasterfassaden von funktionalistischen Krankenhausbauten aus der zweiten Hälfte des zwanzigsten Jahrhunderts anzustaunen.

Es fängt nämlich schon mal damit an, daß nachher niemand mehr wissen wird, wo er die Plakette überhaupt anschrauben soll, die an unsere Geburtshäuser erinnert, falls es doch noch irgendwie notwendig werden sollte. Die meisten bahnbrechenden Entdeckungen werden angeblich durch dumme Zufälle gemacht; man kann es also leider nie ganz ausschließen. Aber schon die Architektur der Häuser, in denen Leute wie ich geboren wurden, läßt eigentlich keinen Zweifel daran, daß uns zu einem ordnungsgemäßen Nachruhm jetzt schon die beklagenswerten Verhältnisse fehlen, in die hineingeboren zu werden uns von hartherzigen Hygienikern versagt wurde. Denn die

Verhältnisse, in denen die wirklich großen Genies zur Welt kamen, waren grundsätzlich beklagenswert und nach heutigen Maßstäben unvorstellbar. Das sind die damaligen Wohnverhältnisse schon den vielen, vielen Touristen schuldig, die heute ihr Geld in unsere historischen Altstädte tragen, durch modrige Hausflure stolpern, sich die Stirnen an viel zu niedrigen Deckenbalken blutig stoßen und ihre Videokameras in eine Vergangenheit hineinhalten, in der unendlich viele Leute unter einem einzigen Dach wohnen mußten, das Wasserklosett noch nicht erfunden war, und es, wie man sich gewiß denken könne, nicht gerade sehr reinlich zuging, als hier, genau hier, der kleine X seinen ersten Brüller hören ließ. Die Größe und Bedeutung eines Werkes bemißt sich heute mehr denn je an der Enge und Perspektivlosigkeit der Verhältnisse, aus denen die berühmte Persönlichkeit sich herausarbeiten mußte. Und da der Glaube an solche biographierhetorischen Primärkontraste offensichtlich immer noch ungebrochen ist, wird das die Kinder in den Slums der Dritten Welt sicher freuen, daß sie, jedenfalls aus der Sicht von europäischen und nordamerikanischen Geburtshüttenbewunderern, durchaus das Zeug hätten, zu den Genies von morgen zu werden, wenn sie nicht vorher immer schon so ziellos dahinsterben würden. Vielleicht würden sie aber auch einfach nur misereorgroße Kulleraugen des Erstaunens machen, wenn sie mitkriegten, daß diejenigen Leute, die immer so lieb Geld spenden für den Bau von modernen Kinderkliniken in Afrika, ihrerseits neuerdings wieder zum afrikanischen Geburtsstuhl und zur Hockgeburt der Naturvölker tendieren und daß in die gekachelten Kinderkliniken der Ersten Welt heute eigentlich nur noch diejenigen freiwillig einrücken, die es sich nicht leisten können, die Hebamme ins Haus kommen zu lassen. Das gute alte Geburtshaus, das von einer unsentimentalen Moderne in seine beiden Einzelbestandteile zerlegt wurde, damit alles so sauber und sicher wie möglich zugeht, ist in der letzten Zeit wieder zu einer ganzheitlichen Angelegenheit zusammengeschraubt worden, nur diesmal andersherum, aus dem Geburtshaus ist die Hausgeburt geworden, und nach diesem verblüffenden Relaunch steht es nicht mehr für pittoreske Rückständigkeit, sondern, im Gegenteil, für gesellschaftliche Avantgarde.

Erfahrene Hebammen berichten neuerdings folgendes: Wenn in den sozialen Brennpunkten Berlins vollverschleierte Türkinnen die Kinderklinik betreten, wenn sie gewissermaßen direkt aus einem anatolischen Bergdorf auf das Geburtsbett gekrochen kommen, dann können sie, die Hebammen, im Grunde auch Kaffee trinken gehen, weil die Sache praktisch von alleine läuft und kaum nachgeholfen werden muß. Unverschleierte Türkinnen, solche mit Nagellack, Frisur und Lippenstift, erforderten bereits mehr Arbeit. Deutsche Frauen aus sogenannten Problemmilieus griffen zwar oft keine zehn Minuten nach der Entbindung schon wieder zur Flasche, technisch verliefen die Geburten aber in der Regel routiniert und komplikationslos, so wie mal eben Zigarettenholen. Wirklich aufwendig, anstrengend und nicht enden wollend sei die Arbeit der Hebammen und Ärzte dagegen bei denen, die statistisch die wenigsten Kinder auf die Welt bringen und am meisten darüber reden: bei den spätgebärenden Akademikerinnen aus den beliebten Altbauquartieren der deutschen Großstädte. Wer die Sache zu Hause und möglichst nach dem Vorbild von zwölfjährigen Regenwaldbewohnerinnen »erleben« möchte, hat typischerweise ein geisteswissenschaftliches Studium, eine Zeit auf Raves/Drogen/Ibiza sowie eine Karriere im Umfeld von Plattenindustrie, Medien oder New Economy hinter sich und stand ab ungefähr 2002 vor der Herausforderung, ein durch die wirtschaftliche Krise aufgeworfenes Loch in der Biographie irgendwie mit Sinn zu füllen, zum Beispiel mit einem Kind.

In Berlin-Prenzlauer Berg, in der Hamburger Schanze und

im Belgischen Viertel von Köln werden die Bürgersteige, Cafés und Parks tagsüber von rabiaten Szenemuttis kontrolliert und nachts von mitteilungswütigen Jungvätern. Und wenn es in diesen Gegenden statistisch vielleicht gar nicht unbedingt mehr Eltern und Kinder gibt als woanders, dann wird hier aber auf jeden Fall das Elternsein und das Kinderhaben viel gewissenhafter inszeniert als dort, wo so etwas der Normalfall ist und kein neuer crazy Lebensentwurf, der umfassend und synästhetisch durchinszeniert sein will. Ich kann auch allen Beteiligten im Grunde nur viel Erfolg und Spaß bei der Sache wünschen, aber ich selber muß mir unter solchen Umständen vorkommen wie jemand aus einer anderen Welt oder aus einer anderen Zeit, und das beides trifft in gewisser Weise ja auch zu.

Zwischen Geburtshaus und Hausgeburt gab es einmal eine kurze Zukunft, an die man sich heute nur noch genauso schwach erinnern kann wie an die Welt, die zwischen der Ersten und der Dritten lag, die sogenannte Zweite Welt, den sozialistischen Teil dieser Erde, der den *wissenschaftlich-technischen Fortschritt als Produktivkraft* von Natur aus auf seiner Seite wähnte und in dem die Gleichheit der Lebensverhältnisse nicht nur Ziel und Zweck, sondern auch Legitimation, Wesensinhalt und Glaubensbekenntnis des staatlichen Systems waren. Es versteht sich von selbst, daß dort schon das Fundament in möglichst gleichen Ausgangsbedingungen für alle bestehen mußte und daß die Arbeit an diesem Ideal allerspätestens in der Kinderklinik loszugehen hatte.

Die Geburtshäuser von Leuten wie mir waren Monumente der Egalität und des Fortschritts; Plaketten oder Gedenktafeln würden daran gar nicht erst haften bleiben, so glatt, hygienisch und sauber war das alles, und zwar außen wie innen. Als wir das Licht der Welt erblickten, kam es aus den Neonröhren eines Kreißsaals. Die ersten Gesichter, in die wir schauten, sahen professionell und geschäftig aus. Bevor es zwischen Mutter und

Kind zu Gefühligkeiten kommen durfte, mußten präzise Messungen und wichtige medizinische Handgriffe vorgenommen werden. Und wenn damals ein werdender Vater das Ansinnen geäußert hätte, persönlich die Nabelschnur zerschneiden zu wollen, um »aktiv an der Geburt teilnehmen zu können«: Dann hätten sie ihn vermutlich mit einer schönen großen Spritze ruhiggestellt und an die Kollegen mit dem besonders verständnisvollen Umgangston weitergereicht.

Die frühen Siebziger Jahre waren gewissermaßen die Spätlese der strengen Sachbezogenheit der Sechziger, und die erdhafte Heimeligkeit, das Grottenolmige, Rundeckige und Orangebraune, das dieser funktionalistischen Coolness ab etwa 1970 von der Mode und den Einrichtungszeitschriften entgegengestellt wurde, hatte in den keimfreien Bastionen des Gesundheitswesens auch weiterhin erst einmal keinen Zutritt. In der zweiten Hälfte des zwanzigsten Jahrhunderts sind generell sehr viele Dinge aus Überzeugungen heraus geplant worden, die bei der Fertigstellung dann schon lange nichts mehr galten. Ganz besonders derart große, komplexe und meistens noch dazu öffentlich finanzierte Bauaufgaben wie eben Krankenhäuser wurden oft ab dem Moment ihrer Fertigstellung schon als monströser Irrtum empfunden; einen Mode-Fauxpas kann man in den Schrank weghängen, Häuser lassen das leider nicht mit sich machen, und Krankenhäuser schon gar nicht. Überall auf der Welt sind die mächtigsten und maschinenartigsten Krankenhausdampfer genau zu dem Zeitpunkt in Betrieb gegangen, als allgemein angefangen wurde, alles das unmenschlich, kalt, entfremdend und böse zu finden, was an »Welten von morgen« so zusammengeträumt worden war, damals in den Sechzigern, deren eigene Wirklichkeit nämlich oft noch verdammt nach den Fünfzigern aussah.

Bis heute begegnen mir immer wieder Leute, mit denen ich gemeinsam auf der Entbindungsstation gelegen habe. Was für andere die Armee ist, ist für uns die Kinderklinik. Medizinische Akademie »Carl Gustav Carus«, Dresden-Johannstadt, 1973: Wir, die wir da waren, sagen kurz »Medak«, umarmen uns stumm und sind uns augenblicklich vertraut, denn das war genau die Zeit und der Ort, wo Legenden wie die von den versehentlich vertauschten Kindern gedeihen konnten. Diese Angst ist mindestens genauso alt wie der Brauch, für eine Geburt eine Klinik aufzusuchen, und die unsentimentale Fließbandmentalität, an der sich diese Angst immer entzündet hat, sollte dann auch in den Plattenbauwohnungen noch erfahrbar sein, in die man direkt nach der Abnabelung verbracht wurde. 1973 war das Jahr, in dem das gigantische Massenwohnungsbauprogramm der DDR so richtig in Fahrt kam. Ein Jahr nachdem in den USA die erste große Siedlung des industriellen Wohnungsbaus auf Anregung ihrer eigenen Bewohner schon wieder gesprengt worden war, ging es bei uns erst richtig los. Es war das Jahr, das mit der Ölkrise zumindest dem Westen die berüchtigten Grenzen des Wachstums ins Bewußtsein rief. Und in den ostdeutschen Kinos lief in jenem Jahr kurz und mit nachhaltigem Echo in den Köpfen und Gefühlshaushalten derer, die ihn sahen, ein Film, in dem ebenfalls eine ganze Menge Kinder geboren werden: »Die Legende von Paul und Paula«. Ein Film war das, der unter anderem von den individuellen Glücksansprüchen in einer Gesellschaft handelt, die sich selber gerade begeistert in die Zielgerade einbiegen sieht, und in dessen Verlauf etwa alle zehn Filmminuten ein altes Berliner Mietshaus unter einem dumpfen Knall zusammensackte. Und jedesmal, wenn der Rauch und der Staub sich legten, war im Hintergrund schon ein neuer, strahlender, weißer Plattenbau in den Himmel gewachsen. Es war das erste Jahr, in dem weder im Film noch im wirklichen Leben darüber noch so aufgeatmet und gejubelt werden konnte wie zu den Zeiten, als der Kampf gegen die Enge und Fäulnis der sogenannten Mietskasernen noch zum Edelsten gehörte, was ein Architekt und Städtebauer überhaupt nur wollen konnte; und es war aber auch das letzte Jahr, in dem sich die Beseitigung eines heruntergekommenen Altbaus zugunsten neuer Hochhäuser noch nicht automatisch als schlimme kulturelle Barbarei einer rücksichtslos fortschrittsgläubigen Industriemoderne eintüten ließ. Diese Ambivalenz tat nicht nur dem Film gut, sie war vielleicht auch in der Sache klüger als alle stammtischhaften Pros und Contras vorher und nachher. 1973 war, so gesehen, am Ende der eigentliche Scheitelpunkt, die Spitze, auf der die Moderne nach ihrem langen triumphalen Aufstieg eine Weile unschlüssig und ziellos herumstand, bevor es danach in jeder Hinsicht nur noch abwärts ging.

Es wird im folgenden von Plattenbauten immer wieder mal die Rede sein müssen, von den DDR-Plattenbauten und von ihren vielen Verwandten im Westen. An dieser Stelle nur soviel: Es handelt sich im Ursprung um gebaute Loblieder des Nützlichen, Zweckmäßigen, Funktionalen, Sauberen und Hellen. Plattenbauten sind die Fortsetzung der Kinderklinik mit anderen Mitteln und für ältere Menschen. Und es sieht fast so aus, als sei das Schicksal mit beiden ähnlich undankbar verfahren wie Raumschiffe, die ihre Umlaufbahn erreicht haben, mit den Triebwerken, denen sie das zu verdanken haben: Erst die erdrückenden Massen an flach übereinandergestapelten Neubauwohnungen haben dafür gesorgt, daß in den bösen, verkommenen und überfüllten Altbaunestern plötzlich genug Platz da war, um die Dielen abzuschleifen, die alten Türblätter aufarbeiten zu lassen und freistehende Badewannen zu installieren. Daß sich der Wohnungsbau der Moderne für seine eigene Begründung ein bißchen sehr auf die Hygiene – eines der wichtigsten und respekteinflößendsten Worte des späten neunzehnten und frühen zwanzigsten Jahrhunderts – verlassen hatte, das sollte sich spätestens ab den Siebzigern als ein Schuß ins eigene Knie erweisen. Denn irgendwann stellte sich heraus, daß man Wasserklosetts, Elektroherde, Zentralheizungen und wärmeisolierende Fenster auch in Altbauwohnungen einbauen kann – und zwar ohne daß man deshalb zwangsläufig gleich die ganze Neorenaissancefassade durch eine Rasterwand und die Stuckdecke durch einen bedrohlich tief über den Köpfen der Bewohner hängenden Sozialwohnungssargdeckel ersetzen muß. Wer in die flachen, sauberen und langweiligen Neubauwohnungen der Sechziger Jahre hineingeboren worden ist, legt jedenfalls heute in seinen großen, hohen Altbauzimmern auffällig oft einen regelrecht gegenreformatorischen Eifer an den Tag und bringt die kathedralenhaften Flügeltüren und die Gipsputten aus dem Deckenstuck als transzendentale Geschütze gegen die empörende Geheimnislosigkeit der eigenen Elternhäuser in Stellung.

Sollten Schwangerschaften, die unter solchen Umständen zustande kommen, wirklich im Großklinikum enden müssen? In Neonlicht-Zimmern? In seelenlosen Geburtsfabriken? In menschlichen Legebatterien? In unmenschlicher emotionaler Kälte?

Daher: Hausgeburt. Wassergeburt. Afrikanischer Geburtsstuhl. Urmenschen-Hocke.

Die Angebote der großstädtischen Geburtsbetreuungsbranche lesen sich wie ein Manufactum-Katalog: Zurück-zur-Natur-Geburten für Besserverdienende, die sich damit eine »schöne und unvergeßliche Erfahrung« gönnen wollen. Das ist tatsächlich der Wortlaut, der da gebraucht wird. »Eine Geburt ist ein großes Ereignis, das Sie vielleicht auf Fotos oder Video festhalten möchten«, heißt es irgendwo auf einer der vielen Informationsseiten im Internet, »Sie sollten sich allerdings überlegen, ob Sie sich zu allen Zeitpunkten fotografieren lassen wollen und wie sehr sich der Vater damit beschäftigen soll. In erster Linie sollte er Ihnen helfen und Sie unterstützen.« Und: »Medizinstudenten, Hebammen oder Schwesternschülerinnen, die sich noch in der Ausbildung befinden, müssen zu Ausbildungszwecken einer Entbindung beiwohnen. Dies dient ausschließlich der Ausbildung und wird die Geburt und das einmalige Erlebnis nicht behindern.«

Das einmalige Erlebnis. Das ist nicht direkt das, was unsere Bevölkerungspolitiker gerne hören. Es zeigt aber, daß wir hier ganz bei unserem Thema sind: Einzelanfertigung oder Serie.

Leider geht es aber gerade bei besonders einzelstückartigen Einzelstücken selten ohne expressionistische Exaltationen ab. Kinder haften dann ein Leben lang für die kompensatorische Ausdruckswut ihrer Eltern. Wer heute Mandy oder Mike heißt, läuft in erster Linie als Beleg für das Fernweh von Leuten durch die neuen Bundesländer, denen die DDR schon in den Sechzigern zu eng war. In dem üblichen Spott über solche Namen reichen sich Antiamerikanismus und Ossifeindlichkeit die Hand, die beiden rechtsradikalen Reflexe im westdeutschen Linksliberalen, der seine eigenen, wassergeborenen Gören auf dem Kollwitzplatz mit Namen ruft, die man bis vor kurzem eigentlich nur noch von Denkmälern für die Gefallenen des Ersten Weltkriegs kannte. Fritz, Franz, Friedebold.

Für neutrale Namen und sachliche Klinikgeburten, für Kinder, die dann schon selber sehen werden, in welche Richtung sie sich bewegen, sind das insofern schlechte Zeiten, weil im Augenblick gerade wieder die »Anlagen« für persönlichkeitsrelevanter gehalten werden als die »Einflüsse«. In dieser Frage gehen die herrschenden Meinungen ja über die Jahre immer so hin und her, und da es im Moment, wie gesagt, die »Anlagen« sind, wird halt angelegt, soviel nur geht: ambitionierte Namen, hochwertige Geburtsumstände, manchmal, durch kluge Terminplanung oder zur Not auch durch Kaiserschnitt, ein vorteilhaftes Sternbild. Sag mir, wie, wann und wo du geboren wurdest, und ich sag dir, wer du nach dem Willen deiner Eltern sein solltest. Und weil es bei den Vorbereitungen zu einer Niederkunft heute nicht mehr viel anders zugeht als bei der Suche nach einer typgerechten Wohnung, machen sich verantwortungsbewußte Paare rechtzeitig auch darüber Gedanken, was später unter der Rubrik Geburtsort im Paß ihres Kindes stehen wird, und ziehen zur Not noch während der Schwangerschaft in attraktive, international anerkannte Großstädte. Sie meiden Ortschaften mit schwierigen Umlauten im Namen, oder sie versuchen, einen USA-Urlaub so lange auszudehnen, bis sie einen echten Amerikaner in der Familie haben.

Und derjenige, für den dieser ganze Aufwand betrieben wird?

Macht der die Augen auf und sagt: Sehr schön, gute Gegend, schönes Haus, ich sah mein Ich schon während der Wassergeburt sehr vielversprechend gespiegelt, jetzt reiche man mir Feder und Papier, ich möchte gern das Libretto für meine erste Oper skizzieren? Nein. Der Neugeborene tut das einzig Vernünftige: Er hält die Augen fest geschlossen und schreit, so laut er kann.

Die Kinderstube

Kinderzimmer, runde Ecken, Sitzsäcke, »Kitas«, die Infantilisierung des Wohnens und die Folgen für später.

Als Matthias Platzeck für kurze Zeit einmal SPD-Vorsitzender war, wurde er von Tony Blair zu einer Art Antrittsbesuch nach London eingeladen. Was von dieser ansonsten folgenlosen Visite vor allem im Gedächtnis geblieben ist, war der Umstand, daß Platzeck pausenlos in das Kinderspielzeug hineintrat, welches von Blairs jüngstem Sohn über den offiziellen Amtssitz des britischen Premiers verteilt worden war. Die Downing Street als Kinderzimmer. Man kann sich gut vorstellen, wie das weiterging. Tony Blair wird dagestanden haben wie Hugh Grant, wenn der überfordert tut, bübisch, lächelnd, die Schultern hochgezogen, er, Platzeck, wisse ja, wie das sei. Und Platzeck wird geantwortet haben, na klar wisse er, wie das sei, er sei doch auch Vater, dreifach sogar schon. Und dann werden sie den Rest der Zeit womöglich auch noch damit zugebracht haben, über Windeln zu reden und über Spielzeugautos und darüber, was Kinder für ulkige Sachen sagen manchmal.

Staatsmänner, die Kinder hochhalten, sind in der politischen Ikonografie schon so dermaßen Standard, daß es schwer geworden ist, zwischen Pädophilen und Parteioberhäuptern zu unterscheiden; Politiker, die bei offiziellen Arbeitsbesuchen durch Kinderspielzeug stolpern, sind da durchaus eine frische, zeitgemäße und volksnahe Aktualisierung. Das wird jeder nachvollziehen können, der schon mal bei Leuten zu Gast war, die gerade unter großem Aufwand ihr erstes Kind bekommen haben.

Es waren zum Beispiel einmal ein Arzt und eine Eventmanagerin, beide Ende Dreißig. Wer, wenn nicht sie; wann, wenn nicht jetzt. Also geschah es. Wenn aber ein Arzt ein Kind zeugt, ist das eine Operation, über deren Komplikationen die Welt umfassend aufgeklärt sein will, und wenn eine Eventmanagerin ein Kind zur Welt bringt, dann ist auch das ein Event und will gemanagt werden, komplett mit Gästeliste, Catering, Vip-Lounge und allem Drum und Dran. Wir mußten also alle ständig hin, zur Anbetung des Kindes, und etwas anderes als Kniefall und Bewunderung ist auch gar nicht vorgesehen. Neue Kinder werden grundsätzlich »süß« gefunden; noch nie habe ich jemanden in solchen Fällen sagen hören, er fände es leider nicht so besonders gelungen, das Kind, es sei sogar eher häßlich. So etwas wird zwar in Wahrheit sehr, sehr oft *gedacht*, aber sagen kann man es nicht. Unmöglich. Wer an neuen Babys etwas auszusetzen findet, gilt selber schnell als nicht ganz dicht. Insofern kommt die Präsentation von Neugeborenen dem sehr nahe, was immer vom sogenannten Regietheater behauptet wird: Auch hier werden die Zuschauer gern »angespielt« und »aktiv einbezogen«. Das Kind, welches allen Ernstes Friedemann genannt ward, biß, trat und spuckte, und während die anderen herzlich darüber lachten, das Kind sogar ausdrücklich ermunterten, es »dem Onkel« mal so richtig zu zeigen, ertappte ich mich immer wieder bei einer verzweifelten Sehnsucht nach den Zeiten, in denen Kinder, die Friedemann hießen, noch von dicken, trunksüchtigen Ammen beschäftigt wurden, ihre Eltern siezen mußten und ernste Maßregelungen zu gewärtigen hatten, wenn sie trotz strikter Verbote den Salon betraten, in dem Gäste wie ich bewirtet wurden.

Aber wie definitiv vorbei solche Zeiten trotz der aktuell ja wieder recht restaurativen Vornamensvergabepraxis sind, das ließ sich schon daraus entnehmen, daß der kleine Friedemann einige Jahre später eines Tages seinen Vater fragen sollte, was genau eigentlich das Wort »Strafe« bedeute: »Papa, was heißt Bestrafen?«

Irre rührend. Einerseits. Aber andererseits bedeutete das eben nicht nur, daß der Vater nicht unbedingt einer von denen war, die sofort den Gürtel aus der Hose ziehen, wenn sie die Haustür hinter sich ins Schloß fallen hören; ältere Nachbarn der Kleinfamilie klagten nämlich, daß das Kind leider auch nicht so richtig wisse, was Grenzen sind.

Damit wären wir also bei den räumlichen Dimensionen des Problems – und insofern wieder ganz bei unserem Thema, enn gerade in bezug auf Kinder greifen die Organisation der Wohnung und die Fragen der Erziehung schon begrifflich auffällig eng ineinander. Sie bilden beinahe Synonyme. Aber eben nur beinahe. Ein Kinder*zimmer* zum Beispiel ist nicht ganz das gleiche wie eine Kinder*stube*. Eigentlich ist es mehr oder weniger sogar das genaue Gegenteil, jedenfalls dann, wenn man sich unter einem Kinderzimmer einen Raum vorstellt, in dem das Kind halbwegs unbehelligt mit seinen Spielsachen um sich werfen darf. In einer ordentlichen Kinderstube darf es das zum Beispiel nämlich nicht. Ich habe den Unterschied auch lange nicht gekannt, und wenn erboste alte Tanten von mir wissen wollten, ob ich vielleicht »mit dem D-Zug durch die Kinderstube gerast sei«, dann habe ich diese Frage ganz arglos mit »Ja« beantwortet und von meiner elektrischen Eisenbahn erzählt. Davon fühlten sich die Tanten bestätigt, und der Irrtum konnte gar nicht aufgeklärt werden. Es ist andererseits aber gerade für ein Kind ohnehin nie ganz einfach, mitzubekommen, wenn Raum und Zeit die Rollen vertauschen – und Kinderstube meint nun einmal ganz offensichtlich eine Art Lehrzeit in Anstand, Benehmen, Höflichkeit und Ruhebewahrung, die man entweder sehr gewissenhaft durchläuft oder so dermaßen schnell, daß gar nichts hängenbleiben kann. Von solchen Personen wird dann auch oft behauptet, sie hätten überhaupt keine Kinderstube. Ob und wieviel Kinderzimmer jemand hatte, wird dagegen selten gefragt, und das ist schade. Denn es könnte immerhin sein, daß beide Dinge korrellieren. Man könnte zum Beispiel die Hypothese aufstellen: Je weniger Kinderstube, desto mehr Kinderzimmer, und umgekehrt. Und wenn die vielen schimpfenden Rentner recht haben mit ihrer Behauptung, daß das Benehmen der sogenannten Jugend von heute immer miserabler werde, dann wäre das jedenfalls schon mal ein erstes Indiz dafür. Denn gleichzeitig werden die Kinderzimmer immer größer.

Der Anteil des spätgeborenen Einzelkindes an der elterlichen Wohnung beträgt heute in vielen Fällen nicht weniger als einhundert Prozent, und das entspricht im übrigen auch dem Raum, den es in den Gesprächen seiner Eltern einnimmt. Über anderes kann dann nur noch um den Preis gesprochen werden, daß man das neue Kind in dem Thema irgendwie mit unterbringt. Volvo oder Ford Galaxy. Brust oder Flasche. Und Kinderwagen im Antiklook oder lieber die modernen, die jetzt alle haben, die mit den kleinen Rädern vorne. Die Nachmittage können einem lang werden, wenn man so als Laie daneben sitzt, und zum Schluß ist man dankbar, wenn endlich das Kind selbst wieder laut wird, oder wenn es, noch besser, irgendetwas kaputtmacht, denn dann freuen sich die Eltern und bewundern und belobigen das Zerstörungswerk, und man selbst kann so seinen Gedanken nachhängen. Zum Beispiel kann man sich Gedanken darüber machen, ob einen das selbst als Kind eigentlich jemals interessiert hat, in welchem Wagen man liegt, und ob man die Brust oder die Flasche bekommt. Und daran, daß die damaligen Erwachsenen Meißner Vasen am Stück noch schöner fanden als in Einzelteilen und einem das auch eindrücklich mitgeteilt haben. Daß es Räume gab, die abgeschlossen waren, und Dinge, die bitte nicht angefaßt, angemalt oder heruntergeschmissen wurden. In solchen Momenten merkt man dann wieder, daß man echt aus einem anderen Jahrhundert stammt. Es hatte Babynahrung gegeben, damals, Anfang der Siebziger, die galt sogar als viel gesünder als Muttermilch. Und es hatte Kinderzimmer gegeben, die man daran erkannte, daß sie anders eingerichtet waren als der Rest der Räume. Vor allem erkannte man sie aber daran, daß sie wesentlich kleiner waren. Meistens waren sie die allerkleinsten in der ganzen Wohnung. In den sozialen Wohnungsbauten des Westens und in den Plattenbauwohnungen des Ostens war das sogar durch DIN- bzw. TGL-Normen so festgelegt. In der DDR gingen die Planer ohnehin davon aus, daß so ein Kind eigentlich zu Hause nur ein Bett zum Schlafen braucht und den Rest der Zeit ohnehin irgendwo anders ist, in der Krippe, in der Schule, im Hort, beim Sport, in der AG »Junge Metallurgen«, bei Pioniernachmittagen, sonstwo, jedenfalls nicht zu Hause. Im Westen konnten die Planer davon nicht ausgehen, machten die Kinderzimmer aber trotzdem klein, damit die Wohnzimmer größer wurden. Dies wurde von progressiven Eltern ab den späten Sechziger Jahren zu Recht als repressiv empfunden und in der Folgezeit auch ordnungsgemäß angeprangert. Und wer konsequent war, machte damals Schluß mit dieser Apartheid in der Wohnung, die Klassenschranken zwischen den Lebensbereichen wurden zu Fall gebracht, und siehe, es gab kein Wir und Die mehr zwischen den Eltern und ihren Kindern.

Das hieß aber keineswegs, daß die Kinder plötzlich wie kleine Erwachsene behandelt worden wären, wie man das aus fernen Jahrhunderten kennt oder aus Ländern der Dritten Welt. In den Industriestaaten des Westens war vielmehr das Gegenteil der Fall: Aus den Wohnungen wurden flächendeckend Kinderzimmer – und aus den Erwachsenen große Säuglinge und grauhaarige Daumennuckler.

Philippe Ariès hat in seiner großen Geschichte der Kindheit über das Mittelalter behauptet, daß dies eine Erwachsenengesellschaft gewesen sei, die insgesamt ziemlich kindlich gewesen sein müsse, was die geistige und physische Reife betrifft, weil sie sich nun einmal zu einem sehr großen Teil aus Kindern und Jugendlichen zusammengesetzt hat, die aber alle sehr ernst genommen wurden. Heute ist eher das genaue Gegenteil der Fall: Die Gesellschaft wird von alten Menschen dominiert, benimmt sich aber entschlossen kindisch. Und mit den Folgen der großen Verkinderzimmerung bekommt noch heute jeder zu tun, der in irgendeiner deutschen Großstadt in eine Szenebar geht oder in Hamburg in eine Filiale der kürzlich neu durchdesignten Bäckereikette »Dat Backhus«: orangefarbige, weiße oder braune Plastikflächen und jede Menge runde Ecken. Was die Inneneinrichter und Designer da seit den späten Neunzigern wiederentdeckt haben, war faktisch nichts anderes als das, was sich ihre Kollegen dreißig Jahre vorher unter kindgerechten Wohnzimmern vorgestellt hatten. Die Möbel hatten keine scharfen Kanten mehr, konnten nicht verschluckt werden und waren beim Dranherumlutschen ungiftig. Es war die Playmobilisierung aller Dinge, was damals vonstatten ging. Aber die frühen Siebziger waren nicht nur die Jahre, in denen die Ecken rund wurden, es waren auch die Jahre, in denen die Menschen regredierten und sich aus ihren rechtwinkligen Wohnmaschinen in uterusartige Wohnhöhlen zurückzogen. Es waren die Jahre, in denen die Haare wuchsen, die Konturen aufweichten und die Unterschiede schwanden, bis das Kind Mama, Papa und Sitzsack optisch nicht mehr auseinanderhalten konnte.

Auch dies war, wenn man so will, eine Form, die Atomisierung der Welt rückgängig zu machen und die alte, verlorengegangene Einheit wiederzufinden – die Einswerdung von Männern, Frauen und Möbelstücken im Reich der Kindheit.

Was übrigens ebenfalls sehr orange aussieht und eine runde Ecke darstellt: Väter, die sich über Kinderwagen beugen und seltsame Laute lallen. Dududu. Mimimimi. Oder Brrrlllllhhh. Auch völlig fremde Onkels und Tanten beugen sich über das wehrlose Kind und benehmen sich, als ob sie nicht mehr zurechnungsfähig wären, sagen unverständliche Dinge und verlieren dabei beträchtliche Mengen an Speichel und Würde. Es ist kein Wunder, wenn das betroffene Kind vor Entsetzen weint, strampelt und in Nasen beißt. Wenn das Kind selbst schon sprechen könnte, würde es vermutlich sagen: »Hört bitte auf, euch so peinlich aufzuführen, *ich* bin hier das Kleinkind, nicht ihr.«

Daß Kinder das Sprechen schneller lernen, wenn man ihnen die Worte so falsch vorstottert, wie sie aus ihnen herauskommen, ist eine Annahme, die schon die Moralphilosophen im 16. Jahrhundert in Rage gebracht hat. Und ganz besonders diejenigen unter den jungen Eltern, bei denen die grabsteingroße Prestigeausgabe von Michel de Montaignes »Essais« aus dem Eichborn Verlag immer so repräsentativ mit dem Cover zum Besucher im Lundia-Regal steht, könnten, wenn sie darin auch einmal ein bißchen herumlesen würden, eine Stelle finden, in der es heißt: »Ich habe kein Verständnis für die Leidenschaft, mit der man Kinder herzt, kaum daß sie geboren sind (...) und ich habe es auch nicht gern gesehen, wenn sie in meiner Nähe gestillt wurden.« Vielleicht war Montaigne ja tatsächlich so etwas wie der Urvater aller kinderfeindlichen alten Knarze dieser Erde; seinen Widerwillen gegen das damals gerade zur Mode gewordene »Gehätschel« hat er in einer berühmt gewordenen Sentenz allerdings eher wie ein Anwalt kindlicher Menschenrechte formuliert: Die Erwachsenen amüsierten sich schamlos über die Unbeholfenheit der Kleinkinder und behandelten sie »wie kleine Äffchen«. Der Unterschied zu heute ist der, daß sich jetzt auch die Erwachsenen so benehmen. Inzwischen werden kindliche Ausdrucksweisen nicht mehr nur goldig und süß gefunden, sondern übernommen und sogar nachempfunden. Montaigne, der damals schon der Ansicht war, daß es »unvernünftig sei, ein Kind im Schoße seiner Eltern aufzuziehen«, hatte von der Einrichtung staatlicher Kindergärten noch nichts ahnen können und zum Glück auch nichts davon, daß diese Kindergärten von seelenlosen Bürokraten eines Tages in »Kindertagesstätten« umgetauft und dann in einer Form besonders schlimmen Kindesmißbrauchs sogar im offiziellen Behördendeutsch als *Kita* verniedlicht werden würden.

Mama, Papa, *Kita*. Das treibt eine Entwicklung auf die Spitze, die in hohem Maße bedenklich ist. Denn eine Gesellschaft, die mit ihrer eigenen Überalterung zu kämpfen hat, ist schon eine schlimme Sache; aber eine, die glaubt, diesen Herausforderungen durch behördlich verordnetes Babygebrabbel, durch den kollektiven Rückzug auf haferbreiverschmierte Vorformen der deutschen Sprache irgendwie vielleicht doch noch entgehen zu können – so eine Gesellschaft neigt auch dazu, die Hände vor die Augen zu halten, in der Hoffnung, dadurch unsichtbar zu werden. Und da diese *Kitas* ja so etwas wie das zweite Zuhause darstellen, welches das Kind in seinem Leben kennenlernt, ist das natürlich besonders ärgerlich.

Noch ärgerlicher ist eigentlich nur, daß es das, was da auf so peinliche Weise bezeichnet wird, nicht einmal in ausreichendem Maße gibt.

Daß allerdings der kleine Friedemann nicht in die *Kita* ging, hatte weniger damit zu tun, daß seine Eltern keinen Platz für ihn gefunden hätten. Es war viel schlimmer: Seine Mutter wollte keine Rabenmutter sein, sie blieb zu Hause, buk ihrem Sohn zur Bekräftigung des Mutter-Kind-Verhältnisses Plazentaplätzchen und Mutterkuchenkuchen – und wurde von dem »undankbaren Mistbalg« am Ende trotzdem an den Vater verpetzt. Gewisse Spielsachen für Erwachsene waren von ihm beim Herumstöbern gefunden worden, und dann war sogar von Spielgefährten die Rede, die der Mutter über die Nachtdienste ihres Mannes hinweggeholfen haben sollen. Es kam zu den üblichen unschönen Szenen, zu Geschrei, das des Kindes wegen hinter geschlossenen Türen stattfand. Und dann wurde zur Vernunft gefunden, und Vereinbarungen wurden getroffen, die noch jungen Eltern zogen in getrennte Wohnungen, und das Kind hatte fortan nicht nur ein Kinderzimmer, sondern zwei, zwischen denen es wochenweise hin- und herwechselte. Damit hatte es quantitativ zu einer immer größer werdenden Gruppe von pendelnden Altersgenossen aufgeschlossen. Es gibt Kinder, die wochenweise zwischen zwei verschiedenen Städten hin- und hergereicht werden, aber zwei verschiedene Stadtviertel sind immerhin auch schon mal was. Zwei verschiedene Kinderzimmer. Und zwei verschiedene Kinderstuben. Man wird sehen, wozu das am Ende noch gut sein wird. In einer Zeit, in der Seßhaftigkeit und Nomadentum ihr jeweiliges Sozialprestige untereinander komplett ausgetauscht haben, kann man mit der räumlichen Diversivizierung eigentlich gar nicht früh genug anfangen. Wer zwei Kinderzimmer hat und zweimal Spielzeug, der wird später vielleicht auch kein Problem darin sehen, zwischen zwei oder mehr Büros und Chefsekretärinnen zu pendeln. Vielleicht sind solche Trennungskinder die geborenen Konzernchefs, Ausstellungskuratoren und Projektmanager. Leute, die ihr Geld als Vielflieger verdienen. Und vielleicht tröstet ihre Eltern schon die Aussicht, daß sie sich wochenweise einen späteren Globalisierungsgewinnler herüberreichen. Vielleicht wird so ein Kind aber auch nur ein Ostdeutscher, der in der Lausitz wohnt, in Bayern arbeitet und sein Leben zwischen Hof und Bayreuth im Stau verbringt. Oder einer von den ungefähr acht Millionen Berlinern, die zum Geldverdienen mit dem ICE nach Westdeutschland pendeln, jeden Tag mit denselben Leuten, jeden Tag auf demselben Platz, jeden Tag vor demselben Laptop, jeden Tag mit dem gleichen kontaktscheuen Blick von Techniknerds, denen bereits vor den Computerspielkonsolen in ihren Kinderzimmern sämtliche Kanäle zur Außenwelt zugefettet sind.

Soviel jedenfalls zu Kinderzimmern, Kinderstuben, Eisenbahnzügen und der Frage, wer da durch wen hindurchrast. Auf jeden Fall sollten alle Spielzeuge und Kinderzimmereinrichtungen immer gut aufbewahrt werden, eines Tages werden die Therapeuten sicher darauf zurückgreifen wollen, spätestens dann, wenn die Kinder von heute ihren Eltern die Traumatisierungen vorhalten, die sie von zu Hause mitbekommen haben. Und ein ordentliches Trauma ist das mindeste, was man heute von seinem Elternhaus verlangen kann.

Das Jugendzimmer

Die Pubertät von Häusern und Menschen, Gustav Lilienthals Baukasten, sturmfreie Buden, Mansardenbewohner und der Unfug mit den Dachgeschossen.

Jedes freudige Ereignis ist ja leider immer auch gleich ein freudianisches. Das heißt, solange Kinder auf die Welt kommen, muß man damit rechnen, daß es nachher Ärger gibt. Und wann immer es Ärger gibt, wird wohl irgendetwas Frühkindliches daran schuld sein. Darin geht es übrigens den Häusern gar nicht viel anders als den Menschen, die in ihnen wohnen. Denn auch die Plattenbauten von Halle-Neustadt waren einmal jung, und sogar das Gangster-Rapper-Ghetto im Märkischen Viertel von Berlin hatte seine Zeit der Unschuld. Die Leute, die sich, etwa ab Ende der Sechziger Jahre, über die unerträgliche Trostlosigkeit der immer weiter übereinandergestapelten Wohn-Stallungen zu beschweren anfingen, hätten allenfalls Grund gehabt, ihren eigenen Urgroßeltern vorzuwerfen, daß sie zur Jahrhundertwende mit dem falschen Spielzeug gespielt haben.

Das beliebteste Spielzeug in Deutschland war zur Jahrhundertwende der Anker-Steinbaukasten, dessen Vater hieß Gustav Lilienthal, und der ist sozusagen schuld an allem.

Alle kennen Otto Lilienthal, den Flugpionier. Kaum noch jemand kennt seinen kleinen Bruder Gustav, der auch ein Flugpionier war und außerdem ein genialer Konstrukteur und großer Sozialreformer. Gustav Lilienthal war ein Jahr nach Otto zur Welt gekommen und hat ihn um fast vierzig Jahre überlebt. Otto war 1896 mit einem selbstgebauten Gleitflieger abgestürzt, wie sich das gehört für einen Flugpionier. Gustav starb 1933 zwar ebenfalls auf dem Flugplatz, aber viel weniger spektakulär, nämlich ganz normal am Alter. Abstürzen konnte er gar nicht, das war ja das Drama: Das Fluggerät, an dem er in seinen letzten Jahren gearbeitet hatte, hat sich nie einen Meter in die Luft erhoben. Der Himmel war zwar inzwischen voll von Flugzeugen, aber Gustav Lilienthal hat sich schon aus ästhetischen Erwägungen damit nicht abfinden wollen. Er hatte es noch einmal wie ganz am Anfang versuchen wollen, wie damals auf den Wiesen von Anklam, wo sie als Kinder die Störche beobachtet hatten: Lilienthal wollte keine starren Tragflächen, er wollte Flügel, die schlagen. Und die Ungetüme, die er mit über achtzig Jahren noch auf den Flugplätzen von Berlin-Johannisthal und Tempelhof zusammengeschraubt hat, sahen deshalb auch ein bißchen aus wie Requisiten aus »Jurassic Park«, wie große, ausgestorbene Flugsaurier. Gustav Lilienthal hat seinen Platz heute eher in den Apokryphen der Geschichte des Flugzeugbaus. Aber mit seiner Rolle als Architekt, Erfinder, Sozialreformer und Unternehmer sieht es kaum besser aus. Lilienthal hat im Norden von Berlin vegetarische Wohngenossenschaften begründet, und im Süden der Stadt, in Lichterfelde, hat er eine ganze Reihe wunderlicher Märchenburgen hinterlassen, mit Turmzinnen und Burggräben, die als Schornsteine oder zur Kellerbelichtung dienten. Eigentlich befanden sich in diesen Burgen Billigstwohnungen für den unteren Mittelstand, was man ihnen nur eben nicht schon von weitem ansehen sollte, deshalb waren sie in diese hochfunktionalen Schnörkel gepackt. Mit unfunktionaler und kostspieliger Schnörkellosigkeit ließ es sich bald darauf allerdings einfacher berühmt werden. Lilienthal hat transportable Montagehäuser ersonnen und Bausysteme, bei denen Kosten eingespart werden, indem höhere und niedrigere Räume wie in einem Tetris-Spiel so platzsparend wie möglich ineinandergeschachtelt werden; bekannt geworden ist mit dieser Idee Jahre später aber der Wiener Architekt Adolf Loos. Lilienthal wanderte aus, ging nach Australien, kam zurück, ging nach Brasilien und kam wieder zurück. Nichts klappte so richtig, nirgendwo konnte er seine genialen Leichtbausysteme und seine Konstruktionen für zerlegbare und transportable Barakkenhäuser zu einer gewinnbringenden Unternehmung machen. Dabei hätte er schon mit Ende Zwanzig ein steinreicher Mann sein können. Er war, weil er sich neben der Fliegerei und der Architektur auch für die Reformpädagogik seiner Zeit interessierte, 1877 auf die Idee gekommen, einen Baukasten herzustellen, mit dem sich wirklich etwas bauen ließ. Keine Holzklötzchen, sondern echte Steine und Bauelemente, die so zusammengefügt werden mußten, daß am Ende ein echtes, stabiles Haus dabei herauskam. Kirchen, Brücken oder Schlösser ließen sich damit bauen. Es funktionierte wie Lego, nur daß die Steine Steine und kein Plastik waren. Die Entwicklung verschlang allerdings Lilienthals Ersparnisse, er war gezwungen, seine Erfindung zu verkaufen. Der Käufer, Friedrich Adolf Richter aus Rudolstadt, meldet die Sandsteinformen zum Patent an, nennt die Sache »Anker-Steinbaukasten« und macht sie zum Millionenerfolg in mehr als vierzig Ländern. Als die Lilienthals später doch noch einmal ranwollen an ihre Erfindung, treibt sie der daraufhin ausbrechende Rechtsstreit fast in den völligen Ruin. Um die Prozeßkosten wieder reinzuholen, entwirft Gustav Lilienthal daraufhin weitere Kinderbaukästen, er erfindet das, was wir als Stabilbaukasten kennen, am Ende waren es sogar richtig begehbare Kinderhäuschen, kleine Fertighäuser für kleine Hausbaumeister. Aber auch hier war nicht er derjenige, der den Gewinn abschöpfte – sondern Jahrzehte später die Bauindustrie.

Walter Gropius nannte den Lilienthal-Baukasten als Beispiel, als er 1910 von der Mechanisierung des Bauens sprach und darüber, was man aus ein paar standardisierten, vorfabrizierten Bauelementen alles machen könne, und er nahm ihn sich auch zum Vorbild, als er in den zwanziger Jahren seinen sogenannten »Baukasten im Großen« entwickelte: wabenartige Strukturen von Wohnzellen, die in jede erdenkliche Richtung wachsen konnten. Man kann Lilienthals Baukästen als Vorläufer des industriellen Massenwohnungsbaus betrachten, als Keimzellen für das, was ein halbes Jahrhundert später, ins Gigantische vergrößert, durch die Städte der Industriestaaten zu wabern und dann erbarmungslos auszuhärten begann wie ein böser Bauschaum. Megastrukturen aus endlos zusammenaddierten Wohneinheiten und Bausegmenten, unendlich erweiterbar und bis ins Unendliche erweitert. Bis sich die Betongebirge von Köln-Chorweiler bis Cottbus-Sachsendorf quer durch beide Teile Deutschlands zogen und keiner mehr zu fassen vermochte, wie das, was mit den besten Absichten und als Kinderspiel begonnen hatte, plötzlich so dermaßen bitterer Ernst, so monströs, starr, hart und bedrückend werden konnte. Lieblos durch die ostdeutschen Landschaften gewalzte Plattenbauwüsten auf der einen Seite, und auf der anderen Aufstieg und Fall der *neuen heimat*, Bauwirtschaftsfunktionalismus, der Flächenabriß, der steuersubventionierte Ausbau von Ghettos, schlechten Gegenden, sozialen Brennpunkten. In den frühen Siebzigern wurde in Pruitt-Igoe bei St. Louis in den USA zum ersten Mal weltweit eine Hochhaussiedlung in die Luft gejagt, durchaus auch auf Initiative ihrer Bewohner, die die sozialen Konflikte, die sich in den Sozialwohnungen angestaut hatten und in den Treppenhäusern ausgetragen wurden, nicht mehr aushalten wollten. In den achtziger Jahren wurde im westfälischen Dorsten die sogenannte Meta-Stadt Wulfen abgerissen, was lange wie ein bundesdeutsches Pruitt-Igoe wirkte, bis es komplett in Vergessenheit geriet, weil seit den Neunzigern der Abriß von ostdeutschen Plattenbauten zum Normalfall geworden ist. Der Haß, der sich an diesen Bauten heute abreagiert, ist im Grunde nur aus der Diskrepanz zwischen entsprechend großen Hoffnungen und um so tieferen Enttäuschungen zu verstehen und damit eigentlich eher ein Fall für die Psychologie als für die Stadtplanung. Ein neutraler, sachlicher Umgang mit ihnen ist offensichtlich leider nicht möglich. Nur manchmal und auch erst seit ein paar Jahren wird versucht, den Problemen historisch an die Wurzel zu gehen, bis dahin zurückzugreifen, wo noch alles in Ordnung war, auf die befreienden und beglückenden Momente der Moderne – die Gartenstadt, den frühen Siedlungsbau, auf die spielerische Leichtigkeit, mit der das alles einmal angefangen hat, also letztlich bis zurück zu den Baukästen von Gropius und Lilienthal. Plattenbau-Quartettspiele sind erschienen, Plattenbau-Memory-Spiele, Bastelbögen, die aus einer Sackgasse in der Geschichte des modernen Wohnungsbaus heraus noch einmal die unschuldigen Anfänge vor Augen holen, in der Hoffnung, daß sich die Verspannungen von heute irgendwie besser in den Griff kriegen oder gar auflösen lassen, wenn man noch einmal in allen Einzelheiten durch die Kindheit des Problems pflügt.

Es wird bestimmt an Freudianern nicht mangeln, die darin ihre psychoanalytischen Grundtechniken wiedererkennen. Denn es fehlt nie an Freudianern, und sie entdecken grundsätzlich alles in allem. Nichts ist unanalysiert geblieben – am allerwenigsten das Haus. Das moderne Wohnhaus ist sogar dermaßen oft auf die Couch geschmettert worden, daß es ganz blaue Flecken davon haben müßte. Regalmeterweise gibt es Kluges über das *Heim*- und über das Un*heim*liche, über »die Verräumlichung der Geschlechterdifferenz«, über die Symbolzusammenhänge von Häusern und Sex, über die Hysterie, die Kastration und abermals und immer wieder und am allerliebsten: über den Sex. Sehr klug, das meiste, und kaum lesbar.

Aber an dieser Stelle kommt man leider wirklich nicht drumherum. Die Wohnung ist nun mal der Ort, wo sich das Ich, das Es und das Über-Ich die Klinke in die Hand geben, wo sich Generationskonflikte Bahn brechen und peinliche Sexualerlebnisse angesammelt werden. Und zwar ganz besonders natürlich in jenem Lebensalter, das die Lateinlehrer *Puerilitas* und erfahrene Eltern *das Schwierige* nennen. In der Pubertät also, die man beinahe noch zuverlässiger als an den morgendlichen Flecken im Bettlaken daran erkennen kann, daß man ihn zum ersten Mal tatsächlich zu hören bekommt: den Satz mit dem Tisch und den Füßen, die darunterstecken, und der Frage, wer deshalb immer noch das Sagen habe. Irgendwann fällt er. In abgewandelter Form vielleicht. Aber er fällt. Und dann gibt es für den Heranwachsenden eine ganze Menge von Möglichkeiten. Das geht bis hin zu Mord oder Selbstmord. In bürgerlichen Normalhaushalten verläuft es aber doch in der Regel eher im Rahmen von Türenschlagen, Flucht aufs Jugendzimmer und Lautdrehen der Stereoanlage. Was dort lautgedreht wird, hängt jeweils davon ab, was die Eltern am ratlosesten macht und trotzdem stimmungsunterstützend wirkt, generell eignen sich Heavy Metal oder andere romantische Musikrichtungen natürlich besser als die Wirtschaftsnachrichten des Deutschlandfunks, obwohl die, ordentlich laut, sicher auch sehr beeindruckend klingen. Ich selber habe in solchen Situationen nicht davor zurückgeschreckt, bei offenem Fenster Honecker-Ansprachen im Fernsehen zu verfolgen, als wäre ich taub, um meine Eltern vor ihren Nachbarn zu beschämen. Es gibt also, falls das irgendwen tröstet, noch weit schrillere Töne, die aus einem Kinderzimmer kommen können, als die Musik von »Tokio Hotel«, obwohl deren Debütalbum »Schrei« ziemlich exakt auf genau solche Zwecke zugeschnitten erscheint. »Schrei! Bis du du selbst bist!« singen bzw. schreien da die vier noch mächtig im Heranwachsen begriffenen Musiker aus Magdeburg und schließen damit faktisch an den Dichter Arnolt Bronnen an, der schon vor achtzig Jahren gesagt hat: »Viel Schreien ist besser als sehr klug sein.«

Wer es nämlich so richtig effektiv schmerzhaft und peinlich pubertär will, sollte von vornherein gleich einmal expressionistische Dramen wie eben die von Bronnen in die erschrockenen Gesichter seiner Eltern hineindeklamieren, denn hier ist immer alles schon ausgeschüttet worden, was nur drin sein kann in einem aufgewühlten Gymnasiastenherzen: Alle Vorwürfe, die man überhaupt nur machen kann, und zwar nicht nur den Müttern und Vätern, sondern auch den mit sofadeckendicker Selbstzufriedenheit überschimmelten Verhältnissen, in denen man zwischen solchen verspießerten Ich-Leichen dem Erstickungstod entgegendämmern muß, sie sind hier gemacht worden. Vollumfänglich, faustisch, schrill, und alles, was an Ödipuskomplexen, Kastrationsängsten und Inzestwünschen so im Lehrbuch steht, ganz sauber mit durcharbeitend. Und manchmal bekommen die beengenden Sofas und Kommoden und Schränke dieser Jahrhundertwendehöllen sogar noch mehr von dem jugendlichen Zorn ab als ihre zwischen Häkeldeckchen und Zigarrenschrank eingesargten Bewohner.

»Abiturienten aller Länder, vereinigt euch«, hat mal ein Theaterkritiker dazu bemerkt. Aber eines zeigen diese kaum aushaltbaren Aufwallungsdramen eben doch: Daß der Konflikt irgendwie auf räumlicher Ebene gelöst werden muß. In Stücken wie Bronnens »Vatermord« und ähnlichen läuft es in der Regel darauf hinaus, daß der jugendliche Held, nachdem er den Vater zur Strecke gebracht und/oder die Mutter beglückt hat, die muffige Enge der elterlichen Wohnung durch das Fenster hinaus verläßt und schrill beglückt ins All hineinjubelt, wo ihn kosmische Umarmungen erwarten. Aber genau damit ist es im sogenannten wirklichen Leben immer so eine Sache. Nicht daß es nicht versucht worden wäre; bester Dinge aus dem Fenster gesprungen sind eine Menge junger Leute, vor allem seit es LSD gab. Nur weit gekommen sind sie damit meistens nicht. Das Weiteste, was ich je über Flugbahnen unter Drogeneinfluß gehört habe, waren zehn Meter bis zum Aufprall. Und auch wenn man es weniger buchstäblich betreibt und statt des Fensters die Tür nimmt, erwartet einen da, wo im expressionistischen Drama der Vorhang fällt, in der Wirklichkeit nur eine über die Maßen altväterliche Spießerfrage, nämlich: Und dann?

Spätestens seit Hartz IV ist die Frage, ob man und wann man sich von den Eltern löst und auszieht, endgültig von einer hochemotionalen und affektgeladenen Angelegenheit zu einer nüchternen Rechenoperation geworden. Solange es mehr Sozialhilfe einbrachte, wenn man auszog, wurde ausgezogen; seit es günstiger ist, bei den Eltern zu bleiben, wird bei den Eltern geblieben. Das Nestschlüpfverhalten zumindest vieler junger Männer nähert sich damit auch bei uns tendenziell dem der berüchtigten südeuropäischen Machos an, die bis Mitte Dreißig noch bei ihrer Mama wohnen. Und weil diese Mama dann meistens immer noch nicht davor zurückschreckt, unangemeldet und unter fadenscheinigen Vorwänden in das Zimmer des Sohnes gestürmt zu kommen, sobald Damenbesuch da ist, können alle mal sehr dankbar darüber sein, daß wenigstens die Mädchen tatsächlich oft viel frühzeitiger das tun, was präpotente Jungs immer nur fordern, nämlich: Ausziehen.

Sexuelle Begehrlichkeiten sind ja vielleicht überhaupt der wesentlichste Grund, der heranwachsende Jungs durch fremde Häuser treibt und ihnen deren architektonische Details erschließt. Es ist zunächst einmal der Zwang zur Heimlichtuerei, der sie in klamme Hausflure zwingt oder auf heikle Dachböden, und es ist die üble Mischung aus Sturm, Drang und technischem Pragmatismus, der die Vorzüge von engen Fahrstuhlkabinen oder Kellertreppen in ihren Blick rücken läßt.

Und irgendwann stößt man auf Mädchen, die bereits mit

fünfzehn ihr Elternhaus verlassen haben, Mädchen, deren Buden praktisch immer sturmfrei sind und die oft tatsächlich auch irgendwie aussehen wie gestürmt. Es gibt grundsätzlich zwei Möglichkeiten, auf die der junge Mann dann eingestellt sein muß. Entweder totale Schlampigkeit oder penibelste Ordnung. Und beides macht einen eigentlich gleichermaßen ratlos, weil man ja erst mal überhaupt noch nicht sagen kann, was das nun alles wieder heißen mag. Und was einen mehr beunruhigen sollte in so einer Situation: das schwarze Stahlgitterbettgestell mit dem Namen Jailhousefuck. Oder die Plüschtiere, die darauf liegen. Oder die Tatsache, daß die Plüschtiere alle keine Köpfe mehr haben, weil die Bewohnerin auf Gothic, Horror und Grusel steht.

Diese Komponenten kann man allerdings auch jederzeit haben, wenn man von umdievierzigjährigen Männern mit nach Hause genommen wird, mit der Aussicht auf Tee, Gebäck und Sexualstraftaten.

Das passiert leider offenbar fast jedem irgendwann einmal, und ich kann dazu nur sagen, daß die Päderasten dieser Welt womöglich noch mehr Schaden anrichten würden, wenn ihre Wohnungen besser gelüftet wären. Als ich in dieser Hinsicht einmal angesprochen wurde, war ich vielleicht vierzehn Jahre alt und hatte mir gerade die ersten Nieten in meine Punkerlederjacke gehämmert. Das heißt: Es waren eben keine Nieten, sondern Sesselrutscher, die man von unten in die Stuhlbeine nagelt, damit sie besser auf Teppichböden gleiten. So ein schlechter Nietenersatz war das eigentlich gar nicht, jedenfalls für Ostverhältnisse, wo der Möbelhandel sozusagen auch noch die Punkrockerausstattung mitübernehmen mußte. Aber dieser Mann meinte, er habe echte Killernieten aus dem Westen bei sich zu Hause, die er mir gerne mal zeigen und unter Umständen vielleicht auch überlassen könne, drei Zentimeter lange Stacheln, die aus jeder Lederjacke einen Fakirteppich gemacht hätten. Der Mann sah aus wie ein Straßenbahnfahrer nach der Schicht mit seiner Halbglatze und seiner leeren Aktentasche, und ich konnte gar nicht anders, als ihn nicht ernst zu nehmen. Er bewohnte das muffigste Loch, das ich bis dahin gesehen hatte, schlimmer und deprimierender als bei jeder Oma. Weil der Mann aber offenbar auf Jungs aus war, die härter aussehen wollten, als sie waren, lagen dort tatsächlich ausgesprochen beeindruckende Rocker-Nieten aus dem Westen auf dem Häkeldeckchen in der Schrankwand. Der Mann bat mich rein, und ich hielt mir die Nase zu, der Mann setzte Tee auf, und ich griff mir die Nieten. Und dann ging ich wieder. »Hallo? Und Dankesagen?« hörte ich den Mann hinter mir herrufen, als ich schon im Treppenhaus stand und wieder durchatmete. Er stand da mit seiner Halbglatze und mit dem Teekessel in der Hand und sah furchtbar traurig aus. »Ja, danke«, sagte ich und ging dann in Ruhe heim. Nicht nur, weil das nun echt nicht der Typ war, der es sich leisten konnte, deswegen durch sein Treppenhaus zu zetern oder die Polizei zu holen. Sondern weil ich wie betäubt war von seinem deprimierenden Dasein.

Das ist aber auch das, was sogar diejenigen immer erzählen, bei denen die Sache anders ausging: daß sie bis zu dem Moment, als es ernsthaft ungemütlich wurde, das Gefühl hatten, an der beflissenen Gemütlichkeit ersticken zu müssen, die in solchen traurigen Haushalten herrscht. Daß sie bis zu dem Moment, wo sie zum Opfer wurden, das Gefühl hatten, diese Menschen in ihren einseitig benutzten Polstergarnituren seien die eigentlichen Opfer, und daß sie fast schon so etwas wie Mitleid mit ihnen hatten – und die Befürchtung, später als Erwachsener selber einmal so werden und so wohnen zu müssen. Denn das sind ganz generell ja die Jahre, in denen man sich die Welt durch Blicke in fremde Wohnungen erschließt, in denen man mitbekommt, daß manche Freunde Eltern haben, denen es offensichtlich wesentlich besser oder wesentlich schlechter geht als den eigenen, und daß einige ihre Wohnzimmer immer noch Stube nennen und nur sonntags betreten. Es sind auch die Jahre, in denen jeder neue Klassenlehrer erst mal einen Hausbesuch macht, um sich über die sozialen und familiären Verhältnisse seiner Schüler ins Bild zu setzen, jedenfalls war das im Osten so üblich; und für manche waren das auch die Jahre, die sie, ihrem Zeitempfinden nach, komplett in den überheizten Wohnungen von Nachhilfelehrern damit zugebracht haben, die Augen irgendwie offenzuhalten.

Gabriele Wohmann hat diese Atmosphäre und die Angststarre auf beiden Seiten ein für allemal sehr gültig beschrieben in einer Erzählung, die den Titel »Die Klavierstunde« trägt und in manchen Gegenden, vermutlich der abschreckenden Wirkung wegen, sogar Schulunterrichtsstoff war. Dieser Kurzgeschichte ist auch im Grunde überhaupt gar nichts weiter hinzuzufügen, abgesehen vielleicht davon, daß sie zwar 1964 schon geschrieben wurde, aber erst Anfang der Achtziger Jahre spielte, und zwar mit mir und einer Frau Bahmann als Hauptpersonen. Und es war auch nicht ausschließlich quälend, zäh und eine gegenseitige Belästigung. Eigentlich war es sogar eher ganz lustig, nämlich immer dann, wenn ich so unfaßbar tumb und ungeschickt auf den Klaviertasten herumdrückte, daß selbst mir das in den Ohren weh tat, und Frau Bahmann es trotzdem schaffte, in ein kleines Nickerchen zu versinken. Während ich da stupide und dumm vor mich hin hämmerte, fielen ihr erst die Augen zu, dann sank ihr Kopf allmählich in den Nacken, der Mund öffnete sich, wurde immer größer und weiter, und wenn die ersten Schnarcher herausfuhren, dann dauerte es im allgemeinen auch nicht mehr lange, bis sich die obere Gebißreihe ihrer Prothese vom Kiefer löste und mit großem Getöse nach unten krachte. Dann saß Frau Bahmann da, machte den Mund weit auf und biß die Zähne fest zusammen. Also das, wovon jeder Zahnarzt träumt.

Frau Bahmann war zu dem Zeitpunkt schon um die neunzig Jahre alt und bewohnte die Mansarde einer prachtvollen alten Jahrhundertwendevilla am Elbhang. Es dauerte eine Weile, bis man über steile, enge und unheimlich knarrende Holztreppen bis zu ihr unters Dach gestiegen war, in das altertümliche, mit Kissen und Decken und Standuhren und Kommoden und Schränken bis zum Platzen vollgestellte Zimmerchen, an dessen Klingel nur ein einziger Buchstabe stand: »i«. Alle in der Gegend kannten die alte Frau Bahmann praktisch nur als »Tante ›i‹«, was mit ihrem Vornamen zu tun hatte, der Irmgard lautete. Tante »i« hatte schon 1946 eine Firma für »i-Künstlerpuppen« gegründet, und diese Künstlerpuppen waren ihre Erfindung: Handspielpuppen, die nicht nur sehr aufwendig eingekleidet waren, sondern auch einen Kopf hatten, der aus Stoffresten genäht war, und zwar merkwürdigerweise so, daß sie beinahe lebendig aussahen. In den Siebzigern war der Betrieb dann verstaatlicht worden, worüber Tante »i«, die dort bis zu ihrem Lebensende dafür zuständig war, die Arbeiterinnen anzulernen (und trotzdem mit Klavierunterricht Geld hinzuverdienen mußte), stets ausführlich und anhaltend zu schimpfen wußte. Tante »i«, die sich äußerlich über die Jahre so lange ihren eigenen Puppen angeglichen hatte, bis sie schließlich aussah wie eine freundlich verschrumpelte Hexe, schimpfte und erzählte überhaupt sehr viel, wenn die Klavierstunde lang wurde, und an dem Punkt, wo Tante »i« anfing so richtig loszulegen, weicht meine Geschichte eindeutig von der Wohmannschen Variante ab. Sicher, die Anfänge waren jedesmal zäh, anstrengend, formell, altdamenhaft, ich wurde auf das zu harte Kissen ans Klavier gesetzt, versuchte, meinem Gesicht eine Note von Konzentration und Bedeutsamkeit zu verleihen, die ich mir bei einem sehr beeindruckenden Auftritt von dem in der Nachbarschaft wohnhaften Konzertpianisten Peter Rösel abgeschaut hatte, und versuchte dann, nach einem Moment der

Sammlung, das Instrument im Vollfortissimo praktisch zu zertrümmern. Leider waren meine Beine damals noch zu kurz, um die Pedale zu erreichen, ich hätte ohne zu zögern brutal und durchgängig davon Gebrauch gemacht. Nach kurzer Zeit legte sich dann Tante »i«s Hand auf meine tremolierenden Finger und geboten Einhalt. Ewig wurde ich über die korrekte Handhaltung belehrt, auch der Trick mit den in die Pulloverärmel geschobenen Linealen blieb nicht unprobiert, aber die Lineale brachen allesamt ab, meine Unterarme waren zu müde und zu schwer. Notensysteme wurden erklärt und blieben zutiefst unverstanden. Die üblichen Kinderstücke wurden von den üblichen Edition-Peters-Notenblättern in das wehrlose Klavier hinuntergestanzt, von Musik konnte überhaupt keine Rede sein, und auch nicht von irgendwelchen Fortschritten. Aber wenn ich dann mitten in irgend so einem zähen Präludium die obere Zahnreihe der Frau Bahmann auf deren untere knallen hörte und sah, daß ihr Mund trotzdem offen stand, dann war alles gut, obwohl das natürlich zunächst einmal ein ziemlich gewöhnungsbedürftiger und insgesamt recht ersterweltkriegshafter Anblick war. Außerdem schickte sie unablässig Schnarcher über ihr geschlossenes Gebiß hinweg in die dünne Nachmittagsluft. Aber das störte mich nicht. Ich hörte vorsichtig auf zu spielen, ließ sie schlummern und schnarchen und nutzte die Zeit, um mich in ihrer wunderlichen Rumpelwohnung umzusehen. Alles war voll mit Fotos und Kistchen und Kram und Zeug. Die Wohnung war ein einziger Grimmscher Märchenwald, und wenn man darin herumgestöbert hätte, hätte man sich vermutlich böse verlaufen, oder alles wäre über einem zusammengestürzt, das ganze Archiv eines neunzigjährigen Lebens; so saß ich nur still auf meinem Klavierschemel und schaute und ließ mir die Geschichten dann von ihr selber erzählen. »Tante ›i‹«, säuselte ich, wenn sie wieder zu sich kam und verwundert auf das unbenutzte Klavier schaute. »Du hattest gerade erzählen wollen, wie das war, als du damals zum ersten Mal über die Skisprungschanze von Oberwiesenthal gefahren bist...«, suggerierte ich einen soeben abgerissenen Gesprächsfaden, den ich in Wahrheit von der letzten Sitzung her wieder aufnahm. »So, ... ja, ähm, was? ... Oberwiesenthal, wie? ... Ach ja, die Sprungschanze. ... ich ... damals«, stammelte dann Tante »i«. Und wenn sie sich wieder gefangen hatte, sagte sie: »Da bin ich runter damals, sogar als erste Frau überhaupt. Ich war die erste Frau, die die Sprungschanze von Oberwiesenthal runter ist«, behauptete sie, »und zwar auf dem Rodelschlitten.« Ob das nicht gefährlich gewesen sei, fragte ich. Aber sicher, sagte sie, die Männer hätten geglotzt wie verrückt, denn damals habe man als Frau beim Wintersport noch Röcke angehabt, und alles sei zu sehen gewesen, beschloß Tante »i« ihren wunderlichen Bericht: »Aaalllles.«

Die Geschichten, die sie erzählte, nahmen regelmäßig die seltsamsten Wendungen und liefen meistens auf eine Art »Indiana Jones« mit ihr in der Rolle von Harrison Ford hinaus. Aber wenn etwas wirklich nicht so ganz in Ordnung war in dem Oberstübchen von dieser fantastischen Oma, dann war das höchstens die Tatsache, daß die neunzigjährige Tante »i« ihre Kohlen fünf enge, schmale, knarrende Treppen tiefer aus dem Keller holen mußte, wenn sie im Winter wenigstens ihr Zimmerchen ein bißchen warm kriegen wollte. Bad und Küche, die direkt unter den Dachschrägen lagen, waren ohnehin gänzlich unbeheizbar. Wir hatten für den Winter gerade die Vereinbarung getroffen, daß ich ihr die Kohlen hochtrage, und zwar zur Hälfte des Preises, den ich ihr eigentlich dafür bezahlen sollte, daß sie sich mein Geklimper anhörte, als Tante »i« auf dem Eis ausrutschte, das sich auf einer Pfütze vor ihrem Waschbecken morgens gebildet hatte, sich den Oberschenkelhals brach, erst Stunden später von einem anderen Klavierschüler halbtot gefroren aufgefunden wurde, in ein Krankenhaus kam und dort, wie in solchen Fällen üblich, ziemlich zügig verstarb.

Ich habe danach nie wieder an einem Klavier gesessen, aber Dachgeschoßwohnungen habe ich noch sehr viele gesehen, und das ist es, worauf ich eigentlich hinauswollte. Wir müssen über ausgebaute Dachgeschosse sprechen. Und ein Kapitel, in dem es um Unbewältigtes, Unheimliches und Traumatisches geht, ist der einzig geeignete Ort dafür. Denn: Unterm Dach wohnen bitte Freaks, Kinder oder kauzige alte Damen, es ist das Zuhause von Dienstmädchen oder armen Poeten, die sich Regenschirme über das Bett spannen, in Dachwohnungen hocken asketische »Propheten«, und wenn man Thomas Manns gleichnamiger Erzählung glauben darf, dann trifft man dort auch auf bleiche Genies, Verbrecher des Traums, polnische Maler, blasse Mädchen und junge Philosophen »mit dem Äußern eines Kängurus«. Wenn Dachgeschoßwohnungen heute von Boulevardredakteuren, IT-Nerds, Chefköchen oder Moderatorinnen von Fitness-Magazinen bewohnt werden, dann ist das also ein einziger kultureller Irrtum von schreckenerregenden Ausmaßen. Wie hat das bitte soweit kommen können, daß Räume, die ihrer Unzumutbarkeit wegen früher nur zur Kleintierzucht, zum Wäschetrocknen oder zur Unterbringung sozial Deklassierter genutzt wurden, heute in den Immobilienteilen der Großstadtzeitungen den Rang von seltenen Trüffelölen haben? Es ist ein Rätsel. Und es kann zwar sein, daß die Antwort etwas damit zu tun hat, daß »witzig geschnittene Dachgeschoß-Maisonetten« irgendwie das hedonistische Versprechen von Penthäusern in sich tragen, von luxuriösen Roofpools mit Aussicht über die Stadt und Cocktail-Empfängen auf weiten Dachterrassen, von dem elitären Gefühl, ganz oben zu sein, sozial und auch sonst, keinen mehr über sich zu haben und mit einem guten Drink in der Hand hinabschauen zu können auf diejenigen, die einen tragen.

Aber eine typische Dachgeschoßwohnung in Ostberlin hat mit einem Penthouse, abgesehen von den Prätentionen der Bewohner, nicht mehr gemeinsam als den Preis, und gerade hier, auf dem Mutterboden des historischen Materialismus, muß man schon immer wieder staunen, wie sehr dann doch das Bewußtsein das Sein bestimmen kann. Denn faktisch sind die Bewohner des ausgebauten Dachgeschosses *natürlich* die Trottel des Hauses. Sie selbst sehen das aber genau andersherum, und vielleicht ist das sogar ganz gut so. Als ich mich in einem anderen Zusammenhang einmal über die westdeutschen Dachgeschoßdeppen vom Prenzlauer Berg geäußert habe, mußte ich mir von einigen Betroffenen böse, unverständige Vorwürfe anhören. Wieso Deppen? Und wieso westdeutsch?

Dabei kenne ich wirklich kaum einen Ort, an dem sich der mentale und ökonomische Zustand der wiedervereinigten Nation genauer widerspiegeln würde als einen sanierten Altbau mit ausgebautem Dachgeschoß in Prenzlauer Berg: Der Vermieter will sanieren und hätte hinterher gern nicht nur die Kosten dafür wieder rein, sondern überhaupt mehr Geld. Das kriegt er von den renitenten Altmietern aber nicht so ohne weiteres – Mieterschutz, Sanierungsgebiet und so weiter – deshalb schafft er auf dem Dach kurzerhand neuen Wohnraum, den er frei vermieten kann, und derjenige, der das Dachgeschoß begeistert nimmt, weil er bei seinem letzten Job in München noch viel, viel mehr Geld für viel weniger Platz hinlegen mußte, der wird dann auf der Treppe von den Ossis unter ihm als dämlicher Yuppie angegeifert, obwohl er ihnen die neuen Fenster und Bäder subventioniert. Und er kann noch froh sein, wenn er gar nicht mitbekommt, daß er eigentlich in der miesesten Wohnung des ganzen Hauses wohnt. Alle anderen haben Stuck, Dielen, hohe Räume, massive Wände, er hat Rigips, Laminat und das Klima einer Flüchtlingsbaracke. Es gibt, selbst bei schönstem Ausblick, keine Dachgeschoßwohnungen, die ihr Geld wert wären. Es kann sie gar nicht geben, denn Dachgeschoß und Wohnung sind ein Widerspruch in sich. Genauso gut könnte man versuchen, im Inneren einer Mauer zu wohnen oder zwischen den beiden Scheiben eines Verbundfensters. Das Dach ist ein Mittel und kein Zweck, hier wird das Klima für den Rest des Hauses gepuffert, und früher hat man die trokkene Hitze in den Sommern und die nasse Kälte in den Wintern höchstens Brieftauben zugemutet, oder Hobbybastlern und Funkamateuren, die es nicht mal stören würde, wenn ihnen die Brieftauben auf den Kopf machen. Das Radio ist eine typische Dachkammererfindung, aber als es sich durchsetzte, wanderte es nach unten in die richtige Wohnung, und das ist auch der natürliche Weg der Dinge. Selbst die härtesten Bohemiens haben in der Regel ihre vermüllten Mansarden und terpentindunstigen Oberlichtateliers in Richtung einer bürgerlichen Etagenwohnung verlassen, sobald sich die ersten Erfolge einstellten. Leute, die ihrem Aufstieg durch eine maximale Erhöhung der Etagennummer Ausdruck zu verleihen versuchen, dürfen sich deshalb nicht wundern, wenn sie komisch angeschaut werden. Wer gerne unter lauter Dachschrägen lebt, kann zum Beispiel schon mal kein großer Bücherfreund sein und sollte lieber zelten gehen. Und wer den Blick durch ein Velux-Fenster in nichts als den fahlen Himmel für einen großartigen Ausblick hält, wird sich vielleicht auch in einem Kerker nicht unwohl fühlen. Prinzipiell sollte man Leute, die sich auch noch etwas darauf einbilden, das Dachgeschoß eines Hauses zu bewohnen wie ein Dienstmädchen, dazu auffordern, einem bitte auch die Schuhe zu putzen und die Wäsche zu waschen. Und zwar schon zur Wiedergutmachung für die Verheerungen, die so ein Dachgeschoßausbau an einem Gründerzeithaus hinterläßt. Diese Bauten haben Krieg und Sozialismus überstanden und dabei immer einen Rest von dunkler, schwerer Würde bewahrt, sie standen in den Straßen wie knurrige alte Damen, und dann kamen die Dachausbauer und haben ihnen mit der Hemmungslosigkeit von schwulen Coiffeuren ganze Baumarktsortimente auf den Kopf toupiert. Seitdem schämt man sich beim Hinschauen für das Haus mit. Und die Fahrstühle, die den Dachgeschoßdeppen in seine Rigips- und Velux-Höllen befördern, zerstören nicht nur das Heldentum der Treppen, um mal mit Gaston Bachelard zu sprechen, sondern auch den letzten Rest an Stolz und Eigenständigkeit, den die Innenhöfe einmal hatten oder hätten haben können, bevor sie endgültig zu banalen rückseitigen Funktionsschächten wurden.

Im antiken Griechenland hatte es den seltsamen Ritus der Adonia gegeben, bei dem sich, kurz gesagt, die Frauen auf den Dächern ihrer Häuser versammelten, ordentlich einen antüterten und dann über Männer und Sex ausließen, denn nur die Sonne war Zeuge. Ganz ähnliches war in den Sommern immer auch auf den Dächern von Prenzlauer Berg zu beobachten, auch wenn die Mädchen da Lambrusco tranken und Jeans unter dem Rock trugen und ihr Sex auch nicht unbedingt immer mit Männern zu tun haben mußte. Aber diese Zeiten sind regelmäßig vorbei, wenn der Sanierungsträger kommt, die Dachluken für die Allgemeinheit schließt und eine exklusive Maisonette draufnagelt. Mit den Zeilen »Gott hat sich erschossen / ein Dachgeschoß wird ausgebaut« hatten die Einstürzenden Neubauten das Problem eigentlich schon 1989 auf den Punkt gebracht. Jeder Ausbau zur Rechtsanwaltswohnung profaniert das Dach als Speicher von Transzendenz, Kultur, Mythen, Geheimnissen, Tabus, Verdrängtem und all dem. Schon aus Respekt vor den psychologischen Dimensionen eines Hauses müßten im Grunde genommen genau diejenigen am meisten gegen den Ausbau von Dachgeschossen sein, die dort dann üblicherweise absurd große Rotweingläser in den Händen drehen und dabei versonnene Sätze aufsagen, die so klingen, als würden sie bei ihrem Analytiker auf der Couch liegen und gleichzeitig danebensitzen und mitschreiben; Sätze, die mit der Wendung beginnen: »Weißt du, ich bin ein Mensch, der...«

Wenn es stimmt, daß es am Ende die eigene Wohnung ist, die am zuverlässigsten aussagt, was für ein Mensch man ist, dann sollten junge Menschen, die sich mit dem Gedanken ans Ausziehen und Selbständigwerden tragen, bitte frühzeitig zusehen, daß sie nie, nie, niemals in die Situation kommen, ein ausgebautes Dachgeschoß über mir zu bewohnen und dort Selbstanalysen zum besten geben, die sie mit »Ich bin ein Mensch, der...« einleiten, denn dieser Satzanfang verlangt absolut unabdingbar nach einer einzig möglichen Ergänzung, die da, um beim Thema zu bleiben lautet:»unbedingt auf der Stelle vermöbelt werden möchte.«

Wohnkarrieren

Villen, Kommunen, freie Liebe und Kleinfamilie, die Küchendurchreiche im WBS 70, Andy Warhols »Factory« und was die Hausbesetzer zur Jugendbewegung der CDU qualifiziert.

Bevor ich hier eingezogen bin, habe ich gewohnt: bei meinen Eltern, in einem besetzten Haus, in möblierten Zimmern, zur Untermiete bei sehnsüchtigen alten Schauspielern und gemeinsam mit einem Freund in einer Wohnung, die komplett verschimmelt war, aber wenigstens noch Fensterscheiben und einen Ofen hatte, während die Nachbarn sich nur noch mit Schnaps warm hielten. Ich habe in Hotels, Pensionen und Zelten übernachtet, in Autos, Flugzeugen und Zügen, bei Bekannten und Unbekannten oder unter freiem Himmel, in Parks und an Stränden, auf den höchsten Hochbetten und den niedrigsten Futons, in Massenschlafsälen und im Stehen. Mir muß keiner erzählen, wie eine Wohngemeinschaft entsteht, wächst und schließlich wieder zerbröselt.

Die Frage ist jetzt nur, was kommt als nächstes? Familiengründung? Haus im Grünen? Eigentumsbildung?

Wenn man einflußreichen Vordenkern folgt, dann geht der Trend für Leute wie mich zur Mietvilla irgendwo am Schlachtensee. Aber in dem Punkt halte ich es mit der Sängerin Blümchen und sage: Gib mir noch Zeit.

Man kann natürlich, weil man schließlich jung ist und von

den Banken Kredite bekommt, gleich mit einer Villa anfangen und sich dann allmählich nach unten durchwohnen, bis man ein überschuldeter Sozialfall ist. Konservativere Gemüter werden allerdings eher den umgekehrten Weg präferieren. Und dieses Aufstiegsmärchen hat zwar am Ende auch etwas Trügerisches, aber ganz generell finde ich es schon auch sympathischer, wenn man sich in die Villa erst allmählich hochwohnt, selbst auf die Gefahr hin, daß einen dann die Barbourtanten mit dem sogenannten alten Geld aus den Nachbarvillen böse in Grund und Boden lorgnettieren.

Eine gewisse Wohnkarriere dient der Biographiebildung, und das weiß letztlich niemand besser als diejenigen, die im Gegenzug aus den prachtvollen Anwesen ihrer sehr reichen Eltern erst einmal nach Berlin gezogen kommen, für ein paar Jahre das Äußere von Pennern annehmen und in möglichst heruntergekommene Löcher ziehen – wobei die Möglichkeit, das Haus im Zweifel immer einfach auch kaufen und lästige Nachbarn rausschmeißen zu können, über die Härten eines solchen Daseins sicher ganz gut hinwegtröstet. Noch vor ein paar Jahren hätte ich über so etwas ergrimmt meine Proletarierfaust geschüttelt und Sätze verloren, in denen die Wörter »Gentrification« und »Arschlöcher« vorgekommen wären; inzwischen verdiene ich selber etwas besser und habe mich zu einer vorsichtigen Vorform von Verständnis durchgerungen. Leute, die komplett bruchlos in die Lebensbaupläne, Segelschuhe oder ausgebauten Einliegerwohnungen ihrer Eltern einziehen, ohne wenigstens mal so zu tun, als wollten sie eine Art Revolte wagen, sind nämlich noch viel beängstigender. So etwas spart allen Seiten zwar vielleicht eine Menge Ärger, aber ein bißchen Generationenkonflikt gebieten schon der Anstand und der gesellschaftliche Fortschritt, denn sonst ginge gar nichts vorwärts. Außerdem ist es so, daß sich am Ende noch die allerlinkesten Wohnrevolutionen als absolut grundkonservative Veranstaltungen entpuppen, und das gilt für nichts so sehr wie für die sogenannte Hausbesetzerbewegung.

Die typische Hausbesetzerbewegung sieht folgendermaßen aus: Man schwingt seinen Hintern über eine Hofmauer, klettert durch ein Fenster, hängt ein Transparent mit der Mitteilung aus dem Fenster, daß dieses Haus nun besetzt sei, und dreht sich erst einmal eine Zigarette, während man auf die Polizisten wartet. Als ich das zum ersten Mal mitgemacht habe, habe ich gedacht: Toll, das ist, abgesehen von dem Transparent und von den Selbstgedrehten eigentlich genau dasselbe, was ich meine ganze Kindheit über schon getan hatte. Der Osten stand ja voll mit leeren Häusern, auch früher schon, nur daß nicht wie jetzt, seit der massenhaften Abwanderung, die Plattenbauten an den Rändern der Städte leerstanden und abgerissen wurden, sondern die Altbauten, in denen heute alle wohnen wollen. In Städten wie Halle oder Leipzig dämmerten ganze Stadtviertel ihrer völligen Verrottung oder Sprengung entgegen, und wenn ich heute durch Dresden laufe, sehe ich im Grunde kaum ein frisch saniertes Haus, das wir damals nicht als Abenteuerspielplatz benutzt hätten. Und manchmal traf man dann plötzlich auch auf irgendwelche Freaks, Langhaarige, Künstler und ähnliches, die sich ein neues Schloß und von irgendwoher Strom besorgt hatten und da nun wohnten. Im Osten wurden keine Häuser besetzt, sondern Wohnungen, und die Leute haben alles mögliche daraus gemacht, nur eben möglichst kein Drama. Sie krochen in die Wohnungen wie Asseln unter einen Stein, und das konnte dann natürlich zu nichts anderem als zu mächtigen Konflikten führen, als die ersten Profibesetzer aus dem Westen ankamen und aus der ganzen Sache ein politisches Statement machten, Fahnen mit dem Hausbesetzerzeichen raushängten, die Fassaden mit Demonstrationsparolen beschrifteten und die Häuser zu uneinnehmbaren Festungen voller Stahlgitter, Alarmmechanismen und lebensgefährlicher Fallen hochrüsteten.

»Ihr könnt euch nachher, wenn hier alles im Eimer ist, von euren Eltern eine Eigentumswohnung kaufen lassen, wir nicht.«

Beziehungsweise: »Ihr seid schon wie eure Eltern, ihr wollt nur wohnen und sonst nichts, und das ist zu wenig.«

Zähe Grundsatzdebatten waren das, die da durchgestanden werden mußten, wenn alle zusammensaßen, im Plenum, wie das jetzt plötzlich ganz unironisch genannt wurde. Die Ostler, denen bei solchen Gelegenheiten oft kleinbürgerliche Bockigkeit vorgeworfen wurde, hatten sich gerade aus dem bleiernen Kollektivismus der Plenen und Vollversammlungen und Einheitslösungen des Sozialismus in individuellere Lebensnischen flüchten wollen; die Westler trieb genau im Gegenteil eher die Flucht ins Kollektiv, wo sie dann aber leider häufig einen Ton anschlugen, mit dem man auch ein mittelständisches schwäbisches Unternehmen führen könnte. Daß die Eltern vieler dieser Hausbesetzer selber Hausbesitzer waren, ist vielleicht weniger ein Einwand als eine Begründung, und das erklärt auch die stilistische Unduldsamkeit, mit der dieses Dasein dann durchorchestriert wurde.

Respekt für alle, die die Aufreibungen so eines kollektiven Lebens durchhalten, ohne darüber dünnlippig, hart und humorlos zu werden. Wie anstrengend das alles sein kann und wie riskant, klingt in dem Wort »Wohnprojekt« ja schon an, und die große Aufhebung der Sphären zwischen privat und öffentlich, Kunst und Leben, Politik und Alltag kostet letztlich mehr Kraft, Nerven und Anteilnahme, als man denkt, denn in so einem ulibeckhaften *Reallabor* gibt es im Gegensatz zu anderen Labors leider niemals einen Feierabend. Alles unterliegt immer der sozialen und ästhetischen Kontrolle aller, und wer in so einer Umgebung eine geheime Leidenschaft für, sagen wir mal, Soap Operas oder den Angelsport hegt, hat es zumindest nicht ganz einfach. Nicht daß das nicht trotzdem seine enormen Reize hätte, und wenn man Glück hat, scheint in diesen an allen Ecken und Enden verbastelten und verkunsteten Lebensräumen immer noch eine Erinnerung an Andy Warhols »Factory« durch, die große New Yorker Fabriketage, von der nie ganz klar war, ob Warhol und die vielen von ihm zu Superstars erklärten Kometen auf seiner Umlaufbahn hier arbeiteten, wohnten, eine endlose Party feierten oder alles gleichzeitig. Die »Factory« ist letztlich immer das große Role Model gewesen für diese ganze Loft- und Proberaum- und Stahlskulpturenschweiß-Kultur der Besetzer und Kommunarden. Aber selbst dann muß man sich immer mal wieder in Erinnerung rufen, daß Warhol am Ende des Tages seine Entourage in den Sperrmüllsofas liegen ließ und alleine oder zu zweit in seinem unfaßbar verkitschten Privatapartment verschwand.

Irgendwann kommt für die meisten der Tag, an dem sie die klammen Nächte in den Gemeinschaftsschlafsälen nicht mehr ertragen, an dem sie beginnen, eigene kleine Rückzugsnester zu bauen, oder, weil sie den Vorwurf der Rechten, eine verdammte »Zecke« zu sein, mittlerweile am eigenen Leib nachvollziehen können, immer häufiger bei Freundinnen übernachten, welche über bürgerliche Berufe und gemütliche Einraumwohnungen verfügen.

Fast jedes kollektive Wohnprojekt macht sich irgendwann wieder auf den Weg zurück in neue Formen der Vereinzelung und wird von den offenbar unentrinnbaren Bedürfnissen nach sozialer Differenzierung genauso kleingeschliffen wie alle großen Wohnutopien zuvor. Wie diese Prozesse im einzelnen ablaufen, kann man jetzt auch wieder in dem kleinen Bändchen nachlesen, das Staffan Lamm und Thomas Steinfeld über das berühmte Stockholmer Kollektivhaus geschrieben haben, wo schon seit 1935 ausprobiert wurde, was man heute immer noch »keine Zweck-WG« nennt. Den vielen berühmten Kommunen, die es mit der freien Liebe versucht haben, ist es letztlich nicht anders gegangen als den sogenannten *Phalanstères*, die der utopische Sozialist Charles Fourier schon ein Jahrhundert vorher im Sinn gehabt hatte: riesige Landschlösser, in denen bis zu 3000 Menschen in völliger Gleichheit arbeiten, leben und vor allem lieben sollten. Denn das Aufbrechen der engen Familienstrukturen war den Linken eine ganze Zeitlang mindestens so wichtig wie den Konservativen der Schutz der Familie. Beide konnten sich zwar vielleicht auf die Formulierung einigen, daß die Familie aus Mann, Frau und Kind die »kleinste Zelle der Gesellschaft« sei, aber sie meinten beide etwas Unterschiedliches, nämlich die einen eine Zelle im biologischen Sinne, als Grundbaustein, und die anderen eine Art Haftanstalt, aus der man ausbrechen müsse. Es ist insofern vielleicht kein Wunder, daß Fourier von denen, die ihm das nötige Geld hätten geben können, nie welches bekommen hat. Und das einzige *Phalanstère*, das tatsächlich jemals errichtet wurde, wurde dann bezeichnenderweise doch lieber *Familistère* genannt, und von freier Liebe konnte da schon nicht mehr die Rede sein, ganz im Gegenteil. Ausgerechnet 1968 scheiterten dort nach mehr als neunzig Jahren auch die letzten Reste des Selbstverwaltungsmodells, und das *Familistère*, das ursprünglich von einem philanthropischen Ofenbauunternehmer in die Industrietristesse der nordfranzösischen Stadt Guise gepflanzt worden war, wurde in ganz normale Miet- und Eigentumswohnungen aufgeteilt.

Es ist mehr oder weniger der gleiche Weg, den auch die Plattenbauten des Sozialismus gegangen sind, und wenn es so etwas wie einen banalsten gemeinsamen Nenner für den Aufbruch in ein neues Menschsein und die Ankunft im kleinfamiliären Ehealltag gibt, dann ist das die sogenannte Küchendurchreiche im WBS 70: ein triviales Loch, das millionenfach in die Mauern zwischen Emanzipation und Hausfrauenschicksal gefräst wurde. Die Durchreiche war das Fenster der Frau zur Welt im Wohnzimmer, damit sich die Mutti beim Abwaschen in der engen, innenliegenden Küche nicht so alleine fühlen muß. Das war einerseits sicher eine nette Geste, gleichzeitig war es aber auch das Eingeständnis, gescheitert zu sein: Die Küchen und die Bäder lagen ja vor allem auch deshalb so winzig und unterbeleuchtet im Inneren der Wohnungen, damit die eigentlichen Wohnräume sonnig und groß sein konnten und weil noch in den Sechzigern unbedingt davon ausgegangen wurde, daß die sozialistischen Menschen den ganzen Tag auf Arbeit sind, ihren gesellschaftlichen Engagements nachgehen, Kultur genießen und ihre Persönlichkeit entfalten, bevor sie auf dem Nachhauseweg ihre Wäsche am volkseigenen Wäschereistützpunkt wieder abholen und in der Wohngebietsgaststätte zu Abend essen. Es war dann aber doch anders gekommen, und der Begriff von der Doppelbelastung, der in diesem Zusammenhang regelmäßig ins Spiel kommt, beschreibt im Grunde nur, daß die Frauen in diesen winzigen Küchen und Bädern nach ihrem Feierabend noch alles das machen mußten, wofür eine westdeutsche Hausfrau den ganzen Tag Zeit hatte.

Vielleicht waren die Räume zu modern für das Leben, das in ihnen stattfand, und dieses Mißverhältnis drückte sich dann in einem permanenten Gefühl der Enge und Bedrängtheit aus, wozu die Möbel meistens noch das Ihrige taten. Der Kunsttheoretiker Lothar Kühne hatte offenbar schon in den sechziger Jahren so seine Zweifel, ob das alles gutgehen würde, was er da gerade selber proklamierte: nämlich die »kommunistische Potenz der Serie« und eine nullpunktartige Gleichheit, ein Lebensgefühl der offenen Möglichkeiten, das sich gerade in diesen streng gleichartigen Häusern und Räumen ergeben könnte. »Es ist ein Genuß des Raumes, der individuell, aber nicht mehr exklusiv ist«, schrieb er, und schon damals hatte er ganz zu Recht die Befürchtung, »daß die Monotonie in der architektonischen Erscheinung der in industrieller Bauweise errichteten neuen Wohngebiete den Drang zu individuierter Gegenständlichkeit in der Wohnung verstärkt«.

Konkret: altdeutsche Schrankwand, Eiche furniert, Kronleuchter, die an mittelalterliche Foltern denken lassen, Wagenräder und Hufeisen am Balkon. Bis heute gilt, wenn man Leute in Plattenbauten besucht oder die Fotobildbände durchblättert, die darüber inzwischen entstanden sind: Die Einrichtung dient zur störrischen Notwehr gegenüber der Architektur und den Lebensmodellen, die diese ihren Nutzern aufzudrücken versuchen. Je Raumschiff, desto Bauernschrank. Das, was da los ist, ist nichts anderes als ein Befreiungskrieg gegen die Diktatur der Philanthropen; besonders viel Empfindsamkeit kann man unter solchen Umständen also nicht verlangen.

Erst wenn die Häuser leergewohnt sind und zum Abriß anstehen und mit ihnen alles, was sie einmal repräsentiert haben, erst wenn die Besetzer kommen oder junge Künstler, was ja oft das gleiche ist, und wenn dann in diesen Ruinen der Moderne mal wieder versucht wird, Kunst und Leben zu versöhnen: Dann werden mitunter wie in archäologischen Tiefenbohrungen auch die alten Inhalte wieder freigelegt. Und es gibt Leute, die der Ansicht sind, daß es nicht das Schlechteste für das Selbstwertgefühl der Bewohner von so gebeutelten Plattenbaustädten wie Hoyerswerda oder Halle-Neustadt wäre, wenn sie wieder etwas mehr in dem Bewußtsein leben könnten, daß ihr Wohnen einen avantgardistischen Sinn hatte und vielleicht heute noch haben könnte. Auch wenn es natürlich immer etwas befremdlich wirkt, wenn hängehosige Mittzwanziger aus dem Westen nach den ersten drei Nächten im Ostplattenbau daherreden wie ein DDR-Kulturfunktionär aus den Sechziger Jahren und wenn eilig durchreisende Projektmittelabstauber die Idee vom sozialistischen Wohnkomplex gegen dessen eigene Bewohner glauben verteidigen zu müssen.

Es ist letztlich immer das gleiche: Bestimmte Architektur- und Wohnformen gelten als veraltet, schlecht, überholt, abrißwürdig, sie werden nicht mehr genutzt und bieten dadurch

Freiräume für diejenigen, die woanders keinen Platz mehr finden und ohnehin immer auf der Suche sind nach leergeballerten Geschichtshülsen, in denen sie sich dann einnisten und die sie rehabilitieren, zunächst ästhetisch und irgendwann offenbar auch politisch. Diese Entwicklungen vollziehen sich in vatermörderischen Wendungen als Generationenkonflikte, die über die Fläche der Stadt ausgewalzt und über die Formen des Wohnens ausgetragen werden. Als es ab Ende der neunziger Jahre in den Augen wesentlicher Teile der Party- und Kunstcamorra von Berlin-Mitte schick wurde, in den ausgeweideten Relikten der DDR-Moderne nicht nur die Nächte durchzufeiern, sondern tagsüber auch gleich in den danebenstehenden Plattenbauten zu wohnen, mußte man das offensichtlich auch als Reflex auf die zunehmende Vercordhosung in den Altbauquartieren verstehen, die vorher für fast drei Jahrzehnte als Fluchtpunkt all derer hinhalten mußten, denen in ihren Wirtschaftswunderelternhäusern die niedrigen Decken auf den Kopf gefallen waren. Und wenn es heute den Anschein hat, daß die Bauten der DDR auch den Jargon ihrer zugezogenen Nachnutzer seltsam sozialistisch einfärben, dann muß man sich erst recht nicht wundern, daß in den ehemaligen Hausbesetzervierteln jetzt dauernd Debatten über eine neue Bürgerlichkeit hochkochen. Vielleicht ist es weniger verwunderlich, als es im ersten Augenblick scheint, daß dort, wo früher ständig Barrikaden brannten, neuerdings haufenweise handgeschmiedete Nostalgiekinderwagen durch die Gegend geschoben werden. Es könnte schließlich sein, daß Parkett, Flügeltüren und Deckenstuck ganz automatisch den Wunsch nach Serviettenringen nach sich ziehen, zuerst als Pose, und irgendwann auch ganz im Ernst. Es könnte auch sein, daß man sogar schon die ersten Besetzungen im Schatten der Ereignisse von 1968 als Beginn einer grundbürgerlichen Bewegung begreifen muß, und es ist deshalb nicht auszuschließen, daß die bürgerkriegsartigen Polizeieinsätze, die immer wieder gegen die Hausbesetzer gefahren wurden, auch deshalb das Dümmste und Grotteskeste waren, dessen sich bundesdeutsche Kommunalpolitiker jemals schuldig gemacht haben. Als die ersten Häuser in Kreuzberg instandbesetzt wurden, wartete das, was von diesem Stadtteil noch nicht plattgemacht worden war, auf den Flächenabriß. Die Spekulation der Immobilienbesitzer gab sich die Hand mit einer sogenannten Stadtsanierungspolitik, welche die armen Kreuzberger aus ihren Hinterhöfen befreien und in weißen Betongebirgen wie denen im Märkischen Viertel unterbringen wollte. Gemessen an dieser alten sozialstaatlichen Beglückungspolitik von oben her, kam die Besetzung der störrischen Vorkriegsstraßenzüge eher dem ziemlich nahe, was heute immer von Leuten wie Guido Westerwelle gepredigt wird: Eigeninitiative, Verantwortung, Freiheit.

Das hat ganze Stadtviertel als Besserverdienerquartiere gerettet, die heute sonst vielleicht Sozialwohnungsslums wären. Die besetzten Häuser von damals sind heute entweder bis zum Dach durchsaniert und werden von ihren Bewohnern in syndikalistischen Mietkaufmodellen wie eingeschworene Dorfgemeinschaften geführt. Oder aber: Efeu vor den Fenstern, notorisches Hundehaltertum, zu Dreadlocks verfilzte Achselhaare und ewige Volxküchenfolklore. Das ist das erschreckend Konservative daran, das – und das absolut unerbittliche Beharren auf einmal eroberten Besitzständen, Überzeugungen, Denk- und Verhaltensmustern. In solchen besetzten Häusern geht es nicht weniger traditionalistisch zu als in einer erzgebirgischen Hutzenstube, und man wird sie eines Tages, so wie sie sind, in volkskundliche Museen stellen können.

»Die Häuser gehören denen, die darin wohnen« ist eine Losung, die man bis heute aus solchen Häusern hängen sehen kann. Abgesehen von der Enteignungsgeste, die darin anklingt, beschreibt sie aber eine Haltung, die sich ganz genau so auch konservative Wirtschaftspolitiker und der Ring Deutscher Makler in noch viel größerem Maße von allen Deutschen wünschen würden. In den meisten anderen Ländern sind die Leute jedenfalls viel häufiger der Überzeugung, daß sie auch besitzen sollten, was sie bewohnen; in Deutschland ist die Eigentumsquote dagegen vergleichsweise niedrig, die Deutschen mieten lieber als zu kaufen, und das heißt auch, daß sie lieber auf dem Sprung bleiben als sich fest zu binden und zu verpflichten.

Selbst die Bewohner von sogenannten Wagenburgen sind am Ende seßhafter als die meisten deutschen Normalmieter, die immer schon ein ungutes Gefühl haben, wenn im Fernsehen Peter Lustig auftaucht, und sofort nach der Polizei rufen, wenn sie so einen Troß Hippiepunks mit ihren Bauwagen sehen. Dabei sind Wagenburgen im Grunde auch nichts anderes als Camping mit Kiffen.

Wer das einmal durchhat, wird seiner Umwelt vielleicht in einem späteren, saturierteren Leben den Kauf eines Caravans oder Wohnmobils ersparen. Und selbst diejenigen, die es auf ihrer Kavalierstour zwischen Abitur und Berufseinstieg dermaßen aus der Bahn trägt, daß sie so richtig kerouacmäßig auf der Straße landen, können das am Ende unter Umständen noch als Qualifikation für ein späteres Dasein als Globalisierungsgewinner verbuchen. Denn was den Penner und den Business-Nomaden verbindet, ist immer noch die Fähigkeit zum schlanken Gepäck. Wir anderen müssen unseren biografischen Ballast jedesmal in Kisten aus Pappe stapeln und ein Umzugsunternehmen rufen. Und was dann passiert, kann noch bitterer sein als Obdachlosigkeit, Villen-Pfändung und die hygienischen Zustände in einer Volxküchenküche zusammen.

Der Umzug

Sogenannte Helfer, wandernde Wände, Feng Shui, die Wohnung als Jammertal und die seltsame Kostenakkumulation bei Möbelstücken.

—•—

Eine Straße, nicht direkt verkehrsberuhigt. Darauf ein Sofa und ein Schreibtisch, beide noch kein Sperrmüll. Daneben ich. Beunruhigt.

Wenn Möbel plötzlich mitten auf der Straße stehen wie störrische Omas, die nicht von der Fahrbahn gehen wollen, dann hat das immer etwas Verstörendes. Die Surrealisten sollen, der verstörenden Wirkung wegen, den Anblick von Möbeln, die wie Schlafwandler auf der Straße herumstehen, sehr geschätzt haben. Ich nicht, ich bin kein Surrealist, es waren meine Möbel. Mein Schreibtisch. Mein Sofa.

Ich wollte nicht, daß mein Sofa auf der Straße steht, und ich wollte noch weniger, daß es sich drei fremde Männer darauf bequem machen.

»Ihr sollt hier nicht rumsitzen, ihr sollt die Sachen hochtragen«, sagte ich.

»Hoch?« fragte einer der Männer, er war Iraner, und seine Stimme klang so, als wollte er später mal Muezzin werden.

»Hoch.«

»Zu hoch.«

»Wie, ›zu hoch‹?«

»Zu hoch«, er zeigte auf das Haus.

»Zu schwer«, er zeigte auf die Möbel.

Dann hob er seinen Arm, und ich dachte, jetzt sagt er: »Zu dünn.« Aber dann rieb er nur die Finger aneinander und sagte: »Zu wenig.«

»Moment mal, Freunde, ich habe euch als Möbelpacker gebucht, wir haben einen Preis abgemacht, und der gilt jetzt bitte.«

»Gilt nur bis erste Etage.«

»Hä?«

»Und wenn das Haus Fahrstuhl hat.«

»Hä??«

Und dann machte erst *er* seine Vorschläge, wie er sich die zusätzlichen Vergütungen bis in das dritte Obergeschoß so vorstellen könnte, und daraufhin sagte *ich* einen sehr langen Satz, in dem es unter anderem darum ging, daß sie ja wohl den Arsch offen hätten und bitte zusehen sollten, wie sie meinen Kram da hochkriegen, weil sie sonst gar kein Geld bekämen – und dann war Ruhe. Schweigend schauten sie mich an. Schweigend schaute ich zurück. Dann fielen erste Regentropfen. Dekorativ zerplatzten sie auf dem Holz meines schönes Schreibtischs, und demonstrativ wischte der Iraner über die nasse Stelle. Tja.

Das war jetzt also das, was rauskommt, wenn man beschließt, einen Umzug zur Abwechslung mal von Profis machen zu lassen.

Ich hatte im Branchenbuch nachgesehen und bei der Firma mit dem kraftvollsten Namen angerufen. Sie hieß »Deutscher Möbeldienst« oder so ähnlich, und ich hatte zuerst befürchtet, ich würde es mit ganz martialischen Skinheads zu tun bekommen. Aber geschickt hatten sie mir dann diesen wirklich unfaßbar dünnen Iraner in weißen Bundfaltenhosen und Slippern mit Bommeln dran, und das einzig Kräftige an dem Mann war seine Stimme. Außerdem einen sehr jungen, zur Schwermut neigenden Usbeken, der kein einziges Wort verstand und auch kein einziges Wort sprach. Sowie einen halb verwesten Alkoholiker aus Anklam, der aufgrund seiner Zerrüttung aber ebenfalls im Grunde gar nicht mehr ansprechbar war. Der Mann war ein absolutes Wrack, und er pfiff so dermaßen asthmatisch auf dem allerletzten Loch, daß ich ihm schon beim Runtertragen aus meiner alten Wohnung aus Mitleid die Kisten abnehmen mußte.

Wer solche Helfer hat, kann seine Habseligkeiten eigentlich auch gleich zum Fenster rauswerfen. Es kam hinzu, daß der Alkoholiker das wenige, das man ihm zu tragen zumuten konnte, auch noch dauernd fallen ließ. So war es gekommen, daß ihm unter anderem ein Bügeleisen, von dem ich gar nicht wußte, daß ich es besitze, aus den zittrigen Händen entglitt und sich mit der Spitze voran in die Kühlerhaube eines in der Einfahrt parkenden VW Passats bohrte. Nun war der Passat zwar bereits älter, und er sah auch so aus, als seien ihm schon eine ganze Menge Bügeleisen oder Schwereres in die Karosserie geflogen. Aber das war, fand ich, noch lange kein Grund, gleich in Gelächter über das zernarbte Auto auszubrechen, ganz besonders dann nicht, wenn am Heck ein Aufkleber des BFC Dynamo klebt.

»Ja, und wie jetzt weiter?« kam es dann auch sofort aus der Ausfahrt gebrüllt. »Jetzt lachen wir hier alle ein bißchen, und dann ist wieder gut, oder was?«

Der Mann hatte einen Nacken, der breit genug war, sämtliche DDR-Meisterschaften des BFC Dynamo mit voller Jahreszahl nebeneinander drauftätowiert zu tragen, der BFC war von 1979 bis 1988 durchgehend Meister gewesen, und dies schien mir nicht der Zeitpunkt, die Schiedsrichterleistungen, die zu diesem Unrecht geführt hatten, groß zu hinterfragen. Hier stand ein zwei Meter großer Bestandteil der Berliner Gewalttäterdatei, unter dessen Totenkopftätowierungen eine extrem hektische

Schlagader zuckte, und irgendwo da drinnen waren noch mehr von der Sorte, denn während ich vorne auszog, zog im Hinterhof gerade jemand ein und ließ sich seine Möbel von Leuten tragen, die jedenfalls nicht wegen jeder Treppe einzeln herumjammerten. Es war eine Frau mit gefärbten Strähnchen und bauchfreiem Top. Auf ihrem Steiß prangte dort, wo bei solchen Frauen sonst immer das Arschgeweih sitzt, die Buchstabenfolge ARSCHGEWEIH. Wenn man der Frau darüber hinaus noch einen echten Zwölfender an den Rücken geschraubt hätte, wäre sie als Arbeit des Konzeptkünstlers Joseph Kosuth durchgegangen. Das habe ich ihr auch gesagt, und schon ab diesem Zeitpunkt mußte man das Verhältnis zwischen ihren Umzugshelfern und mir als zerrüttet bezeichnen.

Das bleibt nicht aus in Berlin, wo jeder alle fünf Minuten umzieht, daß sich an den Wochenenden die Kleintransporter vor den Einfahrten in die Quere kommen. Es hatte Umzüge gegeben, bei denen ich auf der Treppe beim Kistenschleppen von Freigängern in Bodybuildinghosen überholt wurde, die eine Kippe im Mundwinkel trugen und ihre Kisten lässig über mich hinweghoben. Es hatte auch Umzüge gegeben, bei denen ich die Sachen in völlig falschen Wohnungen abgeladen habe. Und es hat eigentlich keinen Umzug gegeben, bei dem ich mich nicht gefragt hätte, wann ich endlich mal davon erlöst sein würde, ständig anderen bei ihren ständigen Umzügen helfen zu müssen, bloß weil ich sie irgendwann einmal um Umzugshilfe gebeten hatte.

Solange man noch nicht dreißig ist, ist es ja üblich, ein paar Kumpels um Hilfe zu bitten. Aber ein richtig gut durchdachtes Konzept ist das nicht. Erstens gilt: Je mehr Bücher einer besitzt, desto schwerer nicht nur die Kisten, sondern desto schmächtiger leider meistens auch die Freunde, und am Ende wird man ein Leben lang für deren Bandscheibenvorfälle verantwortlich gemacht. Und zweitens wollen sie hinterher immer alle endlos bewirtet werden. Man würde lieber seine Kisten auspacken, muß sich aber mit den Helfern betrinken, und für das Geld, das man dafür los wird, hätte man sich dann auch gleich Möbelträger mieten können. Viele versuchen es dann mit unterbezahlten, unversicherten und unmotivierten Studenten, die sich auf jedem Treppenabsatz erst einmal einen Joint bauen und die CD-Sammlung durchkommentieren, die sie eigentlich nach oben tragen sollten. Deshalb dachte ich: Deutscher Möbeldienst rules. Was ich wollte, waren schweigsame Männer, denen ich Geld dafür gebe, daß sie mir zügig und sauber meine Sachen von der einen in die andere Wohnung bringen, während ich die Hände frei habe, um Anweisungen zu geben. Was ich nicht wollte, war, daß ein in meinen Diensten stehender Alkoholiker aus Vorpommern debil herumkichert, weil er ein Auto zertrümmert hat, das dem Anhänger eines ausschließlich aufgrund der Gewaltbereitschaft seiner Anhänger bemerkenswerten Fußballklubs gehört. Jetzt kommt hoffentlich auch gleich der Iraner und erfreut den zornigen Mann da zusätzlich noch mit seiner schönen Stimme, dachte ich gerade, als tatsächlich der Iraner angetanzt kam und ebenfalls anfing, sich über das Auto lustig zu machen. »Ist das *dein* Auto?« krähte er den nun völlig entgeistert dreinstarrenden Mann an. »Das ist dein *Auto*?« lachte er und trat gegen die Räder, als könne er es überhaupt nicht fassen, während der Usbeke dreinschaute wie ein freundlich interessiertes Rind.

Es hätte mich nicht gewundert, wenn es daraufhin zu Toten gekommen wäre, und es hätte mich, in Anbetracht dessen, was mir dadurch später erspart geblieben wäre, auch nicht besonders gestört. Aber wie durch ein Wunder gab es keine Toten. Und dieses Wunder war die Frau mit dem Arschgeweih. Sie hatte auf einmal angefangen, eindringlich nach ihrem Möbelträger zu rufen, der »Ralf« möge sich bitte schleunigst zu ihr hochscheren, auf der Stelle und ohne Widerrede – und ich weiß zwar nicht, in welchem Verhältnis die beiden genau zueinander standen, aber »Ralf« wußte danach nicht mehr, was er zuerst tun sollte. Unter der Haut auf seinen Schläfen krochen Regenwürmer hoch und runter; er starrte auf sein demoliertes Auto, er starrte auf den Haufen jämmerlicher Gestalten, der wir waren, dann wurde er noch einmal und noch nachdrücklicher nach oben gerufen. Daraufhin hielt er seinen schweren Zeigefinger wie einen Gewehrlauf in meine Richtung und sagte: »Das klären wir gleich.« Und ging erst mal rein.

Mein Umzug hatte dadurch schon den Charakter einer Flucht bekommen. Jetzt, als wir da so mit den Möbeln mitten auf der Straße standen, hatte er außerdem noch den einer Tarifauseinandersetzung im öffentlichen Dienst. Ich war sozusagen die Arbeitgeberseite, und ich hätte mich am liebsten an den Busen von Sabine Christiansen lehnen und weinen wollen, so chancenlos war ich. In mir hansolafhenkelte es jedenfalls ganz gewaltig. Ich roch Klassenkampf, Sozialneid, Elitenfeindlichkeit. Ich roch den Vorwurf, nur deshalb umzuziehen, um meinen Helfern zu zeigen, daß ich was Besseres bin, denn Leute mit Abitur ziehen häufiger um als Leute ohne, so steht das in den Statistiken, und das Wort Abitur kann dabei auch durch Geld ersetzt werden. Wer viel umzieht, ist statistisch gesehen also sehr reich und sollte eigentlich klug genug sein, sich dabei nicht von Leuten abhängig zu machen, denen es offensichtlich schlechter geht.

Da saßen sie nun und warteten, daß ich ihnen mehr Geld zusagte. Und da stand ich nun und überlegte, wie ich das vermeiden könnte, und kam zu keinem vernünftigen Ergebnis. Ich konnte tun oder lassen, was ich wollte, mein Geld war praktisch so oder so schon auf dem Weg in ihre Taschen. Entweder ich gab es ihnen gleich, damit sie mir meine Sachen hochtrugen, bevor sie vom Regen völlig aufgeweicht waren. Oder sie warteten einfach weiter, bis die Zeit rum war, für die ich sie engagiert hatte, und jede weitere angefangene Stunde extra kostete. Irgend etwas passieren mußte mit meinem Sofa ja. Es sei denn ... Aber in dem Moment trat ein Revierpolizist näher und sagte: »Denken Sie nicht einmal dran. Wenn Sie das Zeug hier als Sperrmüll auf der Straße stehenlassen, schickt Ihnen das Ordnungsamt die Rechnung.«

Möbel, Kühlschränke, Unterhaltungselektronik und alles, was man sich sonst noch anschafft, um es sich in die Wohnung zu stellen, gehört zu einer Sorte von Gegenständen, die mysteriöserweise ständig Kosten verursachen, ohne damit zwangsläufig auch an Wert zu gewinnen. Es kostet Geld, wenn man sie kauft, und wenn man sie wieder loswerden will, kostet es noch mal. Und dazwischen akkumulieren sie noch jedesmal die Umzugskosten sowie die dabei anfallenden Schäden.

Unter diesen Umständen muß man sich natürlich fragen, warum man sich das überhaupt antun soll. Warum nicht einfach da bleiben, wo man ist.

Antwort: Weil sich das Leben eben ändert. Oder zumindest die Lebensumstände. Und deshalb gilt die Faustregel: Einer von beiden muß flexibel sein. Entweder die Wohnung oder der Bewohner. Flexibilität ist nämlich nicht nur eine Eigenschaft, die von Führungskräften und neuerdings ja auch von Arbeitssuchenden verlangt wird, Flexibilität ist immer wieder auch etwas gewesen, das von den Wohnungszuschnitten gefordert wurde. Der »flexible Grundriß« geistert bis heute immer wieder als großes, individuelles Glücksversprechen durch die Baupläne und die Immobilienprospekte, es ist der andere große Erzählstrang in der Geschichte der modernen Architektur, ein liberalerer Gegenentwurf zu den streng und genau getakteten Wohnmaschinen, ein Ausbruchsversuch aus den Bevormundungen des Funktionalismus. Es geht, theoretisch, immer um mehr Freiheit und Individualität, und praktisch geht es dabei meistens um Wände, die man versetzen kann, wie man möchte. Die

Frage ist nur die, ob man das wirklich jemals machen würde: früh aufwachen, der Meinung sein, die Wohnung könnte aber heute echt mal einen anderen Schnitt vertragen, und dann locker ein paar Wände versetzen.

Erstaunlicherweise wird der Trick mit den wandernden Wänden jedes Jahr aufs neue von irgend jemandem als irre revolutionäre Lösung aller Probleme ins Spiel gebracht. Dabei findet sich der Gedanke mindestens schon bei Edgar Allan Poe, und zwar in der Gruselgeschichte »Grube und Pendel«, wo er keine so besonders anheimelnde Rolle spielt. Die wandernden Wände dienen dort als Mittel der Verunsicherung und Folter. Salvador Dalí hat einmal über die beweglichen Skulpturen von Alexander Calder geschimpft, das mindeste, was man von einer Skulptur erwarten dürfe, sei, daß sie sich nicht bewege – und so halten das die meisten Menschen bis heute offenbar auch mit ihren Wänden. Das, was von den Architekten als befreiend gedacht war, wird von den Nutzern bis heute eher als unheimlich empfunden.

Wenn in einer Wohnung die Dinge tatsächlich mal in Bewegung geraten, dann sind es eher nicht die Wände, sondern die Leute. Es gibt sie, die Leute, die innerhalb ihrer eigenen Wohnung umziehen, die ihr Bett in die Küche stellen und die im Schlafzimmer essen, aber wenn so etwas passiert, dann hatte im Zweifel ein Feng-Shui-Berater seine Hände im Spiel, und dann wird es für Nachbarn und Untermieter um so dringlicher Zeit auszuziehen.

Bei allen Versuchen, den Widerspruch zwischen Dableiben und Weiterwollen auf irgendeine architektonische Art und Weise zu lösen, wird es wohl auch in Zukunft eher dabei bleiben, daß das Weite sucht, wem es zu eng wird. Diese Fluktuation hat inzwischen sogar auf das Wohneigentum übergegriffen. In der Sprache der Immobilienmakler gibt es neuerdings den »Lebensabschnittserwerber«, was einen Käufertyp beschreiben soll, der sein Häuschen nicht mehr für die Ewigkeit erwirbt, sondern nur für die Zeit, bis er sich woanders etwas Besseres leisten kann. Und es sieht ganz so aus, als griffe die Bereitschaft um sich, sein Zuhause immer mehr als Ort eines nur vorübergehenden Aufenthalts zu begreifen, als biographischen Bahnhof, als Durchgangsstation auf dem weiteren Lebensweg. Das tröstet einen dann natürlich mit nahezu christlicher Zuversicht auch über alle Mängel hinweg, wenn die Wohnung plötzlich gar nicht mehr so sehr das Ziel ist, sondern nur noch ein Teil des Weges. Ein Jammertal, durch das man halt durchmuß.

Und dann kennt jeder Immobilienmakler außerdem noch drei weitere Argumente, die immer für einen Wechsel des Wohnorts sprechen. Sie lauten: Lage. Lage. Und nochmals Lage.

Denn in der Frage, wer man ist und als was man gesehen wird, kommt es nicht nur darauf an, wie man wohnt. Sondern auch, wo.

Die Wohnlage

Das ausländische Haus, der »Builder«, Wohnen als Sexualpraktik, die Kreuzberger Mischung, Gated Communities, der Haß auf das deutsche Vorstadteigenheim und wozu das Häuschen im Grünen trotzdem gut ist.

~~

Wohnen ist zunächst einmal an Ort und Stelle ausgesessenes Fernweh: Alles, was aus dunklem Holz ist, heißt im Möbelhandel heute »Kolonialstil«, und jeder, der sich das leisten kann, richtet sich im Augenblick irgendwie »asiatisch« ein, während im Gegenzug reichgewordene Chinesen und größenwahnsinnige Dschungelpotentaten ein Phantasie-Neuschwanstein neben das andere setzen. Jeder Fototapete mit Palmen bei uns entspricht irgendwo in den Slums auf der anderen Seite der Erde ein Alpenpanorama; ich saß in deutschen Arbeiterhaushalten vor Karibiktrauminseln, und ich habe in den Townships von Kapstadt das Matterhorn gesehen. Und immer sieht es so aus, als seien diese fernen Bilder tapezierte Ansprüche an das eigene Dasein, Horizonterweiterungen in der eigenen Wohnung, an die Wand genagelte Fluchtpunkte für unstillbare Sehnsüchte. Schon in der DDR hingen die Postkarten aus dem Westen an den Küchentüren wie verblaßte Pin-up-Bildchen in einem Blechspind. Vielleicht ist so gesehen dann das Exotische auch nicht ganz grundlos nur einen Buchstaben weit vom Erotischen entfernt, und vielleicht erfüllt deshalb den Tatbestand des Sextourismus auch schon derjenige, der daheim bleibt und sich die Welt ins Haus holt.

Einrichtungskosmopoliten haben jedenfalls bestimmte Erwartungen an die Auswirkung ihrer Möbel auf das Dasein, wenn sie sportlich in amerikanischen Küchen frühstücken, abends gesund auf dänischen Stühlen sitzen und sich vielsagend freuen, daß ihr Bett ein französisches ist. Ich glaube ganz fest, daß die verhüstelte Konnotation des »Französischen« keine ganz unwichtige Rolle spielt für die Käufer von solchen Betten. Es gibt in Europa ja überhaupt nur noch zwei Themen, bei denen heute noch ganz ungehemmt mit nationalen Stereotypen hantiert werden darf, und beide haben etwas mit sinnlichen Dingen zu tun. Das eine ist das Design, das andere sind die Sexualtechniken.

Wie das italienische Design, die deutsche Formgestaltung und das englische Möbelhandwerk zu ihrem jeweiligen Ruf kamen, ist die eine Frage. Wie einzelne Länder in den Ruf ganz bestimmter Sauereien kamen, ist sicherlich die interessantere. Aber da kann man nur mutmaßen. Und meine These ist die, daß auch der Sex von den Räumen inspiriert ist, in denen er stattfindet.

Daß zum Beispiel England in aller Welt mit Spielchen assoziiert wird, die man im allgemeinen »bizarr« nennt, das hat nicht nur damit zu tun, daß mit erschütternder Regelmäßigkeit irgendein britischer Spitzenpolitiker mit einer Windel zwischen den Beinen und einer Plastiktüte über dem Kopf unter seinem Sofa hervorgezogen wird. Es ist mindestens auch ein architektonisches Problem, und der Spruch »My home is my castle« hat leider die Tendenz, uns ein völlig falsches Bild von den englischen Wohnverhältnissen zu vermitteln. Für deutsche Ohren klingt das nämlich so, als liege da die Betonung auf *Castle*, auf »groß«, »prachtvoll«, »spätgotisch« und »mit Rosenzucht vor der Haustür«. Tatsächlich liegt sie aber auf *Castle* im Sinne von: Wer sich der Tür nähert, kriegt siedendes Pech über den Kopf.

Einmal mußte ich in London ein wohlhabendes deutsches Ehepaar besuchen, das dort ein altes Haus gekauft und ausgebaut hatte. Ein Reihenhaus natürlich. Wir saßen in der Wohnküche, die nach hinten hinaus ging, und schauten auf ein Flachdach, das sich weit in den handtuchbreiten Garten hinausschob. Darunter war ein Swimmingpool. Die Leute waren *wirklich* reich, und es war ganz klar, daß sie hier eine gigantische Sonnenterrasse geplant hatten. Jetzt wuchs da aber nur trauriges Flachdachgras wie auf einem Vorort-Aldi. Kein schöner Anblick. Besonders dann nicht, wenn man Hunderttausende von Pfund da hineingesteckt hatte. Der Hausherr reagierte entsprechend verbittert, wenn man ihn auf das Dach ansprach.

Was war passiert? »My home is my castle.« Das hätten die englischen Nachbarn gesagt, und zwar als es vor Gericht um die Terrasse ging. Man hätte ihnen von dort aus nämlich irgendwie einen Zentimeter zu tief in den Garten oder sogar ins Haus schauen können. Daher: Benutzung des Anbaus als Terrasse im letzten Moment verboten.

Aus Höflichkeit bedauerte ich das, eigentlich finde ich aber, daß man die Engländer lieben, loben, preisen und irgendwann auch mal wieder ein Elfmeterschießen gewinnen lassen sollte für diese prinzipienfeste Haltung zum Thema Privatsphäre. Diese Heimlichtuerei setzt natürlich ein ganzes Volk unter den Verdacht, sich ständig gegenseitig mit Beißhölzern und Latexmasken zu traktieren, sobald die Tür ins Schloß gefallen ist. In Wahrheit dient der Sichtschutz aber dazu, niemanden mitbekommen zu lassen, wie der englische Reihenhausbesitzer auf Knien herumrutscht, Füße küßt, sich bitterlich demütigen läßt und dafür auch noch Geld bezahlt – und zwar an eine Person, von der alle, die sie jemals erlebt haben, für alle Zeiten nur in einem Tonfall sprechen, als handele es sich um den Leibhaftigen: Diese Person nennt sich »The Builder«, und von einem deutschen Handwerker unterscheidet ihn, daß seine Macht noch größer, sein Ton noch herrischer, Spezialisierungrad und Können aber viel geringer sind. Wo sich auf einer deutschen Baustelle der Klempner, der Maurer und der Elektroinstallateur gegenseitig für unfähig erklären, ist in England diese Unfähigkeit in einer einzigen Person vereint, dem Builder. Das deutsche Ehepaar, das ich da in London zu besuchen hatte, gehörte nun definitiv nicht zu der Sorte von Menschen, die sich viel bieten lassen. Im Gegenteil, sie waren eben erst unter wüsten Verfluchungen der mittelalterlichen Zustände in der deutschen Wirtschaft nach England gezogen, und da saßen sie nun frustriert vor ihrer teuren Terrasse, die nicht betreten werden durfte. Sie ertappten sich bei sentimentalen Sehnsüchten nach den deutschen Verhältnissen. Sie ließen sich so altertümliche Worte wie »Meisterbrief« auf der Zunge zergehen, und siehe: Sie hatten das fast vergessene Aroma von frischem Schwarzbrot und hausgemachten Würsten. Sie hatten einen unglaublich großen Haufen Geld bezahlt für ihr Haus, und jetzt kam immer noch kein Strom aus den Steckdosen, weil die Kabel so wirr aus den Wänden ragten, als sei der zuständige Elektriker schon vor Fertigstellung der Arbeiten seinem eigenen Gestümper zum Opfer gefallen. Um das Problem ein für allemal zu lösen, hatten sie heimlich Handwerker aus Deutschland einfliegen lassen, Leute, die nachweislich auch einmal gelernt hatten, was sie da taten. Aber der Builder, ihr Builder, hatte das mitbekommen, und er hat es sich ausdrücklich NICHT bieten lassen. Mit Krampfadern auf den Schläfen stand er vor dem Häuschen des Paares, stach mit dem Schraubenzieher böse Löcher in die Luft und wollte gern noch einmal geklärt haben, wer eigentlich den Krieg gewonnen habe.

Es wurde geklärt, und der Strom kommt bis heute nicht aus der Steckdose, sondern aus den Kabelenden, die da und dort aus der Wand ragen.

Aber das ist immer noch besser, als in London zur Miete zu

wohnen, denn wer das tut, ist faktisch fast schon obdachlos; er muß wöchentlich zahlen und kann im Grunde froh sein, wenn beim Nachhausekommen sein Schlüssel noch ins Schloß paßt. Wohnen im eigentlichen Sinne heißt: Kaufen, Schulden machen, hoffen, daß die Blase nicht platzt, weiterverkaufen, weiterziehen, bis zum Schluß vielleicht tatsächlich der Landsitz draus wird, spätgotisch, Rasen, Rosenzucht und so weiter. Die Briten schlafen sich gewissermaßen nach oben, ins Freie, Weite und Geräumige. Das ist zumindest das Ideal. Die Wahrheit sieht aber so aus, daß die meisten Menschen in England Räume bewohnen, die nicht viel größer sind als bei uns die Puppenstuben. Mick Jagger mußte, als er damals mit L'Wren Scott zusammenzog, extra den Fußboden seiner Villa um 25 Zentimeter absenken lassen, damit sich die 1,93 m große Frau nicht pausenlos den Kopf an der Decke einrennt. Und von unseren augenzwinkernden Spätnachrichtenmoderatoren werden in letzter Zeit immer häufiger diese Auch-das-gibt's-Beiträge angesagt, in denen es dann darum geht, daß wieder irgendein englischer Vermieter einen bewohnbaren Schrank in der Londoner City losgekriegt hat und für die beiden Quadratmeter 600 Pfund haben will, wöchentlich. Seit ich im Badezimmer eines nicht gerade billigen Londoner Hotels einmal versucht habe, mich um die eigene Achse zu drehen, und mir das, obwohl ich extrem dünn war damals, beim besten Willen nicht gelingen wollte – seitdem frage ich mich, wie dann erst die englische Arbeiterklasse hausen mag, das tätowierte Gammelfleisch von Magaluf, diese furchterregenden, zwei mal drei Meter großen Hooligans, die man im Sommer an den Stränden Spaniens herumbraten sieht. Ich frage mich allen Ernstes, wie diese zu Ohrenquallen gedunsenen Sperrstundentrinker bitte in ihre winzigen Häuschen hineinpassen sollen, ohne sich darin vorzukommen wie eingesperrte Flaschengeister. Und die Antwort ist vermutlich die, daß sie sich eben tatsächlich so fühlen. Die Engländer haben es zu Hause dermaßen unzumutbar eng, daß es gar kein Wunder ist, wenn sie mit knallrotem Kopf über den Kontinent pflügen, sobald sie mal von ihrer Insel runterkommen – und was wir für Tätowierungen halten, sind in Wahrheit Hämatome.

»Bondage« ist vor diesem Hintergrund am Ende nur der zum schmerzhaften sexuellen Vergnügen umsublimierte Ausdruck englischer Wohnbedingungen. Mit den bizarren Fessel- und Würgespielchen zieht die britische Oberklasse gewissermaßen den Hut vor ihrem eigenen Proletariat. Und die neunschwänzige Peitsche, das Kernstück aller sogenannten »englischen Erziehungsspiele«, ist nichts als eine Hommage an die funkensprühenden Kabelenden, die der »Builder« aus den englischen Wänden ragen läßt, bis den ersten der Schlag trifft.

Typisch für solche Zusammenhänge ist übrigens, daß sie trotz ihrer Evidenz von den betreffenden Nationen rundheraus abgestritten werden. Denn die Welt ist voll mit Stereotypen, Klischees und Vorurteilen. Aber das allerböseste von allen Vorurteilen ist immer noch jenes, welches besagt, daß Stereotypen und Klischees nichts zu tun hätten mit der Wirklichkeit.

Diesen Umstand gilt es übrigens um so getreulicher zu beherzigen, wenn wir damit die kleine Exkursion in die Kalamitäten des ausländischen Wohnens allmählich gut sein lassen, zu den deutschen Verhältnissen zurückkehren und wie angekündigt zur Frage der angemessenen Wohnlage kommen.

Wenn ich nämlich jemandem erzähle, wo ich wohne, lautet die Antwort meistens: Klar, wo sonst? Ich müßte meine Adresse gar nicht nennen, nur Alter, Beruf, Auto und Musikvorlieben, die Leute würden mich trotzdem finden. Kenner können vom Habitus her sogar auf Hausnummer und Stockwerk schließen. Konformistischer geht es nicht. Man müßte in einen Vorort ziehen, um sich interessant zu machen, nach Frohnau oder so was, aber dann sitzt man da, stört die Leute dort, fühlt sich selber fehl am Platz und bekommt keinen Besuch mehr.

Wohnen ist kein Scherz, es sollte ernsthaft betrieben werden, auch wenn es natürlich beschämend ist, wie punktgenau man eines Tages landet in diesem sozialen Koordinatensystem, das sich aus Milieus und Stadtvierteln und aus Lebensgefühlen und Straßen und aus Ansprüchen und Anschriften zusammensetzt. Und eine Anschrift ist noch lange nicht dasselbe wie eine Adresse, wie man in Hamburg immer sehr nachdrücklich lernen kann, wo diejenigen, die mit goldenen Kapitänsknöpfen an der Jacke die Alster rechts runter wohnen, eine Adresse haben, und zwar eine sehr repräsentable, während alle anderen eben nur eine Anschrift haben. So ist das zwar immer schon gewesen und in jeder Stadt: daß es die besseren Viertel gab und die wrong side of town. Aber je größer und unübersichtlicher die Städte werden, desto feiner und engmaschiger sind im Gegenzug offenbar diese Zuordnungskriterien. In einer Stadt wie Berlin berühren solche Wohnortdiskussionen deshalb dann immer gleich Weltanschauungsfragen. Nächtelang wird in den Kneipen über nichts anderes geredet: Wer wohnt wo, und was soll man davon halten. Die Ansichten darüber lassen sich bis auf Hausnummer und Straßenseite herunterspezifizieren. Und wenn es ernst wird, kennt man gar keine unterschiedlichen Städte mehr, sondern nur noch die jeweils richtigen Viertel.

Um den Überblick zu behalten, habe ich an meiner Wand einen Stadtplan hängen, der aus den Plänen ganz verschiedener Städte zusammengebastelt ist. Dresden-Weißer Hirsch grenzt da jetzt an Köln-Marienburg und geht irgendwann in Hamburg-Blankenese über. Hasenbergl, Gropiusstadt und Mümmelmannsberg liegen nicht mehr in München, Berlin oder Hamburg, sondern ganz dicht beieinander, denn diese Viertel haben viel mehr miteinander zu tun als mit ihrer wirklichen Umgebung, die Bausubstanz ist ähnlich, die soziale Mischung, die Milieus und das Wohnbewußtsein auch. Deshalb ist bei mir auch das Schanzenviertel über lange, gemeinsame Straßenzüge mit Kreuzberg verflochten, denn die Geschichten, die Kneipen und die kleinen Läden gleichen sich, und das Mischungsverhältnis zwischen Deutschen und Ausländern und Armen und Reichen ist immer noch so, daß es diese claudiarothhafte Aufgekratztheit zuläßt und noch nicht in die dumpfen Aggressionen von Neukölln oder Wilhelmsburg umschlägt. Es gibt den Begriff der Kreuzberger Mischung, und ursprünglich wurde damit nur die enge räumliche Nähe zwischen Wohnen, Arbeiten und Feiern beschrieben, die Kneipe, die sich im selben Haus befindet, in dem man wohnt und in dessen Hinterhoffabrik man arbeitet, also alles, was die moderne Stadtplanung sauber voneinander trennen wollte; aber heute wird damit immer häufiger auch die Hoffnung bezeichnet, daß sich soziale und ethnische Konflikte durch das Zusammenleben auf engstem Raum zu einem irgendwie geselligen und friedlichen Ausgleich bringen lassen. Bisher scheint das besser zu klappen als in anderen Vierteln. Die Frage ist nur, wie lange das noch gutgehen kann; die Frage ist speziell die, wie lange man aus Gründen der politischen Überzeugung, des Lebensgefühls und der biografischen Nostalgie gegen seine eigenen ökonomischen Interessen anwohnen kann. Die ersten Risse in diesem eigentlich ja erfreulichen Konstrukt aus Wohnbewußtsein, Weltanschauung und Sozialausgleich sind jedenfalls nicht mehr zu übersehen. Es fängt schon damit an, daß die ehemaligen Hausbesetzer irgendwann Kinder kriegen und sich gesünder ernähren, daß sie die heruntergerockten Dönerbuden in ihren Straßen zwar aus ästhetischen Gründen noch schätzen, aus ernährungsphysiologischen Vorbehalten aber immer seltener aufsuchen. Irgendwann wird an den Ständen der Biobauern auf dem Wochenmarkt dann schließlich ganz offen über »Katzendöner« gelästert. Junge Menschen, die sich ihr Leben lang als liberal und progressiv klassifiziert hätten, finden sich plötzlich an der Seite von ergrimmten türkischen Müttern zu Bürgerwehren zusammen, wie man sie sonst nur aus Korrespondentenberichten über Kleinstädte im amerikanischen Mittelwesten kennt. Und dann kommt der Tag, an dem das Kind eingeschult werden muß, und siehe da, auf einmal wird sogar im Osten Berlins nach Schulen geschaut, bei den vormodernen, multikulturell rückständigen Zonis, wo auf den Schulhöfen immer noch Deutsch gesprochen wird, ein fragwürdiges Deutsch zwar, eins mit Dialekt, aber immerhin kein Arabisch.

Es sind immer diese innenstadtnahen Altbauviertel mit der sogenannten kleinteiligen Bebauung, mit den vielen kleinen, »bunten« Läden und Kneipen, mit den spielenden Kindern auf der Straße und den tratschenden Tanten vor den Häusern, die in Fernsehreportagen als Hintergrundfolie für ein gelungenes soziales, multikulturelles Miteinander herhalten müssen. Die teureren Autos werden währenddessen in martialisch ausbetonierten Tiefgaragen gesichert. In den Eingängen summen hysterische Gegensprechanlagen vor sich hin. Klingelschilder ohne Namen werden häufiger, Klingelschilder mit anonymen Nummern und Buchstabencodes. Videokameras nehmen die Gäste schon an der Haustür in den Blick und übermitteln Zerrbilder nach oben, die so grotesk sind, daß niemand im Ernst mehr hoffen kann, Einlaß zu finden. Und überhaupt greift eine insgesamt sehr Fort-Knox-artige Paranoia um sich in diesen Stadtvierteln, die sich immer so viel auf ihr lässiges und entspanntes Miteinander einbilden. Die Interessens- und Einkommensunterschiede, die bis vor kurzem noch eher horizontal auf verschiedene Stadtviertel aufgeteilt waren, finden sich da plötzlich in die Vertikale gestapelt wieder, und während unten im Haus die Dönerbude noch so etwas wie altes Lokalkolorit durch die Straße nebelt, herrschen ein paar Etagen weiter oben Verhältnisse, für die in anderen Ländern sogenannte Gated Communities gebaut werden. Wohnanlagen für Wohlhabende sind das, gesichert durch meterhohe Mauern und Zäune, bewacht von Privatarmeen, und meistens irgendwo draußen im Grünen. Die berühmteste Gated Community von São Paulo heißt passenderweise »Alphaville«, so wie die beängstigende Science-Fiction-Stadt in Godards gleichnamigem Film. Und in Florida ist mit »Celebration City« vor ein paar Jahren eine ganze Kleinstadt entstanden, die man sich vorstellen muß wie die Simulation in dem Film »Truman Show«, nur daß da statt des Meeres ein Golfplatz ist, der nachts beleuchtet wird und ein Schußfeld abgibt, von dem DDR-Grenzer nur träumen konnten.

Nur in Deutschland würde die anvisierte Klientel offensichtlich eher ihr Leben riskieren, um da raus- statt reinzukommen. Hier sind alle derartigen Versuche bisher kläglich gescheitert. Diejenigen, die sich so etwas leisten könnten, wollen entweder in richtigen Villen wohnen oder in der Mitte der Stadt. Mit der Oper und den Kneipen und dem ganzen Subkulturkram in der Nähe. Und mit Dönerluft auf der Straße. Das ganz große Thema in den Immobilienteilen der überregionalen Zeitungen nennt sich seit ein paar Jahren: die Renaissance der Innenstädte. Denn draußen, vor der Stadt, ist kaum noch irgendwelches Prestige zu gewinnen, dort wohnt, wenn überhaupt, nur der Mittelstand, die mediokre Masse der Häuslebauer, dort erstrecken sich die Eigenheimhöllen, die künftigen Ghettos, die Slums von morgen.

Ich selber bin zwar leider nicht so reich, daß ich mir stattdessen über ein Stadthaus gegenüber dem Schloßplatz in Berlin Gedanken machen könnte, teile diese Ressentiments aber trotzdem: Kleinstädte – ein Horror. Neugebaute Kleinstädte – ein noch größerer Horror. Nichts als gleichaltrige, gleichgesinnte Säcke als Nachbarn – ein nicht mehr zu beschreibender Horror. Von mir aus können kleine und mittlere Städte eigentlich abgeschafft werden. Fachwerk, Schützenfest, Homophobie und Exaltationsfeindlichkeit: Weg damit. Von mir aus sollten alle Menschen auf engstem Raum in brutalen Megastädten wohnen müssen, Beton und soziale Reibung, so weit das Auge reicht, und dann ganz harte Kante und Schluß. Natur, Grün, Landschaft. Dort dann absolut allerstrengstes und mit Todesstrafe bewehrtes Bauverbot. Alle Eigenheimsiedlungen der neunziger Jahre kommen weg, werden planiert, Gras drüber, die Tankstellen an den Ausfallstraßen werden angezündet und nehmen, wenn sie in die Luft fliegen, hoffentlich gleich die Möbeldiscounter und Baumärkte mit. Ein paar Jahre wird die Erde brauchen, um sich zu erholen, und dann wird Gras über die Geschichte wachsen, grüner und schöner denn je. Rehe werden äsen, wo sich heute die sentimentalen Krüppelwalmdächer von angezahlten und nie fertiggebauten Siedlungshäuschen in die planierten Wiesen ducken.

Mit dieser Meinung weiß ich mich mit weiten Teilen der Architekturkritik dieses Landes einig. Es gibt wenig, was Architekturpublizisten mehr verachten, schlimmer beschimpfen und höhnischer belächeln als den Traum vom kleinen eigenen Heim im Grünen, diese adipösen Speckgürtel, die den Städten die Luft zum Atmen nehmen, und die erbarmungslose Zersiedlung der Landschaften zwischen den Städten. Es sind nicht ausschließlich ästhetische und kulturelle Ressentiments, die uns Großstadtsnobs angewidert herabschauen lassen auf die trostlosen Erschließungsgebiete mit ihren Monopolyhäuschen. Es sind auch ökologische Vorbehalte und wirtschaftliche Bedenken.

Aber ein bißchen elitär und klugscheißerisch ist es schon auch. Die allermeisten Menschen in diesem Land wollen lieber in der Klein- als in der Großstadt wohnen. Und für sieben von zehn Deutschen ist nach wie vor das Eigenheim das Ziel ihrer Wünsche. Da können die drei übrigen von Urbanität, Renaissance des städtischen Reihenhauses und Rückkehr in die Zentren reden, wie sie wollen: Eigenheim impliziert immer noch das Grün drum herum, und sei es ein trübsinnig verschnittenes Stück Restrasen mit Maschendrahtzaun drumrum.

Der Wunsch danach wird kommen, heißt es. Der Wunsch nach dem Häuschen im Grünen wird kommen und einen packen, wenn man es am wenigsten erwartet, sagen diejenigen, die es schon hinter sich haben. So sicher wie die ersten Falten, der Haarausfall, das Klimakterium. Nur früher.

»Sie können dagegen wettern und zetern, wie Sie wollen«, hat mir vor ein paar Jahren mal ein Architekt aus Frankfurt gesagt, einer, der selber auch lieber nur die Innenstädte vollgebaut hätte, aber ständig raus in den Taunus auf seine Eigenheimbaustellen mußte: »Eines Tages wird auch Ihre Freundin sagen, daß sie gern ins Grüne ziehen möchte. Und das wird übrigens auch der Moment sein, ab dem Sie sicher sein können, daß Sie Vater werden.« Der Architekt sagte, er wisse, wovon er spreche. »Das Häuschen im Grünen ist zuverlässiger als jeder Schwangerschaftstest.«

Männer und Frauen

Die Erfindung der Hausfrau, Herrenzimmer, Lüsterweibchen, das Sexualleben der Möbel und was man beim Zusammenziehen beachten sollte.

Der Mann, die Frau und ihr gemeinsames Heim. Auch wieder so ein Thema, das nichts Gutes verheißt. Steht eine Frau mit dem Nudelholz in der Wohnungstür, ihr gegenüber der Mann, volltrunken und angstschlotternd. So siehts doch aus, das Coming-Home-Gefühl, jedenfalls wenn Karikaturisten es darstellen. Und damit noch deutlicher wird, was los ist, hat der Mann manchmal auch einen Luftballon in der Hand, auf dem dann »BAR« steht. Dabei hätte die Sache umgekehrt viel mehr Berechtigung: Der Mann kommt in die Kneipe, der Barkeeper ist stinksauer, und auf dem Luftballon steht »Frau«, beziehungsweise »Zuhause«.

»Homefucking kills Prostitution« war in den Achtzigern eine beliebte Replik auf die »Hometaping kills Music«-Kampagne der Plattenindustrie, und auch sonst wird dem häuslichen Eheleben dauernd der Vorwurf gemacht, schuld zu sein am Niedergang des öffentlichen Lebens. Der Tonfall, in dem über diese Dinge geredet wird, gleicht oft dem von Saufkumpeln, die nicht verkraften können, daß einer von ihnen jetzt eine Freundin hat. Am Ende dann: Sitzlandschaften in Moll, *Er* im Unterhemd, *Sie* in Lockenwicklern, und zwischen ihnen Kontinente der Ödnis und Kälte. Und das Schlimmste an solchen Karikaturen ist, daß sie oft gar keine sind, sondern die bittere Wirklichkeit.

Wie konnte es soweit kommen, fragt man sich in solchen Fällen immer. Wie es soweit kommen konnte, darf man sich aber auch generell mal fragen, denn es sieht ganz so aus, als hätte sich die Geschichte des gemeinsamen Wohnens von Frauen und Männern insgesamt nicht viel anders verhalten als jedes einzelne Pärchen, von dem sie erzählt. Wir befinden uns heute praktisch an der Stelle, wo man sich auseinandergelebt hat, verschiedene alternative Arrangements durchprobiert worden sind und es nun doch noch einmal miteinander versucht werden soll. Das bedeutet, daß es am anderen Ende der Geschichte, an ihrem Anfang, einmal einen sehr innigen und weltvergessenen Nestbautrieb gegeben haben muß, eine Phase, in der das Gewölbe einer Bettdecke im Grunde als ausreichend empfunden wurde für das, was man noch vorhatte im Leben.

Diese Phase fällt in Deutschland mit dem Biedermeier zusammen und gilt ihrer betont eng gezogenen Horizonte wegen allgemein als reaktionär, denn wer kuschelt, neigt nun einmal nicht zu Revolutionen. Die Wissenschaft beurteilt das alles entsprechend unsentimental und kritisch. Von der Erfindung der Hausfrau ist da die Rede, die man sich wie eine Inhaftierung vorzustellen hat. Und von der »Austreibung des Hausherrn«. Das Haus wird durch die Austreibung des Hausherrn zur Domäne der Frau, heißt es bei dem Architekturhistoriker Georges Teyssot. Denn in dem Maße, wie die Frauen ins Haus und an den Herd verdammt werden, wächst dem Mann die Aufgabe zu, ganz allein den Rest der Familie zu ernähren, und umgekehrt. Das ist der unglückselige Moment in der Geschichte des modernen Wohnens, in dem sich Arbeit und Haus endgültig die Hand reichen, und zwar für den Mann zum Abschied und für die Frau zur Begrüßung. So richtig glücklich hat das keinen von beiden gemacht, denn nun hatte niemand mehr seine eigene Sphäre. Nur in den richtig großbürgerlichen Haushalten gab es weiterhin das *Herrenzimmer* und das *Zimmer der Dame,* das eine voll mit Büchern und Tabakrauch, das andere hell und mit Blümchenmustern, und beide waren jeweils Schwundstufen der alten aristokratischen Studierstuben und Boudoirs. Wenn man den Platz hätte, müßte man es heute eigentlich wieder so halten wie früher in den Schlössern: Beide leben in weit voneinander entfernten Flügeln ihre jeweils eigenen Interessen, und falls sie sich auf den langen Korridoren doch einmal begegnen, ist auch für langjährige Paare immer wieder ein erneutes Kennenlernen möglich: *Hast du mal Feuer? / Bist du häufiger hier? / Haben wir uns nicht schon mal irgendwo gesehen? / Weißt du, wo hier heute abend noch was los ist?* Für viele Ehen wäre es sicher ganz heilsam, wenn man aufgrund der räumlichen Trennung das Gefühl hätte, seinen Partner vorsichtshalber noch einmal erobern zu müssen.

In den bürgerlichen Normalwohnungen ist diese Eroberung langweiligerweise immer schon abgeschlossen und hängt gewissermaßen ausgeweidet wie eine Trophäe in der Stube. Insofern ist es vielleicht auch gar kein Wunder, daß einer der beliebtesten Ausstattungsgegenstände in den Wohnzimmern des späten neunzehnten Jahrhunderts das sogenannte »Lüsterweibchen« war, eine befremdliche Mischung aus Hirschgeweih, Leuchter und Frauenkörper.

Überhaupt sind die Interieurs gegen Ende des Jahrhunderts in einem Maße aufgesext, daß die Formulierung von der »Domäne der Frau« noch einmal eine völlig neue Note bekommt. »Die Möbel haben längliche, hingebreitete, schmachtende Formen«, schreibt Baudelaire ganz aufgeregt in seinem »Spleen von Paris«. Der Jugendstil läßt sich dann schon komplett nur noch mit Handbewegungen beschreiben, die sonst von Cineasten verwendet werden, wenn sie andeuten wollen, was sie an Gina Lollobrigida gut finden. Und diese Linie geht dann über Salvador

Dalí, dem zu Mae West vor allem ein Sofa in den Formen eines enorm sinnlichen Kußmundes einfiel, weiter bis zu Verner Panton, der dieses erotomanische Möbeldesign dann in den Sechzigern gewissermaßen von den äußeren auch noch auf die inneren Geschlechtsorgane übertrug und warme, uterusartige Wohnhöhlen schuf.

So horny wie diese Möbel konnten diejenigen, die damit dann wohnen mußten, gar nicht werden. Schon um die Jahrhundertwende muß irgendwie deutlich geworden sein, daß die Möbel am Ende den besseren Sex hatten als ihre Besitzer. Denn was nützt es, daß das Sofa länglich hingebreitet schmachtet, wenn die, die steif draufsitzen, sich nichts zu sagen haben. Jedenfalls schnitten kurz darauf die kalten rechten Winkel der Moderne durch die Wohnzimmer, und das, was in der Kunst der neuen Sachlichkeit, bei Dix und anderen, »Desillusionierung des Eros« hieß, war in der Einrichtung der Bauhausstil. In der Transparenz und Geometrie der Moderne, heißt es wiederum bei Georges Teyssot, finde sich die Geometrie eines modernen Ehelebens wieder, »eines Lebens in unmittelbarer Reichweite ohne Vereinigung, in innerer Parallelität der Seelen und Bestrebungen«, ein »fühlungsloses Nebeneinander und Schweigen zu zweit«.

Was diese traurigen Zeilen über Georges Teyssots eigenes Eheleben besagen, ist die eine Frage; die andere ist die, ob das alles wirklich so schlimm ist. So unromantisch. Die Leichtigkeit der Möbel und die flexible Disponierbarkeit moderner Einrichtungen entsprechen vielleicht nicht nur einem etwas unverbindlicheren und sprungbereiteren Beziehungsleben, sie machen es auch erst möglich. Und man könnte ja, nur so zum Beispiel, trotzdem nach wie vor der Ansicht sein, daß es sogar wesentlich romantischer ist, wenn eine Beziehung von nichts anderem zusammengehalten wird als von der gegenseitigen Zuneigung, oder nennen wir es ruhig: Liebe – und eben nicht so sehr von ökonomischen Abhängigkeiten und verpflichtenden Besitztümern.

Ich möchte jedenfalls nicht wissen, wie viele trostlos gewordene Ehen nur noch von gemeinsam angeschafften Schrankwänden über die Runden gerettet werden. Ich weiß nur, daß ich einmal in einem Möbelhaus stand und über so eine »gemeinsame Anschaffung« beriet, als mir ein Mensch, der aussah und roch wie ein Rockmusiker, von hinten ins Ohr flüsterte: »Einer kauft das Mischpult, der andere den Verstärker. Jeder bringt seins ein, jeder nimmt seins wieder mit, alles andere gibt nur Ärger.«

Darüber kann man jetzt denken, was man will. In einem hatte der Mann aber auf jeden Fall recht: Wenn es Ärger gibt, dann ist das Möbelhaus definitiv der Ort, wo er anfängt.

Das Möbelhaus

Ikea und Du, bürgerliche Wohnkultur, Cocooning, die Möbelbranche als Krisenbarometer, ein Ärgernis namens »Lounge« und abermals Ikea.

━━

Einfach mal zu Hause bleiben und gemütlich ein gutes Buch lesen: ein fataler Irrtum.

Nicht überall müsse gleich der Fuß hingesetzt werden, liest du dann in so einer Situation – und weil ein sogenanntes gutes Buch natürlich am besten auch ein intellektuell irgendwie repräsentatives sein sollte – beispielsweise bei Ernst Bloch: »Wer wollte nicht in diesen edel schwellenden Sesseln ruhen, unter der freundlich gestellten Lampe, im abendlichen Zimmer«, der ganze Raum erzähle von Glück. Und du streichst über den edel schwellenden Lesesessel unter der freundlich gestellten Lampe im eigenen abendlichen Wohnzimmer und denkst dir: Nicht wahr? Wenn du danach dann allerdings tief einverstanden den Blick wieder ins Buch senkst, steht da: »Aber das Glück liegt im bloßen Blick von außen, Bewohner könnten es nur stören.«

Mit anderen Worten: Einer von beiden muß leider gehen, die angenehme Atmosphäre oder du, der Raum ist zu klein für beide.

Wovon Bloch schrieb, das waren nur die »Blicke durchs Schaufenster«, der Vorschein künftigen Glücks im Möbelladen. Aber das waren andere Zeiten. Das, was du empfindest, wenn du heute mit deiner Frau oder deinem Mann in einem Möbelhaus stehst, nennt sich ganz bestimmt nicht Vorfreude. Es nennt sich Müdigkeit, Verzweiflung, Streß. Du würdest dich vor den Auslagen gern in dein kommendes Glück hineinträumen und packst dann doch erst mal das Maßband aus. Du fragst dich, was du eigentlich willst, und ob das alles auch paßt, und warum man plötzlich so verschiedene Vorstellungen hat, gereizte Worte wechselt, in den künftigen Interieurs künftigen Ehestreit schon mal vorwegnimmt, und ob es also nicht am Ende besser wäre, sich gleich hier, an Ort und Stelle, wieder zu trennen.

Und du fragst dich womöglich auch, warum du hier eigentlich die ganze Zeit geduzt wirst.

Es handelt sich dabei natürlich um das berüchtigte Ikea-Du. Dieses Du ist das »Ich«, das sich in der Wohnungseinrichtung ausdrücken soll, wenn es von anderen formuliert wird. Es ist die genuine Anrede in einer Welt, in der sich Paternalismus und plumpe Vertraulichkeit die Hände reichen, es ist die Durchsage von Intimität mit einem Lautsprecher. Und daß das »Du« unter Schweden angeblich der normale Umgangston ist, macht die Sache nicht besser, denn die Schweden versuchen ihre Leute auch vor Alkohol zu beschützen, als seien es kleine Kinder, mit dem Ergebnis, daß keiner dort vernünftig damit umgehen kann.

Wenn die bei Ikea meinen, diese sozialstaatliche Fürsorgefolklore nötig zu haben, um ihre Möbel zu verkaufen, dann müssen sie das selber wissen. Sie müssen sich dann aber auch nicht wundern, wenn Filialen wie die in Berlin-Tempelhof von immer mehr Leuten gar nicht zum Einkaufen benutzt werden, sondern als Bahnhofsmission, wenn inzwischen die halbe Stadt ihre Kinder dort in die Verwahrung und Bespaßung gibt, weil das billiger ist als ein Kindergartenplatz, während sich die Eltern für den Rest des Tages in das Ikea-Restaurant verziehen, wo es nur ein paar sehr wenige und immer komplett ausgebuchte Plätze gibt, über denen ausnahmsweise nicht das kleine

Schild hängt, auf dem jener denkwürdige Satz steht, der es schafft, gleich zwei kindergartentantenhafte Unverschämtheiten in einer einzigen Formulierung unterzubringen: »Danke, daß du hier nicht rauchst.«

Dort hocken dann erwachsene Leute auf lächerlich kleinen, bunten Stühlchen wie bei einem Elternabend in der Grundschule, essen Fleischklopse und Puddings mit so lustigen Knöddelnamen und können noch von Glück sagen, wenn sie vom Personal nicht aufgefordert werden, gemeinsam ein schönes Lied zu singen oder Purzelbäume zu machen. Ikea wie bei einem komplett aus dem Ruder gelaufenen Kindergeburtstag einfach schamlos leerfressen und vollmüllen: Das wäre im Grunde die einzig adäquate Antwort darauf, daß erwachsene Menschen nirgends sonst so gnadenlos durchinfantilisiert werden wie bei diesem Möbeldiscounter, wo man nicht nur angeredet wird wie ein lernschwacher Drittklässler, sondern auch noch dafür bezahlen soll, daß man sich seine Möbel selber zusammenbauen muß. Insgesamt ist es ein einziges Wunder, daß die meisten Leute erst zu Hause ausrasten, wenn ein paar Schrauben in der Packung fehlen oder ein paar Bohrlöcher nicht ganz sitzen, wo sie sollten, statt schon direkt im Kassenbereich durchzudrehen, wenn man den Kleinkram hinter sich hat, wenn der Wagen voll ist mit Zeug, das man gar nicht wollte, wenn es an den Kassen einen Rückstau gibt, der bis in das Gestrüpp der Grünpflanzenabteilung hineinreicht, das einem aus den Plastenäpfen heraus überall seine häßlichen, scharfkantigen Blätter in den Weg hängt. Ich staune über alle, die hier die Beherrschung bewahren, nicht nach dem Filialleiter brüllen, diesen am Schlips packen und ihn fragen, ob er vielleicht der Ansicht sei, daß man grob schielt, Sabberfäden aus dem Mund hängen hat oder sonst irgendwie den Eindruck macht, als sei man nicht ganz richtig im Kopf. Respekt und Anerkennung für jeden, der hier nicht seinen Wagen in die Topfpflanzen rammt, auf den Parkplatz läuft, die Hosen runterläßt, Elche imitiert, Wörter mit Ø brüllt und Teelichter nach den herbeieilenden Wachschützern schmeißt.

Nur: Wohin sonst? Der größte denkbare Gegensatz zu Ikea wäre in Berlin auf jeden Fall das Einrichtungshaus »Möbel Hübner«. Bei »Möbel Hübner« würde nie jemand geduzt werden. Hier würden Eltern sogar ihre Kinder siezen. »Ich soll Sie schön grüßen« lautet der selbst für ein traditionsreiches Möbelhaus außergewöhnlich onkelhafte Werbeslogan von »Möbel Hübner«, und das Logo zeigt eine Hand, die freundlich den Hut zieht. Jeder zweite Doppelstockbus in Berlin ist damit vollgepflastert. »Möbel Hübner« grüßt die ansonsten nicht unbedingt für ihre Höflichkeit weltbekannte Stadt so gnadenlos in Grund und Boden, daß sich jemand, der auf der Suche nach neuen Möbeln hier nicht anstandshalber zumindest mal vorbeischaut, regelrecht schäbig vorkommen muß. Außen ist es ganz das Westberlin der Christiane F., nur ohne David Bowie: der Babystrich auf der Kurfürstenstraße, ein zugiger Parkplatz, ein Hochhaus. Aber drinnen stapelt sich auf 14 Verkaufsetagen alles, was zwischen »Speisezimmer, Spiegel, Rattan, Kleinmöbel« (Keller) und »Stilvoll Wohnen: Englisch« (12. Obergeschoß) den Namen »bürgerliche Wohnkultur« verdient. Wer sich das alles anschaut, fühlt sich hinterher wie nach einem sehr üppigen Essen und hätte am liebsten einen Schnaps, um wieder auf die Beine zu kommen. Irgendwo im Nebengebäude hängen in prachtvollen Bilderrahmen noch alte Kaufverträge aus den zwanziger und dreißiger Jahren aus, immer ging es da um komplette »Wohnzimmer«, immer war alles kirschholzfarben, immer groß, massiv und schwer. Diese monumentalen bürgerlichen Möbel wurden damals in die Berliner Wohnungen gewuchtet, um das von Inflationen und Weltwirtschaftskrisen bedrohte Dasein gewissermaßen schon durch pures Gewicht irgendwie festzuhalten und zu sichern. Was die Stimmung betrifft, unterscheidet sich »Möbel Hübner« von Ikea wie ein

Kirch- von einem Schulhof. Es ist totenstill, und die Leute schleichen so ernst und bekümmert durch die Flure, als ginge es hier nicht um eine neue Schrankwand, sondern um ihren Grabstein. Und genauso ist das letztlich auch: Was hier verkauft wird, sind Sarkophage für die Kleinwohnung, die Letzten Dinge, die man sich noch anschaffen wird; wer hier seine Einrichtung kauft, legt sich darin zum Sterben nieder, der nimmt Abschied von allen anderen Optionen in seinem Leben und akzeptiert, daß es ab jetzt nur noch um eine Restlaufzeit geht. Wertigkeit und Dauer sind die Eigenschaften, die diese Möbel ausstrahlen. Das ist erfreulich für den qualitätsbewußten Kunden, aber es ruft ihm auch schlagend seine Endlichkeit vor Augen. Ein Besuch bei »Möbel Hübner« steht insofern der romantischen Erfahrung von Hochalpenpanoramen, Vulkanausbrüchen und Schiffsunglücken in nichts nach. Es ist so gesehen nur konsequent, daß Wohnzimmervitrinen hier die Form ägyptischer Pyramiden haben, daß Geschirrschränke herbstlich zu Boden gesunkenem Eichenlaub nachempfunden sind und daß für wohnzimmergroße Schrankwände auf Grabmalsentwürfe der französischen Revolutionsarchitektur zurückgegriffen wurde.

Ich glaube, es war auf Etage 10, »Stilvolles Wohnen: Altdeutsch, Landhaus«. Diskret, leise und mit den Schuldgefühlen eines Touristen, der sich in einen Gottesdienst geschlichen hat, versuchte ich, mich an dem Einrichtungsberater vorbeizudrücken, der neben der Tür zum Treppenhaus über seinen Akten saß, in derselben aufrechten Haltung und mit derselben duldsam ertragenen Einsamkeit, mit der ich ihn wenig später dann im »Restaurant« des Möbelhauses sein Mittagsmahl einnehmen sehen durfte. (Kartoffeln, Hackbraten, Mischgemüse.)

»Haben sich ...«, sagte, um mir den Weg abzuschneiden, plötzlich dieser Mann, setzte die Fingerspitzen aneinander, schaute aufmunternd und fuhr fort: »... Fragen ergeben?«

Aber ja. Ganze Armeen von Fragen hatten sich »ergeben«. Ob er zum Beispiel ein Toupet trage. Ob das alle Einrichtungsberater tragen müssen. Und ob er es mal bitte abnehmen könne, um mir zu zeigen, daß nicht in Wahrheit Hape Kerkeling druntersteckt und ich hier die ganze Zeit gefilmt werde.

Haben sich Fragen ergeben? Was für eine grandiose Frage. Ein normaler Möbelverkäufer hätte, wenn überhaupt, gesagt: »Und, alles klar?« Ein auf stilvolles Wohnen – altdeutsch und Landhaus – spezialisierter Einrichtungsberater bei »Möbel Hübner« spricht dagegen wie ein Lehrer, der sich am Ende einer Unterrichtseinheit vergewissern möchte, ob der Stoff, den er referiert hat, auch angekommen sei. Einrichtungshäuser wie »Möbel Hübner« sind Bergfriede der bürgerlichen Wohnkultur – und damit eine einzige stumme Anklage an den besinnungslosen Hedonismus, der in jenen Möbelläden herrscht, wo Diskomusik aus den Boxen wummert und die kurzärmeligen Verkäufer so aufgekratzt herumturnen, als sei das alles nur ein frivoler Spaß und nicht harte, ernste und demütige Arbeit, nämlich an sich selbst.

Ich habe sie alle gesehen. Die Darkrooms von »Dom«, wo es zugeht wie in einer überdekorierten Schwulendisko. Und die Rolls-Raus-Märkte an den Stadträndern, wo die billig zusammengetackerten Sozialwohnungssofas schon auf dem Parkplatz wieder auseinanderfallen. Ich war in den überfüllten Discountern, da, »wo Wohnen wenig kostet«, und ich war da, wo Wohnen sehr viel kostet, in Läden, wo man ständig »danke, ich schau mich nur mal um« sagen muß wie in sehr teuren und leeren Boutiquen.

Ich habe mich über Tische ziehen lassen, die ich hinterher alleine vom Flohmarkt nach Hause schleppen mußte, und ich habe die Trödelläden aufgesucht, wo immer irgendwer gerade erst vor kurzem ganz billige Wagenfeld-Lampen und Eames-Sessel gesehen haben wollte. Ich habe in den Katalogen von Vitra geblättert wie in einem Playboy und bin dann doch in den Wohnmagazinen und Fabriketagen gelandet, wo immer alles so drapiert ist, als sei Räumungsverkauf. Ich weiß, daß »Totalauflösung wegen Wasserschadens« nur ein Synonym für persische Teppichhändler ist, und ich kenne auch das längste singbare Wort der deutschen Sprache: Es ist das »Musterhaus-küüüchen-fach-geschäft« aus der Berliner Radiowerbung, und das klingt auf alle Fälle immer noch besser als das meiste, was einem aus den Deckenlautsprechern in den Möbelgeschäften an Nouvelle-Vague-Schlagern so um den Kopf geseift wird.

Auch »Classic«, »Kolonial« und »Modern Living« sind für mich geläufige Vokabeln, so heißen die sogenannten Wohnwelten, die sie einem in den Möbelhäusern zur besseren Anschaulichkeit der eigenen Aussichten schon mal so voreinrichten, daß man ernsthafte Zukunftsängste bekommt.

Einmal, ich glaube, es war bei »Krieger classicline«, sah ich ein Wohnzimmer-Arrangement mit knallrotem Ledersofa, einem Elektrokamin, dessen Flammenbild, wie es hieß, »stufenlos dimmbar« war, und stählernen Bücherregalen, in denen ungefähr 5000 mal der »Grundrechtereport 2001« herumstand sowie ebenso viele Exemplare von »Barbara Ehrenreich: Angst vor dem Absturz. Das Dilemma der Mittelklasse«.

Genau diese Angst ist es übrigens, wovon die Möbelbranche tatsächlich zu leben versucht. Wer einmal eine Möbelmesse besucht hat, weiß, daß es höchstens noch die Rüstungsindustrie mit ihr an Zynismus aufnehmen kann: »Der Faktor Glück bleibt gerade in diesen unsicheren und unruhigen Zeiten wichtiger Bestandteil des Lebens«, ließ zum Beispiel Helmut Lübke, der Präsident des Verbandes der deutschen Möbelindustrie vor ein paar Jahren wissen. Um ganz genau zu sein, war das in der Saison 2003, als die große Wirtschaftskrise auch auf das Kaufverhalten der Endverbraucher durchzuschlagen begann. Seitdem wird von Möbelmesse zu Möbelmesse das Elend immer unverfrorener beschworen, bejubelt und gefeiert, um ihm dadurch selber möglichst zu entgehen. Ein ganzer Industriezweig versucht sich da als Krisengewinnler. Gerade in wirtschaftlich harten Zeiten, ganz besonders dann, wenn draußen der Wind kälter wehe, werde das Wohnen um so wichtiger. Das eigene Heim. Das gemütliche Zuhause. Und dafür mögen die Leute, bitte, endlich das Geld lockermachen, das sie in den Boomjahren der späten Neunziger eingefahren haben.

Cocooning war eigentlich ein Wort, das sich verbitterte amerikanische Soziologen ausgedacht hatten, um damit den Rückzug tragender Gesellschaftsteile aus dem öffentlichen Leben zu geißeln. Der Begriff sollte die Abkapselung ins Private beschreiben, die bei denjenigen beobachtet wurde, die es sich leisten konnten, von deren Verantwortungsbewußtsein und Engagement eine Gesellschaft aber abhängt. Es war ein Begriff aus kämpferischen Seminarpapieren und theoriegrauen Zeitschriften. Aber eines Tages tauchte er plötzlich als Schlagwort in den Prospekten der Möbelhersteller wieder auf. Der Begriff wurde schlichtweg gekapert und der damit inkriminierte Sachverhalt zu einem Trend umgejubelt: *Cocooning* galt eine ganze Zeitlang als das nächste ganz große Ding nach dem Ende der Dot-Com-Euphorie. Da aber Möbel etwas mit Design zu tun haben, und da es beim Design darum geht, Dinge, die es bereits gibt, noch einmal neu zu erfinden, sie zu vereinfachen und sich selbst das Copyright anzueignen, deshalb setzte sich die deutsche Möbelindustrie zusammen und dachte lange nach, ob sich *Cocooning* nicht noch steigern ließe. Sie dachte und dachte und kam auf…: *Homing*.

Vom *Cocooning* unterscheidet sich das *Homing* im Grunde nur dadurch, daß deutsche Endverbraucher nicht mehr gezwungen werden, dreimal hintereinander ein O wie ein U auszusprechen. Außerdem wird dadurch der Beigeschmack des Autistischen durch wohligere Assoziationen ersetzt: nach Hause kommen und in Sicherheit sein. Wenn *Cocooning* immer noch ein wenig an trübe Stubenhockerei denken ließ, dann ist beim *Homing* ordentlich Leben in der Bude, ständig sind Freunde da, dauernd wird gekocht, gegessen und getrunken, und die Eßtische können gar nicht groß genug sein. Beim Wechsel vom *Cocooning* zum *Homing*, also etwa zwischen dem Jahr 2002 und heute, sind die Eßtische, die man sich kaufen soll, zu einer derartigen Größe angewachsen, daß sich Butterdosen nicht mehr herüberreichen lassen, sie müssen in mehrtägigen Fußmärschen zu den Gästen auf der anderen Seite des Tisches herumgetragen werden. Das gleiche gilt für die Sofas, die es in den letzten Jahren zu Ausmaßen gebracht haben, daß sogar Basketballspieler mit den Füßen in der Luft baumeln wie kleine Kinder, wenn sie darauf sitzen. Etwas Derartiges hatte ich vorher nur einmal in einer Installation der Schweizer Künstlerin Pippilotti Rist gesehen, aber seit einiger Zeit stehen solche XXL-Möbel ganz im Ernst und zum Kaufen auf den Messen und in den Läden herum, und wenn irgendetwas daran den Anspruch erheben darf, ganz große, mit allen Seh- und Denkgewohnheiten brechende Kunst zu sein, dann vor allem die seltsame Begründung: Den Leuten sitze das Geld knapper, sie gingen nicht mehr so oft aus, sondern blieben lieber zu Hause, und zu diesem Zweck mögen sie sich bitte Monstermöbel kaufen, die weniger zum Benutztwerden da sein wollen, sondern als Symbol ihrer selbst – und als Beispiel dafür, wo all das schöne Geld hin ist, das man dann natürlich zum Ausgehen nicht mehr hat. Am Ende sieht man in den Nachmittagsprogrammen der Privatsender wieder diese f6-rauchenden Langzeitarbeitslosen aus Ostdeutschland vor Schrankwandgebirgen hocken, die immer so aussehen, als seien sie nicht nur das Abbild, sondern auch der eigentliche Grund für ihre Misere. Oder blondierte 18jährige, die sich bunte Polsterlawinen in ihre erste eigene Wohnung haben kippen lassen und von der Friseurlehre direkt in die Schuldnerberatung wechseln.

Modernes Wohnen ist gestaltetes Siechtum: Auf der letzten Kölner Möbelmesse wurde dekretiert, daß, wer ab dem Jahr 2006 auf der Höhe der Zeit wohnen wolle, zwingend Sitzmöbel anschaffen müsse, die man noch bis vor kurzem nur als Senioren-Endlager kannte, Zahnarztstühle für zu Hause, Funktionssessel, auf denen Oma vor dem Fernseher ihre Tage durchdämmern konnte, mit Beinschiene und Kopfstütze und allem Drum und Dran. Solche sogenannten Relax-Sessel hatten bisher einen ähnlich geriatrischen Beiklang wie »Bequemschuhe«, aber ab sofort werden sie für die ganze Familie angeboten, in den Modefarben dieser Möbelsaison, in CDU-Orange und in einem Grün, das an unverdautes Erbspüree erinnert. Es gab dort, ungelogen, Sessel mit Auswurfmechanismus: Wer aus der Kraft der eigenen Hüften nicht mehr hochkommt, kann da einen Hebel betätigen, und dann tritt der Sessel dem Daraufsitzenden gewissermaßen in den Hintern und schnipst ihn nach oben.

Das bitterste daran war, daß der Zwang, sich so etwas jetzt anzuschaffen, tatsächlich mit der Fußball-Weltmeisterschaft begründet wurde, während branchenintern alle darüber sprachen, daß es 2006 vor allem bitte darum geht, die Lebensend-Ausstattung für das Wohnzimmer anzuschaffen, bevor 2007 die Mehrwertsteuererhöhung in Kraft tritt.

Das soziale Klima, die Zukunftszuversicht, die Überalterung einer Gesellschaft, sogar das bodenlose Mißtrauen der deutschen Fußballnationalmannschaft gegenüber: keine Krise, die nicht in den Einrichtungstrends ihre deutlichsten Symptome hätte. Kein Leitartikel und keine Monitor-Sendung könnte alarmierender darüber Auskunft geben, was alles schiefläuft in diesem Land, als der erstaunliche Stellenwert, den das Thema Wohnen neuerdings in den Medien hat. Wem nach dem Lesen des »Spiegel« schon nicht mehr nach Lachen zumute ist, der dürfte nach der Lektüre von »Schöner Wohnen« eigentlich nicht einmal mehr wissen, was Lächeln ist.

Und wenn es etwas gibt, was den legendären Reformstau in der deutschen Politik genauso in Polstern ausdrückt wie die wirtschaftlich prekären Lebensperspektiven einer ganzen Generation, dann ist das der sagenhafte Trend zur Lounge. Keiner weiß, wie er es aussprechen soll, manche sagen Longsch, manche sagen Launsch, aber alle loungen, was das Zeug hält. Erst wurden immer mehr Bars und Clubs zu Lounges; wo früher Menschen standen und sich kennenlernten, standen nun Sofas, auf denen so vertraulich herumgewispert wurde wie zu Hause. Und dann drehten die Möbelhäuser und die Einrichtungsratgeber den Spieß noch einmal herum, und plötzlich gab es auch kaum noch Wohnzimmer ohne »Lounge-Charakter«. Eigentlich ist eine Lounge ja zunächst einmal nichts als ein Warteraum – und eigentlich ist das ein ziemlich merkwürdiges Modell für die Ausgestaltung eines Daseins. Warten. To lounge: faulenzen. To lounge away: Zeit vertrödeln. To lounge around: herumliegen. Abhängen. Ausruhen. Nur: Wo-verdammtnochmal-von eigentlich? Eine Lounge verkörpert zwar das Gegenteil von Ankunft, also Saturiertheit, es ist aber auch das Gegenteil von Aufbruch, es ist nur ein dummer, unproduktiver und lähmender Dämmerzustand, der zu Haltungs- und Kommunikationsstörungen führt und zu sonst gar nichts. Wenn die Bundesregierung dieses Land jemals zukunftsfähig kriegen will, sollte sie als allererstes mal das Unwesen der Lounges verbieten. Denn Politik, wir hatten es eingangs gesagt, fängt mit den Wohnungsfragen an.

Der Gang ins Möbelhaus steht an politischer Brisanz ohnehin dem an die Wahlurne kaum nach. In beiden Fällen müssen substantielle Interessen und ästhetische Vorlieben miteinander in Einklang gebracht werden, und in beiden Fällen geht es darum, an seiner Wahl abzulesen, wer man eigentlich ist. Das macht es so schwierig und so heikel und so ermüdend.

Und vielleicht ist es deshalb gegenwärtig auch gar kein Wunder, daß wir uns dann doch eben alle immer wieder bei Ikea treffen. In Deutschlands eigentlichem Möbelhaus. In den Filialen jener Möbelweltmacht, die 1943 von einem deutschstämmigen Schweden begründet wurde und heute in Deutschland ihren wichtigsten Markt hat. In den blau-gelben Duz-Containern, wo heute die gesamte Nation in ihrer stilistischen und wirtschaftlichen Verunsicherung zu sich selbst findet. Es hat Zeiten gegeben, da ging man »noch« zu Ikea, weil man jung war und das Leben, das einen in die Regionen der Ligne-Roset-Käufer führen würde, noch vor sich hatte. Inzwischen, seit die meisten Lebensbaupläne selber so unzuverlässig geworden sind wie eine Aufbauanleitung für einen Pax-Barmen-Vikedal-Kleiderschrank, kauft man »schon wieder« bei Ikea. Heute treffen sich dort ganz verschiedene Generationen vor den Arrangements für die Kleinstwohnung. »Willkommen in meinen 38 qm« steht da, und von den Postern lacht eine Erstsemesterstudentin. Wen man dort aber mit Maßbändern hantieren sieht, sind fünfzigjährige Hartz-IV-Fälle, die sich gerade von ihrem Lebenspartner getrennt haben, um nicht füreinander aufkommen zu müssen, und die nun schauen, wie sie aus ihren Einrichtungszuschüssen das Optimale rausholen. Ikea leistet hier das, was in den Wirtschaftskrisen am Ende der Weimarer Republik die Vorschläge für »die Wohnung für das Existenzminimum« waren.

Es sind immer breitere Bevölkerungskreise, die nicht mehr so ohne weiteres auf Zuwachs planen können, die sich einschränken müssen oder zumindest disponibel bleiben. Und genau hierin erweist es sich dann wieder als Vorteil, daß die Möbel von Ikea, anders als etwa die von Möbel-Hübner, oft nur bedingt als Anschaffungen für das ganze Leben taugen. Es hilft auch die ästhetischen Klüfte zwischen den Generationen zu kitten, wenn die Großeltern plötzlich das gleiche kaufen wie ihre Enkel und sich stilistisch halbwegs am sogenannten Puls der Zeit fühlen dürfen. Die Zeiten, als es bei Ikea aussah wie in einem Biomarkt, sind ja zum Glück vorbei, zu dem kiefrigen Hellholz sind inzwischen tiefdunkle Furniere gekommen, der sogenannte Kolonialstil. Es gibt die weißen Landhaus-Kommoden. Es gibt Minimalistisches. Es gibt Dinge mit runden Schwüngen und solche mit barocken Schnörkeln. Es gibt all das, was es auch auf den Messen und in den teureren Geschäften gibt, nur sparsamer, moderater, nicht nur weniger wertig, sondern auch weniger dezidiert. Die Amplituden des Geschmacks sind hier flacher; es ist schwierig, sich richtig böse zu vertun. Ikea integriert, und Ikea diszipliniert. Es ist, mit einem Wort, eine sozialtherapeutische Maßnahme. Und als solche ist es natürlich auch das optimale Mittel, die eigene Einsamkeit zu möblieren. Kein Wunder, daß es so viele Leute gibt, die, weil sie sonst niemanden haben, eben ihre Regale mit schwedischen Vornamen anreden.

Und wer ganz konsequent ist und gar kein Risiko eingehen will, hat in diesen Regalen keine Bücher stehen, sondern, wie im Möbelhaus, Buchattrappen. Einmal habe ich sogar jemanden erlebt, der hatte in seinen Bilderrahmen noch die Foto-Platzhalter stecken, mit denen er sie bei Ikea gekauft hatte, denn er hielt es mit Ernst Bloch und war der Meinung, seine eigenen Bilder könnten nur stören.

Die Heimerziehung

Die Legende vom Schlichten und Einfachen, der »Rembrandtdeutsche« und Werner »Tiki« Küstenmacher, die »Zehn Gebote der Wohnungseinrichtung« und der Manufactum-Katalog, außerdem Türklinken, Bestecke, Wohnzeitschriften und warum es nichts Gutes heißt, wenn Engländer deutsche Kaffeekannen loben.

—•—

Wer sind die Leute eigentlich, die glauben, uns sagen zu können, wie wir wohnen sollen? Oder, anders gefragt: Wissen die Tine Wittlers und die Enie van de Meiklokjes dieser Welt überhaupt, was das für Traditionen sind, in denen sie sich da bewegen?

Wenn nämlich Wohnen schon eine verdammt deutsche Sache ist, dann ist die Erziehung zum richtigen Wohnen eine regelrecht völkische Veranstaltung, und man wird das schlichte, klare und übersichtliche Zeug, das sie so lieb in unseren Wohnungen drapieren, vielleicht nicht mehr ganz mit denselben Augen sehen können, wenn man einmal in Betracht gezogen hat, auf welchem Boden diese Art von Wohnpädagogik ursprünglich einmal gewachsen ist.

Aber dazu müssen wir zurück bis in die Tiefen des deutschen Reiches, zurück bis in den Pulverdampfgeruch von Sedan hinein und zurück zu Männern, bei denen bis heute noch umstritten ist, inwieweit sie zu den größten Köpfen ihrer Zeit gehörten oder einfach nur sehr ernsthaft das hatten, was man, um im metaphorischen Rahmen unseres Themas zu bleiben, einen gehörigen Dachschaden nennt. Jedenfalls war nicht bei allen immer so ganz klar, auf welcher Seite der berüchtigten Schwelle zwischen Genie und Wahnsinn sie sich bei der Niederschrift ihrer Gedanken gerade befanden, wie bei Friedrich Nietzsche, der 1874, also noch bei recht klarem Bewußtsein, über »Schopenhauer als Erzieher« geschrieben hatte. Dadurch war aber eine Formel in der Welt, die mit großer Begeisterung ausgerechnet von solchen Leuten aufgegriffen wurde, die leider nicht ganz so geistvoll, dafür aber noch irrer und sendungsbewußter waren als Schopenhauer und Nietzsche in ihren jeweils härtesten Phasen zusammen. Im Winter 1889/90, als Nietzsche wirklich schon sehr hinüber war, kam zum Beispiel ein energischer junger Mann in das Irrenhaus nach Jena gereist, verlangte von Nietzsches greiser Mutter unverzüglich die Vormundschaft über den wahnsinnig gewordenen Philosophen und schob Ärzte und Freunde aus dem Krankenzimmer: Es seien schlechte Ärzte und falsche Freunde. Er bekam es sogar hin, dem alten Mann noch im Zustand größter Umnachtung so sehr auf die Nerven zu gehen, daß Nietzsche sich bei einem Spaziergang zu einem letzten seiner legendären Wutausbrüche aufschwang, bis der berühmte Schnauzbart böse in der Wintersonne bebte. Dabei ist fraglich, ob es nachher überhaupt noch zu ihm durchgedrungen ist, daß dieser junge Mann, der sich daraufhin seinerseits wüst schimpfend aus Jena wieder entfernte, in demselben Jahr ein Buch herausbrachte, das sich zu einem der erstaunlichsten Bestseller der deutschen Verlagsgeschichte entwickeln sollte. Erstaunlich deshalb, weil das Buch insgesamt beeindruckend wirr war und sein Autor ein astreiner Psychopath. Der Mann hieß Julius Langbehn, und er stammte aus dem damals dänischen Nordschleswig, was vielleicht seine Deutschtümelei erklärt. Er hatte in München ein Chemiestudium abgebrochen, was wiederum seinen Nachhall in den wilden Verwünschungen aller exakten Wissenschaften fand, die zeit seines Lebens fortwährend aus ihm herausgepoltert kommen sollten. Er war dann verbittert eine ganze Weile kreuz und quer zu Fuß durch Italien gelaufen, hatte, zurück in München, ein Archäologiestudium abgeschlossen, seine Doktorurkunde allerdings in kleinen Fetzen und mit unflätigen Grüßen zurück an die Universität geschickt und kam schließlich 1885 als zeternder Zarathustra ins Elbtal hinabgestiegen, um sich als freischaffender Prophet in Dresden niederzulassen. Versuche von Gönnern, Langbehn in die Dresdner Gesellschaft oder wenigstens ins bürgerliche Berufsleben einzugliedern, scheiterten grundsätzlich an dessen Eigenart, für sich selbst bedingungslose Bewunderung einzufordern, gleichzeitig aber alle Berühmtheiten des deutschen Geisteslebens ausdauernd mit Schimpfkanonaden einzudecken. Was er den ganzen Tag lang in dem Zimmerchen so zusammenschrieb, das er sich mit ein paar Handwerkern teilte, denen er dafür die Socken stopfte und die Schuhe putzte, das hielt er störrisch geheim. 1890 erschien dann aber in Leipzig ein Buch mit dem Titel »Rembrandt als Erzieher«, und obwohl anstelle eines Verfassernamens lediglich »Von einem Deutschen« angegeben war, wußten alle, denen Langbehn jemals über den Weg gelaufen war, sofort Bescheid, wer dahintersteckte. Es ging in dem Buch keineswegs um Kunstgeschichte, es ging um nichts weniger als die Weltgeschichte, es ging also auch nicht um Rembrandt im speziellen, sondern um Deutschland im allgemeinen, und Rembrandt war hier in noch viel weiterem Sinne das, wofür bei Nietzsche noch Schopenhauer hatte herhalten müssen: ein Vorbild für die Ausrichtung des gesamten Denkens und Lebens, eine normgebende Erziehungsinstanz für das weitere Dasein, ein beispielgebender Vorschein auf den großen, erlösenden Menschen. Es ging um das Tiefe, das Wahre, das Wesentliche hinter den Kulissen einer überdekorierten Gegenwart.

Das Buch des glühenden Vulgärnietzscheaners Langbehn war ein kulturkritischer Rundumschlag mit ordentlich Schaum vor dem Mund, und die cholerische Dampfhammerrethorik, mit der er auf alles eindrosch, was ihm liberal, schwächlich, charakterlos oder professoral vorkam, die könnte man von heute aus eigentlich fast so unterhaltsam finden wie einen verschriftlichten Wutanfall von Louis de Funès. Leider ist das Buch gleichzeitig aber auch ein dermaßen rassistisches Traktat, daß manche es für eine Art Vorläufer von Hitlers »Mein Kampf« halten und zumindest mitverantwortlich dafür machen, daß große Teile des deutschen Bildungsbürgertums so anfällig waren für die Nazis.

(Noch heute, im Jahr 2006, bekommt man hocherboste Leserbriefe zugeschickt, wenn man in Zeitungsartikeln auf diesen Umstand zu sprechen kommt; mit wütend durch das Blatt gestochener Sütterlin-Schrift teilen einem die Verfasser dann mit, das sei alles falsch, Langbehn habe sehr subtil zu trennen gewußt zwischen bösen und guten Juden, und die guten Juden waren die mit den langen Rauschebärten, die Rembrandt so schön malen konnte. Aber das nur nebenbei.)

Beflügelt von seinem Erfolg als »Rembrandtdeutscher« versuchte Langbehn es danach noch mit Gedichten »im Stile des späten Goethe«, deren einziges Echo aber in einer gerichtlichen Vorladung wegen Unsittlichkeit bestand. Er zog verbittert nach Wien, konvertierte zum Katholizismus und predigte den Rest seiner Zeit auf den armen Maler Momme Nissen ein, der wie ein ergebener Sancho Pansa hinter ihm herdackelte, bis Langbehn 1907 schließlich an Magenkrebs starb. Momme Nissen wurde später Mönch und verwaltete Langbehns beträchtlichen Nachruhm in der Weimarer Republik und im Dritten Reich, denn »Rembrandt als Erzieher« hatte durch das Trauma des Ersten Weltkrieges noch mal einen derartigen Rückenwind erhalten, daß man bis heute in so gut wie jedem deutschen Antiquariat jederzeit mindestens ein Exemplar vorfinden kann.

Und damit wieder zum deutschen Wohnen: Es geht darum, daß die eigenartigsten Gestalten sich darüber Gedanken gemacht haben. Und wenn hier ein bißchen ausführlich von einem Mann die Rede war, der sich über Einrichtungsfragen im Detail gar nicht mal groß geäußert hat, dann deshalb, weil Langbehn und sein Buch so etwas wie die Rollenmodelle waren, in deren Schatten sehr viele andere sonderbare Männer mit ihren sonderbaren Büchern die Langbehnschen Kämpfe um die deutsche Volksgesundung, um das Klare und Wahre und Einfache und Wesentliche bis auf die Ebene von Türklinken und Besteckkästen heruntergespezifiziert haben. Wer im späten neunzehnten Jahrhundert einen Stift halten konnte und schon mal in einem Museum war, der schrieb damals einen Ratgeber, indem er sich selber als Erzieher empfahl oder zumindest – so wie Langbehn Rembrandt – einen kannte, von dem man sich mal bitte eine Scheibe abschneiden könne. So gesehen muß man sich das Deutsche Reich, was die Alltagskultur angeht, als eine einzige Sonderschule für Lernschwache vorstellen. Nach all dem, was danach noch passieren sollte, fragt man sich natürlich, warum die Leute in diesem Land ausgerechnet in dem Moment so ein enormes Krisenbewußtsein umgetrieben hat, als sie eben erst den Krieg gegen Frankreich gewonnen hatten. Man selber hätte an der Stelle der damaligen Deutschen wahrscheinlich eher das Naheliegende getan: sich zurückgelehnt, den Schampus aufgemacht und sich zufrieden die Wampe gerieben. Aber genau dagegen gingen die kunstschriftstellernden Erzieher und die erzieherischen Kunstschriftsteller am allerentschiedensten vor. Manchmal hat man den Eindruck, als sollte mit jedem Teelöffel der Krieg gegen die Franzosen noch einmal gewonnen werden und als müsse jeder einzelne Schuhschrank und jede Suppenterrine die Reichseinigung formal noch einmal nachvollziehen und bekräftigen. Es waren neuerdings durchweg sehr politische Teelöffel, nationale Schränke und moralische Suppenterrinen, mit denen man da zu tun hatte. Und wer diese Dinge in die Hand nahm, sollte danach nicht mehr derselbe sein, sondern ein besserer Mensch. Tiefer, reiner, wesentlicher. Pausenlos erschienen Bücher, die sich dem »Geschmack im Alltag« widmeten oder den »Geschmacksverirrungen im Kunstgewerbe«, und verglichen mit deren Autoren ist sogar unser Peter Hahne ein übler Hedonist und Hallodri. Selten schienen sich die Leute sicherer gewesen zu sein, was das Richtige und was das Falsche ist. Jedenfalls stellten sie es fortwährend einander gegenüber. Das war dann aber nicht nur eine Gegenüberstellung von Richtig und Falsch, also etwa von kultivierter Bürgerlichkeit und vulgärem Gründerzeitpomp, es war immer mindestens auch eine Gegenüberstellung von Gut und Böse. Es war im Grunde eine Gegenüberstellung von Himmel und Hölle wie auf sehr alten Darstellungen des Jüngsten Gerichts, die ja auch schon oft ersten Wohnfibeln gleichkommen: Bereits um 1500 war das Himmelreich grundsätzlich erfrischend hell, sauber, geordnet und luftig, während die Höllen immer schon etwas überladen, dunkel und insgesamt unhygienisch wirkten. Wenn es bis heute in »Schöner Wohnen« die Rubrik »Vorher-Nachher« gibt, wo man erst das private Einrichtungsunvermögen einer ausgewählten Leserin begutachten darf und im zweiten Bild, was die Innenarchitektin dann doch noch Schönes daraus gemacht hat, dann erinnert das außerdem natürlich an die Bildvergleiche aus medizinischen Lehrbüchern, an die markanten Kontraste zwischen Abweichung und Normzustand: links die verkrümmte Wirbelsäule, rechts die gerade. Was man nun tun muß, um vom einen zum anderen zu gelangen, sagt einem dann der Arzt oder der Apotheker oder der Innenarchitekt.

Als Prothese zur geistig-moralischen Aufrichtung der angeblich zivilisationskranken Deutschen mußte damals so gut wie alles herhalten, was vom Städtebau bis runter zum Sofakissen auch nur halbwegs dem Bereich der sogenannten gestalteten Umwelt angehörte. Und es wurde damals gestaltet und reformiert und erzogen, daß es, gelinde gesagt, krachte. Im Jahr 1902 kamen schon 250 Leute zum ersten Kunsterziehungstag in Dresden zusammen, aber mit Kunsterziehung war damals nicht nur, wie bei uns, ein Schulfach und die Erziehung zur Kunst gemeint, sondern umgedreht, eine Erziehung durch Kunst. Der alleroberste Chefkunsterzieher dieser Zeit sprach sogar von einem Mittel zur »Emporbildung« des Menschen, die Kunst wirke als Reiz auf den Organismus, erweitere den Horizont, läutere die Gefühlswelt und präge die Gesinnung.

Dieser Mann hieß Ferdinand Ernst Albert Avenarius und war eine kaum weniger spektakuläre Erscheinung als Langbehn. Es versteht sich von selbst, daß sich die beiden kannten und erst enorm gut fanden, aber kurz darauf, wie das bei solchen Charakteren eben so ist, nicht mehr ausstehen konnten. Ferdinand Avenarius also war ein Stiefneffe von Richard Wagner, wurde 1856 in Berlin geboren, ging in Dresden zur Schule und mußte das Gymnasium »wegen Kränklichkeit« ohne Abschluß verlassen. Er versuchte es mit Naturwissenschaften in Leipzig, und er brach es ab. Er studierte Philosophie, Literatur und Kunstgeschichte in Zürich. Und zwar wie? Selbstverständlich ohne einen Abschluß zu schaffen. Man muß das mal bitte kurz mit heute vergleichen, mit den Hipstern und Trendsettern und Bescheidwissern, die es in den Neunzigern alle nach Berlin-Mitte gespült hat. Folgendes ist daraus zu schlußfolgern: Es sind grundsätzlich diejenigen, die erst mal komplett gar nichts zustande gekriegt haben, welche nachher am apodiktischsten sagen, wo es langzugehen hat. Wer an und in den hergebrachten Institutionen scheitert, neigt oft dazu, dies als Rebellion zu verkaufen und sich anschließend durch noch viel pedantischeres Herumgehubere an der Gesellschaft dafür zu rächen. Eine Biographie, die am Ende einer einzigen Abbruch-Halde gleicht, muß dann eben mit Hilfe von um so konsistenteren Weltbildern und Weltentwürfen wieder gekittet werden.

Avenarius hat einen ehrgeizigen Dramenzyklus mit dem Titel der »Der wachsende Gott« vorgelegt, bestehend aus den Büchern »Faust«(!), »Baal«(!!) und »Jesus«(!!!), die jedoch, wie es die Literaturkritik höflich ausdrückt, allesamt dann doch eher »zeitverhaftet« geblieben sind.

Er hat die Deutschen zur Ächtung Karl Mays aufgerufen, dessen Erfolg er »zum Halbtotschämen für unser Volk« fand; und der Artikel, in dem er das tat, hieß – Achtung: »Karl May als Erzieher«. Außerdem ist Avenarius dafür verantwortlich, daß Kampen als Künstlerdorf und Sylt als schöne Insel gelten, er hat den Rummel dort oben nämlich losgetreten.

Er hatte also schon so seine Verdienste, der Ferdinand Avenarius, aber wirklich bedeutend ist er, weil er die Zeitschrift »Der Kunstwart« ins Leben gerufen, herausgegeben und größtenteils auch selbst vollgeschrieben hat. »Man sah es in jener Zeit an den Pfarr- und Lehrerwohnungen, den Einrichtungen von Postsekretären und Amtsrichtern, am Wandschmuck, an der Möbelauswahl, vor den Bücherregalen, ob hier ein Bezieher des *Kunstwart* hause«, erinnerte sich Bundespräsident Theodor Heuss noch Jahrzehnte später in seinen Memoiren – und das kommt ja nun dem verdammt nahe, was man heute über die Abonnenten der Wochenzeitung »Die Zeit« gern sagt. Um ansatzweise nachvollziehen zu können, was der »Kunstwart« um die Jahrhundertwende bedeutet hat, muß man sich vielleicht am besten eine Mischung aus »Die Zeit« und »Elle Décoration« vorstellen: Das Blatt gab moralische Belehrung, ästhetische Orientierung, stilistische Lebenshilfe und ganz einfach auch einen wertvollen Überblick darüber, was es Neues gab auf dem Kunst- und auf dem Möbelmarkt. Und was davon den Kriterien der Reinheit, der Wahrheit, der Einfachheit und der Wesentlichkeit und der Tiefe entsprach.

Wer den »Kunstwart« regelmäßig las, gab sich als Teil eines beflissenen bildungsbürgerlichen Reformzirkels zu erkennen, der von Avenarius nicht nur ästhetisch und ideologisch an die Kandare genommen wurde, sondern von ihm auch einen eigenen Namen verpaßt bekam. Die Leserschaft des »Kunstwart« war organisiert, und zwar im sogenannten »Dürerbund«. Damit stand es 2:1 zwischen Avenarius und Langbehn, denn Dürer, das war nun wirklich mal ein deutscher Künstler, von dem sie auch im Ausland gelernt und kopiert hatten, sogar in Italien. Wenn es den Italienern überhaupt jemals einer von diesseits der Alpen wirklich gezeigt hatte, dann, verdammt noch mal, unser Mann aus Nürnberg! Und von Rembrandt kann man das nicht unbedingt behaupten.

Bis 1912 brachte es Avenarius' Dürerbund jedenfalls auf mehr als 300 000 Mitglieder, die sich tatsächlich als eine Gesinnungs- und Wertegemeinschaft begriffen, massenhaft Flugschriften, Pamphlete und Ratgeber über die richtige Art zu wohnen unter die Leute brachten und auch zu den Familien nach Hause gingen, um »in häuslicher Atmosphäre« Dia-Vorträge zu halten. Über das Wahre und das Wesentliche. Immer wieder gab es Ausstellungen über »Hausgreuel«, bei denen die jeweils neuesten Schnörkelkommoden aus der Industrie angeprangert wurden. Keine Kirmes, kein Rummel und kein Schützenfest, auf dem nicht auch der Dürerbund seine Glücksräder und Buden aufgestellt hätte, in denen die Jahrmarktstrinker dann erbarmungslos vor »Schund und Schmutz« und den frivolen, falschen, verdammenswerten »Nouveautés« aus Frankreich und sonstwo gewarnt wurden. Man muß sich den Dürerbund als eine missionarische Deko-Sekte vorstellen, über die man heute vielleicht genauso urteilen würde wie über die Tantchen, die am Bahnhof den »Wachtturm« verhökern – wenn aus ihm nicht der Deutsche Werkbund hervorgegangen wäre, der 2007 sein hundertjähriges Bestehen als Handwerksgilde des modernen

Bauens in Deutschland feiern wird und unter anderen sogar Otto Schily zu seinen Mitgliedern zählt.

Was hat so ein eigentlich ja sehr verdienstvoller Architekten-Verein mit einem von den Grünen wegkonvertierten Law-and-Order-Anthroposophen zu tun, über dessen Wohngewohnheiten man lediglich weiß, daß er jenseits der Wohnungstür das Tragen von Pantoffeln sowie das Anbringen von Abhöranlagen befürwortet? Keine Ahnung. Aber passen tut es irgendwie, finde ich.

Worauf ich nämlich hinauswill, ist die Behauptung, daß diejenigen, die sich immer so wahnsinnig sicher auf der richtigen Seite wähnen, politisch, geschmacklich und auch sonst, möglicherweise nicht nur nicht besonders bequem, sondern auch noch nicht mal besonders richtig liegen. Daß ein entsagungsreiches Wohnen im sogenannten Bauhausstil einen noch lange nicht von der weniger weißen Seite der Geschichte erlöst. Daß das latent Besserwisserische, das die Freunde des ostentativ Einfachen, Klaren, Kühlen, Rolfbenzigen und Flötottohaften so gerne an sich haben, möglicherweise nicht so richtig bis ins Letzte begründet ist. Daß ein betont schlichter Sitz eben nicht zwangsläufig bedeutet, daß man sich automatisch links vom Mainstream und auf der Seite von Fortschritt, Weltläufigkeit und gehobener Lebensart befindet, sobald man sich darauf setzt. Worauf ich hinauswill, ist, daß das, was sich später, nach dem Ersten Weltkrieg allmählich in Rechts und Links, ins Völkische und ins Kosmopolitische aufspalten sollte, damals zu Beginn des Jahrhunderts alles noch in einer Art Ursuppe der Unzufriedenheit und des richtungslosen Reformfurors durcheinanderschwepperte. Daß es eine Zeit gab, in der auch ein Walter Gropius gar nicht sooo irrsinnig weit entfernt war von denen, die ihm nachher vorwarfen, bolschewistische Araberdörfer zu bauen.

Es gab also eine Zeit, in der sogar Franz Kafka die kulturpolitische Zeitschrift eines Mannes las, der als einer der einflußreichsten deutsch-völkischen Publizisten seiner Zeit galt. Es war das Jahr 1900, als Kafka sein »Kunstwart«-Abo bestellte, und so wird er, wenn er Glück hatte, bereits in den Genuß der »Zehn Gebote zur Wohnungseinrichtung« gekommen sein, die Ferdinand Avenarius in das Heft Nummer 13 vom 1.2.1900 drukken ließ. Auf welchem Berg des Dresdner Umlandes ihm diese Gesetzestafeln von wem auch immer in die Hände gedrückt worden sein mögen – hier sind:

Die Zehn Gebote zur Wohnungseinrichtung
von Ferdinand Avenarius.
 1. RICHTE DICH ZWECKMÄSSIG EIN!
 2. ZEIGE DICH IN DEINER WOHNUNG, WIE DU BIST!
 3. RICHTE DICH GETROST NACH DEINEN GELDMITTELN EIN!
 4. VERMEIDE ALLE IMITATIONEN!
 5. GIB DEINER WOHNUNG LEBEN!
 6. DU SOLLST NICHT PIMPELN!
 7. FÜRCHTE DICH NICHT VOR DER FORM!
 8. FÜRCHTE DICH NICHT VOR DER FARBE!
 9. STREBE NACH RUHE!
10. FÜHRE AUCH FREIE KUNST IN DEIN HEIM!

Das wirft natürlich Fragen auf. Hier schon mal die wichtigste Antwort: *Pimpeln* heißt kleinlich sein. Das soll man also als Wohnungseinrichter genausowenig tun, wie ein Christ ehebrechen soll. Ein Gebot, dem die Möbelbranche bis heute eifrig beipflichten wird. Das Kernstück der Lehre sind aber auch hier die ersten vier: *Ich bin der HErr Avenarius, dein GOtt, und wer in Deutschland zu den Schichten gehört, die man Bürgertum oder sogar Kleinbürgertum nennt, und trotzdem versucht, zwischen unpraktischem Plüsch und Prunk wie ein Adliger zu hausen, obwohl er es sich gar nicht leisten kann und wer deshalb am Ende gar zu industriell her-*

gestellten Billigschnörkeln greift – dessen Wohnsünden werde ich heimsuchen an den Kindern bis ins dritte oder vierte Glied.

So in etwa muß man das verstehen. Über kaum etwas anderes wurde seit dem 19. Jahrhundert so erbittert debattiert, geschimpft und gewehklagt wie über die billigen Imitationen ehemals teurer Materialien und Formen, die durch die Industrialisierung und die Erfindung neuer Werkstoffe möglich geworden waren. Es hatte sich eine Surrogat-Industrie entwickelt, die schon deswegen so leidenschaftlich bekämpft wurde, weil sie nahezu alle alten Insignien des Luxus zum Massenartikel herunterdemokratisierte. Daß die Kunstkritiker, Volkserzieher und Stilpäpste damals alle so vehement gegen den Lug und den Trug und die Verfälschung des echten Lebens durch die bösen Maschinen wetterten, läßt sich schon mal ganz gut aus dem gekränkten Besitzstandsstolz verstehen. Das Großbürgertum hatte es sich nie verzeihen können, daß es sich damals im Moment seines historischen Triumphes einfach in die Formen des Adels hineinfallen lassen hatte wie eine betrunkene Landsermeute in ein erobertes Schloß. Und jetzt drängten von unten allmählich schon die kleinen Angestellten und Arbeiter nach und wollten auch ihren Anteil an der Buttercremetorte, als die sich die damalige Wohnkultur darbot. Und das schlimme war: Sie bekamen ihn allmählich auch. Wenn sich die Kunstwart-Community so sehr auf das Einfache, Echte und Schnörkellose kaprizierte, dann war das also der Versuch einer Flucht aus gleich zwei Fallen; im Einfachen und Echten, im Schlichten und Wesentlichen wollte sich das gebildete Bürgertum endlich als Klasse selber erkennen. Und praktischerweise traf sich das ganz wunderbar mit dem anderen großen Thema jener Zeit, der Hygiene: Tand und Nippes und Stuck und Bordüren und Schnörkel und Wandteppiche waren gleich doppelt zu verurteilen. In einer Zeit, in der die Leute noch massenweise an Infektionen starben, war alles, worin sich zwischen Teppichborte und Deckenrosette auch nur ein Stäubchen verfangen konnte, automatisch als bösartiger Krankheitserreger suspekt. Und unmoralisch war es außerdem, weil es vorgespiegelt war und nicht wesentlich, weil es Kulisse war und nicht Tiefe. Ganz zu schweigen davon, daß es natürlich im Zweifel auch enorm undeutsch war.

Nicht, daß die Deutschen die damals einzigen gewesen wären, die für das Wahre, Solide und Unverfälschte gekämpft hätten und gegen die nivellierende Allmacht der Maschinen, gegen den Verfall des Handwerks, der Qualitätsniveaus sowie ganz allgemein der guten Sitten. Eigentlich waren in diesem Kampf eher die Engländer führend, und an die wütenden Schriften eines John Ruskin kam Avenarius auch beim allerbesten Willen nicht heran. Aber entscheidend war, wer diesen Kampf gewinnen und unter wessen Flagge die Herausforderung durch die Industriemoderne ästhetisch am ehesten bewältigt werden würde. Was heute gern als große internationale Bewegung von aufgeklärten Geistern gefeiert wird, diente im Ersten Weltkrieg jedenfalls noch ganz den nationalen Anliegen. Insofern kann man es dann fast schon wieder verstehen, daß Avenarius 1915 weite Teile seines »Kunstwarts« freiräumte, um genüßlich die Deutschlandkorrespondenten englischer Zeitungen zu zitieren. Deutschland sei »auf dem besten Wege zu einem nationalen Stil, welcher dem Ausdruck physischer Energie genauso angepaßt ist, wie etwa der gotische Stil religiöses Streben ausdrückte«, hatte es etwa in den »Daily News« geheißen, und: »Die Kannen sind ästhetisch, die Kaffeetöpfe unheimlich intellektuell.«

Daß trotz solcher Kannen und Kaffeetöpfe der Krieg verlorengehen konnte, bleibt also im Grunde unbegreiflich. Denn die Schlichtheit und Sachlichkeit dieser neuen deutschen Formsprache war letztlich das Ergebnis einer jahrelangen ästhetischen und moralischen Mobilmachung gewesen. Die ganze enthusiastische Begeisterung für das »tiefe«, das »echte«, das

»unverfälschte« Leben, die Sozialutopien und esoterischen Erlösungssehnsüchte jener Jahre und eigentlich fast alle sich gegenseitig widersprechenden politischen und völkischen Reformphantasien fanden sich tatsächlich weitgehend in einem erstaunlich homogenen Werkbundstil wieder, zu dessen Zauberformel das Wort *Gediegenheit* wurde.

Ein Wort, das ursprünglich den Reinheitsgrad von Mineralien beschrieb. Ein sehr deutsches Wort für eine sehr deutsche Sehnsucht. Das Attribut »gediegen« stand außerdem für alles das, was heute »minimalistisch«, »solide«, »handgemacht«, »langlebig«, »nachhaltig«, »ökologisch« und »ohne synthetische Zusatzstoffe« heißt. Die ganze ausufernde Rhetorik eines aktuellen Manufactum-Katalogs bricht sich historisch in dem Wort »Gediegenheit«. Nach innen hin wurde alles immer reiner und säuberlicher, und nach außen hin glätteten sich die Konturen, schlossen sich die Formen, wurde vereinheitlicht und vereinfacht, was und wo es ging. Es sah ganz so aus, als hätten die Formgestalter Langbehns Lamento über den Zerfall der »Ganzheit« und über die Atomisierung aller Zusammenhänge in ärgerliche Spezialgebiete erhört, als hätten sie sich seine Forderung nach »Geschlossenheit der Empfindung, der Form, der Situation« wie einen Tagesbefehl über die Arbeitsplätze gepinnt. Als sei das goldene Zeitalter vielleicht doch nicht so definitiv dahin, wie seit den alten Griechen alle immer dachten.

Und damit die Leute draußen im Lande auch erfuhren, welche Dinge jetzt endlich rein und wahr und wesentlich und einfach genug waren für die neuen, besseren Zeiten, und, vor allem, wie man an sie herankam, hatte der Dürerbund zunächst eine eigene »Auskunftei« errichtet, die unter der Masse der Anfragen fast zusammenbrach. Daraufhin bildete sich in Hellerau bei Dresden, also in der ersten wirklichen deutschen Gartenstadt, die außerdem praktischerweise als Werkssiedlung einer Möbelfabrik diente – eine »Gemeinnützige Vertriebsstelle deutscher Qualitätsarbeit«. Und dort erschien dann 1915 zum ersten Mal das sogenannte »Deutsche Warenbuch«, eine Art Quelle-Katalog, in dem nicht nur abgebildet war, was man gefälligst wollen sollte, sondern auch gesagt wurde, wo man es herbekam. Wie der Größe nach angetretene Soldaten auf einem Kasernenhof stehen dort die Dinge stur nebeneinander aufgereiht, die Weingläser, die Stühle und die intellektuellen Kaffeekannen. Diese Dinge seien »unsere Lebensgenossen«, hieß es dazu mit bedrohlichem Unterton, sie hätten eine Moral, diese Dinge, sie seien »stille Erzieher«. Und so sahen sie tatsächlich auch aus. Wie vorwurfsvolle Gouvernanten, die einem nachts durch die Alpträume spuken. Vor neutralem schwarzen Hintergrund rasselten auf diesen Fotos die Gegenstände des täglichen Bedarfs an den Augen vorbei wie in einer Geisterbahn, und jeder einzelne war eine monumentale Anklage an jenen Teil der Deutschen, der mit seinem Faible für Extravaganzen und Ornamente und kleine, dekorative Lebenslügen die Volkswirtschaft und die Wehrkraft zersetzte.

Unheimlich intellektuelle Kaffeekannen. Ich vermute, daß der englische Korrespondent damit vor allem sagen wollte, daß die Kannen nicht besonders charmant aussahen, sondern eher ein bißchen dünnlippig, langzahnig, ernst, humorlos und moralisch erbarmungslos untadelig.

Die inneren Werte ihrer Kaffeekannen und die ganze Gediegenheit ihrer Warenwelt haben den Deutschen dann zwar die Niederlage im Krieg nicht ersparen können, aber diese Niederlage hat dafür dem Schlichten und Sachlichen, dem Knappen und Kargen zum Sieg verholfen. Die Anhänger eines klaren, kühlköpfigen Modernismus in Architektur und Design hatten Grund, die Strapazen des verlorenen Weltkriegs und die Demütigungen der Niederlage ganz ernstjüngerhaft als Abhärtung für die Herausforderungen zu begrüßen, die erst noch kommen sollten. Denn im Grunde war all das Knappe und

Klare und Wahre und Wesentliche und das Schlichte und Sachliche zwar sicherlich für heutige Maßstäbe immer noch ganz behaglich. Verglichen mit dem, was vorher war, war es aber vor allem eins: spartanisch. Eine Wappnung. Eine ästhetische Notstandsgesetzgebung. Während des Weltkrieges konnten die ungewohnt schmucklosen Möbel der Moderne patriotisch als »deutsche Möbel« vermarktet und durchgesetzt werden – und nach dem Krieg als Möbel der deutschen Niederlage.

Der Inbegriff einer Haltung, die das Material, aus dem ja nun keine Kanonen mehr hergestellt werden durften, zu Stühlen umbog und damit buchstäblich dazu aufforderte, die Schuld des deutschen Militarismus mit dem eigenen Hintern abzusitzen, war der Stahlrohrsessel. Das Signet der Bauhaus-Moderne. »Stahl ist kein Material, sondern eine Weltanschauung«, hat dazu der Architekt Josef Frank einmal festgestellt: »Diese Sessel sind eigentlich erdacht worden, dem Reparationskommissar als Sitzgelegenheit zu dienen, um ihm den Ernst der deutschen Bestrebungen vorzuführen. Das ist plakatierte Weltanschauung, die jedem Besucher demonstriert wird, genau wie jene ›Materialechtheit‹, die betont angewendet jedem sie Betrachtenden zuruft: ›Ich bin ehrlich‹ und ihm eine Moralpredigt hält, ›ich will nicht mehr scheinen, als ich bin, und deshalb bin ich mehr als du. Geh hin und sei desgleichen.‹«

Ja! Josef!! Frank!!! Immerhin selber Werkbundmitglied. Österreicher. Aber auch Jude. Daher 1933 Emigration nach Schweden. Dort Mitverantwortlicher für das, was wir heute als skandinavischen Wohnstil kennen. Als Architekt »undogmatisch modern« und eher nur so halb berühmt. Aber als Schreiber – irgendwie genau die Mitte zwischen Adolf Loos und Tom Wolfe: »Der große Beifall, den der Stahlrohrsessel in den übrigen Ländern gefunden hat, darf nicht irreführen. Er wird dort als Modeerscheinung empfunden, wie vor einigen Jahren die Stoffe im Stil Tutankhamens, geeignet für Bars und salons de beauté, wo die zweifellos ihm anhaftenden Reize die richtige Würdigung finden. Aber der neue Deutsche fühlt die moralische Verpflichtung, schlecht zu sitzen, und will nicht wissen, daß es auch anderes gibt. Der Gott, der Eisen wachsen ließ, der wollte keine Holzmöbel.«

Josef Frank war dann auch der einzige Architekt, der 1927 in der Stuttgarter Weißenhofsiedlung, einer Art Leistungsschau der internationalen Architekturmoderne, sein Haus ungerührt mit Teppichen, Blümchenstoffen und eben Holzstühlen ausstattete, was daran gelegen haben mag, daß Franks sympathisches Vorbild für das moderne Wohnen nicht die Kaserne war, sondern die Künstlermansarde: Der ganze Kampf für die moderne Wohnung diene im Grunde nur dazu, allen Menschen »die Möglichkeit des Bohèmewohnens zu geben«. Und das gab, wie man sich vorstellen kann, natürlich ganz mörderischen Ärger mit den Bauhaus-Leuten.

Stahlrohrstühle sind, wie einem jeder Stahlrohrstuhlverkäufer gern bestätigen wird, praktisch synonym mit dem Bauhaus. Und Bauhaus mit kühler, sachlicher Moderne. Nun war das Bauhaus zwar am Anfang nichts als eine 1919 in Weimar gegründete Kunstgewerbeschule unter sehr vielen sehr ähnlichen, und besonders sachlich und nüchtern ist es dort am Anfang auch nicht gerade zugegangen, sondern eher enorm esoterisch: Es roch nach Knoblauch, die Männer redeten theosophisch Daherempfundenes, und die Frauen trugen die Haare kurz, während sie Batikmuster auf Leinensäcke malten. Und eigentlich war es – der Name Bauhaus erinnert nicht zufällig an mittelalterliche Bauhütten – auch hier erst einmal ganz entschieden wieder um ein regelrecht zünftiges Gehandwerkel gegangen, bevor das mit dem Stahlrohr anfing und Walter Gropius plötzlich nur noch von Maschinen redete. Und von der Industrialisierung und Typisierung des Bauens und Gestaltens. Und, was die Wirkung auf den Bewohner betrifft, von »Enteitelung und

Zuchtverhalten«. Und von »gelebter Objektivierung«. Und von »Ich-Überwindung«. Und was es sonst an einschüchternden Worten mit der Endung -ung noch so gab.

Aber das war nur scheinbar ein Widerspruch, in Wirklichkeit war diese ganze Ästhetik der Askese und der Läuterung immer schon eine Antwort gewesen, die sich ihr Problem erst noch suchen mußte. Und da waren das Weltkriegstrauma, das Nachkriegselend und die technologischen Effizienzrevolutionen der Zwanziger sicherlich nicht das schlechteste, das sie finden konnte. Diesen Eindruck, daß da händeringend nach Aufgaben für längst vorhandene Lösungen gesucht wurde, den haben noch nicht mal die Propagandisten der Bewegung selbst widerlegen wollen, im Gegenteil: »Alles kommt darauf an, daß unsere Einfachheit, unsere Armut nicht erzwungen erscheint, sondern freiwillig, daß das harte Müssen zu einem freien Wollen gemacht wird.« Und noch härter und unverblümter als dieser Satz des Kunstschriftstellers Karl Scheffler ist eigentlich nur der Titel des Buches, in dem er steht: »Sittliche Diktatur«. So hießen damals ganz im Ernst die Bücher, die *für* die Sache waren. Den Tonfall derer, denen die ganze Richtung von vornherein schon nicht paßte, kann man sich dementsprechend vorstellen. Aber auch die eigenen Leute fanden es regelmäßig ein bißchen beängstigend und »soldatisch«, wenn wieder einer der Kollegen eine Versuchssiedlung fertig hatte, die ihre Bewohner nicht nur beherbergen, sondern, was noch wichtiger war: erziehen, läutern und verändern sollte.

Ent-eite-lung! Ich-Über-win-dung! Zucht-ver-hal-ten! Wer da ständig Peitschen knallen hört, liegt im Grunde genommen gar nicht so falsch. Denn die »strenge Erziehung«, da nehmen sich moderne Architektur und Sado-Maso-Studios wenig, ist am Ende immer eine Veranstaltung, bei der vor allem wohlhabende Unternehmer viel Geld dafür bezahlen, sich unter wohligem Wimmern mal ordnungsgemäß durchzüchtigen zu lassen.

»So einfach wie möglich, koste es, was es wolle«, lautet ein Spruch, der immer dem Architekten Hans Poelzig zugeschrieben wird und der jedenfalls damals bereits unter den Leuten kursierte, die ihr Geld im wesentlichen damit verdienten, zur unbedingten Modernität entschlossenen Fabrikanten weiße Villen hinzusetzen, die oft als eine Mischung aus Motoryacht und Gymnastikgerät konzipiert waren. Mit der holzhandwerkerhaften Gediegenheit der alten Werkbundsachen hatte das oft nicht mehr so viel zu tun, mit der Lichtanbeterei der Lebensreformer und der Sehnsucht nach dem »echten«, »unverfälschten« und »tiefen« »Leben« der Dürerbündler dagegen schon. Es sind phantastische Bauwerke entstanden in dieser Zeit, große Kunstwerke, beglückende Architekturwunder, aber das allein wäre allen daran Beteiligten definitiv zu wenig gewesen, es mußte schon auch gehörig erzogen und gezerrt und gegängelt werden, damit alle zufrieden sein konnten. Es reichte nicht, daß der Gürtel gut aussah, er mußte auch enger gezogen werden. Und in diesem geistig-moralischen Mehraufwand lag die eigentliche Befreiung des Wohnens. Befreiung des Wohnens war ein *sehr* wichtiges Stichwort, und es klang schon damals verdammt nach der Art von Freiheit, von der die Leute reden, die eines Tages ihren Fuhrpark auflösen und nur noch einen klitzekleinen Porsche behalten wollen. Ein Abstoßen von Ballast, um sich wieder leichter und wendiger zu fühlen. Ein Heilfasten. Ein Verzicht, dessen Gewinn darin besteht, daß man sich dafür vor lauter Selbstbewunderung pausenlos auf die eigene Schulter hauen kann. Eine sportliche Variante der Armut. Eine Armut, die man bitte keinesfalls verwechseln darf mit echter Armut, also mit Armut, die nicht freiwillig durch Verzicht zustande gekommen ist, sondern weil gar nichts zum Daraufverzichten da war. Der Unterschied ist in etwa der gleiche wie zwischen einem Bettler und einem Bettelmönch und besteht eben im Mönchischen. Not ist ein Elend, Askese ist ein Luxus.

Und immer wenn wieder jemand eine »neue« Einfachheit oder Bescheidenheit einfordert, also etwa alle fünf bis zehn Minuten, dann kann man es getrost als Zeichen dafür nehmen, daß es den Leuten ganz gut geht soweit, denn es ist immer ein gewisser gesamtgesellschaftlicher Grundbestand an Opulenz und visuellem Wohlstand nötig, damit die Mahner, Warner, Seher und Propheten gegen den »optischen Lärm« und das »Chaos« und das »Zuviel« anwettern können.

Seit Beginn des zwanzigsten Jahrhunderts geben sich in diesem Land die Bußprediger die Klinke in die Hand, und das darf man absolut wörtlich nehmen, denn mit den Türklinken fängt es zum Beispiel tatsächlich schon mal an: Welche ist die einfachste und elementarste Lösung für eine Türklinke, oder anders gefragt: wie sieht die definitive Klinke aus? Das sind keine Lappalien, das sind für viele Leute sehr elementare Fragen. Und die Experten sind bis heute uneins. Da gibt es die berühmte Wittgenstein-Klinke, eine echte Philosophenklinke, von Ludwig Wittgenstein 1927 für das Haus seiner Schwester in Wien entworfen: Die Wittgenstein-Klinke ist im Fachjargon ein gebogener Rundstahl mit kugeligem Kopf, man könnte aber auch sagen, sie gleicht einem zu heiß gekochten Würstchen, das jemand durch ein Schlüsselloch geschoben hat. Sie sieht superelementar aus und total industriell, ist aber in Wahrheit natürlich ein Produkt reiner Schmiedekunst und damit die perfekte Antwort auf die böse Surrogatindustrie, die in ihren Fabriken Dinge herstellte, die aussehen sollten, wie mühsam vom Handwerker gemacht: mühsam vom Handwerker gemachte Dinge, die aussehen sollten, als kämen sie aus einer Fabrik. Nicht weniger berühmt ist die Klinke von Wilhelm Wagenfeld. Kenner sagen: die Wagenfeld-Klinke. Rund das Stück Metall, das in der Tür steckt und sich dreht, flach, lang und eckig die sogenannte Handhabe, der Hebel, den man drückt. Das Runde dreht sich, das Eckige wippt. Das ist schon sehr, sehr mustergültig und wesentlich, eine Klarheit und Einfachheit und Funktionalität wie aus dem Bauhaus-Grundkurs. Aber bei der noch berühmteren sogenannten Bauhaus-Klinke von Walter Gropius verhält es sich dummerweise genau umgekehrt: zylindrisch der Griff, vierkantig der Hals, der in der Tür das Schloß bewegt. Hmm. Tja. Was denn nun? Ein bißchen viel Variantenreichtum für einen Nullpunkt an Schlicht- und Wesentlichkeit. Nach juristischer Sachlage muß man sagen, daß am Ende Gropius als Sieger dastand, und zwar weil er 1933 vor dem Berliner Reichsgericht unterlegen war. Es ging um die Urheberrechte an seiner Klinke, und die Richter meinten, daß hier »Schmucklosigkeit und Sachlichkeit vermöge einer sich durchsetzenden Kunstanschauung im reinen Vierkant und im reinen Zylinder zum Ausdruck gelangt« seien – und an derart elementaren und altbekannten geometrischen Grundformen könnten dem Herrn Gropius leider keine Autorenrechte eingeräumt werden. Ein Ausbund von Gediegenheit an Klinke. Die Mutter aller Klinken. Die Urklinke, der endgültige und immerwährende Prototyp aller Klinken – man fragt sich, warum dann trotzdem das Angebot an Türklinken, wie es sich im Fachhandel darbietet, dergestalt ist, daß man Türen künftig am liebsten nur noch mit dem Fuß auftreten möchte. Eines der unsinnigsten Bücher, die je in meinen Besitz gelangt sind, heißt »Das Türklinken-Chaos«, ein über alle Maßen häßlicher und langweiliger Comic im Auftrag des Traditions-Klinkenherstellers FSB, der irgendwie klarmachen sollte, wie »im Cyberspace eine vernünftige Türklinken aussieht«. Mal davon abgesehen, daß es nur sehr, sehr wenige Dinge gibt, die noch uninteressanter und irrelevanter wären als die Frage, wie Türklinken im Cyberspace aussehen – es müssen auch noch »vernünftige Türklinken« sein.

Und das ist symptomatisch. »Vernünftig« ist heute im allgemeinen das Wort für das, was früher »gediegen« hieß. Alle Architekten und Designer, die gegen »das Laute« und »das

Schrille« und »das Extravagante« und »das Modische« ankämpfen, strecken irgendwann im Verlauf der Debatte garantiert ihre hageren Hände vor, als wollten sie um Wasser beten, und beschwören das »vernünftige Haus«, den »vernünftigen Wasserhahn«, die »vernünftige Klinke«. Wer Dingen wie Häusern, Wasserhähnen und Türklinken Vernunft unterstellt, scheint zwar zunächst mal selber ein bißchen wenig davon abbekommen zu haben. Aber andererseits war es schon bei den »gediegenen« Gegenständen so, daß ihnen die Reinheit und Ehrlichkeit und das Ethos zugeschrieben wurden, die man ihren Benutzern erst noch wünschte. Jetzt also wieder Vernunft. Damit sind wir praktisch wieder ganz am Anfang, bei Kant und beim Geschmack und der Erkenntnisfähigkeit und all diesen Dingen, an denen sich das deutsche Bildungsbürgertum so beflissen hochgehangelt hatte, und vielleicht muß man sich den berühmten Ausgang aus der selbstverschuldeten Unmündigkeit auch einfach nur als eine Drehtür vorstellen, die bestimmte Berufsgruppen, wie zum Beispiel Architekten und Designer und Geschmacksapostel, bis in alle Ewigkeit am Rotieren hält. Wenn heute also von »vernünftigen Türklinken« die Rede ist, dann klingt das zwar sicherlich enorm idiotisch und eigentlich auch eher ängstlich als mutig, aber es zeigt immerhin auch, daß die Architektur und das Design und die Inneneinrichtung noch immer nicht gänzlich aufgehört haben, sich als große Volkshochschule zu begreifen.

Nach dem Krieg hieß das, was erst gediegen war und jetzt vernünftig sein soll, schlicht und einfach und so totalmoralisch, daß es praktisch kaum zu fassen ist: gut. Die »gute Form« war die Einfachheit, mit der sich die Deutschen nach dem Krieg geläutert geben konnten, keine militärische Einfachheit mehr, sondern jetzt eine entschieden zivile. Die Ästhetik des Sachlichen, Schlichten und Funktionalen profitierte nun rückwirkend doch noch davon, daß man Nazi-Deutschland vor allem mit dem schwerholzigen Carinhall-Geschmack eines Hermann Göring verband. Dabei war es auf den »Schulungsburgen« der Deutschen Arbeitsfront und in den Büchern des Reichsobergeschmackserziehers Hermann Gretsch (»Hausrat, der zu uns paßt«) gar nicht unbedingt so fundamental viel anders zugegangen, sondern mehr so, na ja... Gretschs Worte dafür waren: einfach, sachlich, ehrlich, zweckmäßig, echt. Zufälligerweise waren das auch exakt die Worte, die dann Hitler benutzte, um zu beschreiben, was deutsches Kunstgewerbe seiner Meinung nach ausmachen sollte. Die Kunsthistorikerin Xenia Riemann hat sich deshalb neulich die Mühe gemacht nachzuschauen, welche »guten Formen« aus den Fünfzigern schon ein totgeschwiegenes Vorleben in den Dreißigern und Vierzigern gehabt hatten, als »böse Formen« sozusagen. Und siehe: Es waren eine ganze Menge, zum Beispiel das Besteck-Set »München«, das bereits zur Werkbundausstellung von 1914 das Licht der Welt erblickt hatte, dann Hitlers offizielles Hausbesteck in der Reichskanzlei war, und später, ohne eingravierten Reichsadler, noch jahrelang ganz ungerührt als typisch modernes Besteck eines besseren, demokratischen Deutschlands angepriesen wurde. Es waren zum großen Teil dieselben Leute, die unter neuen politischen Bedingungen mit den gleichen Formen ganz ähnliche Ziele verbanden: »Doch wenn wir einen Menschen formen wollen, müssen wir auch seine Umgebung formen« (Robert Ley, Deutsche Arbeitsfront). Beziehungsweise: »Denn nicht nur wir formen die Dinge, die Dinge formen uns« (Deutsche Warenkunde 1955). Der deutsche Volksgenosse blieb auch als bundesdeutscher Verbraucher vor allem eins: ein Bürger in Schuluniform. Und das Einfache und Schlichte ist eben nicht automatisch das Gute, sondern, im Gegenteil, nichts als ein komplett frei verfügbares Gefäß, in das am Ende wirklich jeder seine Brühe kippen kann.

Jedenfalls war das Schlichte, Sachliche, Haltbare und Langlebige, das während der Kriege immer als Wesensmerkmale eines eminent »deutschen Stils« gegolten hatte, jetzt, nach dem Krieg, Wesensmerkmale eines Stils, der ausdrücklich nicht deutschtümeln wollte und genau deshalb dann aber doch wiederum als typisch wahrgenommen wurde, eben als offizielle deutsche Nachkriegssachlichkeit. Und es ist noch nicht einmal so, daß dabei aus einer eher pathetischen Nüchternheit jetzt wenigstens eine etwas nüchternere Nüchternheit geworden wäre, denn Die Gute Form: Das war schon fast ein Muezzin-Ruf, eine Direktive, ein moralischer Imperativ, der absolut überhaupt gar keinen Widerspruch mehr zuließ. Die gute Form war auch die richtige Form, und mit der richtigen Form konnte man schon mal nicht ganz falsch liegen, und nicht schon wieder falsch zu liegen – das war ja damals kein ganz unwesentliches Bedürfnis. Wieder erschienen Wohnfibeln, Einrichtungsratgeber und kommentierte Warenkataloge. Wieder wurde der geschlagenen und verunsicherten Nation gesagt, wo es langgeht und wie man auf die richtige Seite kommt, und wieder war alles von dem Willen durchwirkt, die Leute zu erziehen, ihnen die falschen Ansprüche, den falschen Geschmack und überhaupt die Flausen auszutreiben. Und wie damals schon bei Ferdinand Avenarius und seiner Auskunftei waren der Ansturm und das Interesse gewaltig. Aber nur bis zu Beginn der sechziger Jahre. Mit der Blüte des Wirtschaftswunders brach für die Deutschen Warenbücher erstmals seit 1915 der Markt weg. Genauer gesagt: Sie verloren ihn an die neuartigen Versandhauskataloge. Die gute Form ging unter im explosionsartig vergrößerten Warenangebot, und die Prediger der gediegenen, guten oder vernünftigen Formen, die Propheten des Einfachen und Funktionellen, die Savonarolas der Produktgestaltung haben seitdem jede Menge Grund zum Lamentieren: Konsumgesellschaft. Plastik. Postmoderne. Beliebigkeit. Untergang des Abendlandes.

In der DDR regelten sich Geschmacksfragen währenddessen

weiterhin über das mangelnde Angebot: Schön war das, was es gab; Minimalismus fing hier schon beim Angebot an. Im Westen hatten die Ratgeber und die Wohnerzieher dagegen kaum noch eine Chance, die Leute auf irgendwelche verbindlichen Werte einzuschwören. Von der »persönlichen Note« war schon seit den Fünfzigern immer öfter die Rede gewesen, und in den Siebzigern kamen die Meinungsforscher dann bereits zu dem Ergebnis, daß die Bundesdeutschen von ihren Wohnungseinrichtungen faktisch das gleiche erwarten wie von ihren Anziehsachen: erstens Schutz vor der Witterung und zweitens soziale Distinktion, den Beweis von Persönlichkeit, Besonderheit und Geschmack. Seitdem muß man sich auch nicht wundern, daß die Heftchen, die sich mit Einrichtungsfragen befassen, genauso funktionieren wie Modezeitschriften. So regelmäßig, wie an den Redaktionsfenstern die Jahreszeiten vorbeiziehen, werden da neue Trends ausgerufen, wobei man leider sagen muß, daß das keine Trends sind, die irgendwohin gehen, sondern solche, die gerade angekommen sind, in der Zeitschrift und in den Möbelhäusern, und nach ein paar Zyklen »Landhausstil«, »Neue Einfachheit«, »herrlich dekadent wohnen« und wieder »Landhausstil« hat man eigentlich alles irgendwie schon mal gesehen. Und aus den immer gleichen Homestorys weiß man dann auch, daß es in der Loftwohnung eines Sammlerehepaares *immer* so aussieht, als seien die Diebe eben erst weg, und daß einer von den beiden schwulen »Kreativen« *immer* eher klassische Moderne mag und der andere *immer* »witzige Accessoires« von seinen Auslandsreisen mitbringt und daß das beides *immer* einen »spannenden Dialog« ergibt.

Wozu sich die Massen an Einrichtungs- und Dekomagazinen, die jeden Monat an die Kioske kommen, wirklich eignen: übereinandergestapelt das Tischbein zu ersetzen, das herausgebrochen werden mußte, um abwehrbereit zu sein, falls Tyler Brûlé, der Ex-Chef des Wallpaper*-Magazins, zufällig an der

Tür klingelt und alles relaunchen will, was einem lieb und teuer ist. Brûlé ist ein Relauncher, der so dermaßen konsequent die Luft aus den Dingen läßt, daß zum Beispiel die bankrotte *Swiss Air* wirklich nur noch *Swiss* hieß, als Brûlé, der die Marke sanieren sollte, mit ihr fertig war. Aber das nur am Rande. Wallpaper* war lange Zeit das letzte Magazin am Kiosk, das immer noch durchgängig so etwas wie eine halbwegs konzise Haltung vertreten hat, und dreimal darf geraten werden, welche.

Es ging um: das Schlichte, das Einfache, das Solide, das Schnörkellose – ob es auch um das Wesentliche und das Tiefe und Echte ging, war allerdings eher umstritten; dem Heft konnte vielmehr vorgeworfen werden, wie mit einem Midasfinger zart, genießerisch und verheerend über die Oberflächen dieser Welt zu streicheln und noch das Komplizierteste und Verknotetste und Problematischste poliert, glatt und glänzend so zurückzulassen, daß selbst nordkoreanische Diktatorenstatuen aussahen wie bestellbare Posten aus dem Cassina-Katalog. Tyler Brûlé war 33 Jahre alt, als ich ihm kurz nach der Jahrtausendwende mal ein paar Fragen stellen durfte, machte aber den Eindruck, als habe er alles schon hinter sich. Ein gutaussehender Mann mit ordentlichen Manieren, einem festen Händedruck und dekorativ knarrenden Stimmbändern. Er war in Winnipeg, Kanada, zur Welt gekommen und bisher fast ständig unterwegs gewesen, erst als Kind eines Football-Profis, dann als Reporter. 1994 wurde er bei einer Recherche über Ärzte ohne Grenzen in Afghanistan angeschossen. Aus der Versicherungssumme für den lädierten Arm wurde dann die Zeitschrift gestemmt – und aus den Ruhebedürfnissen der Rekonvaleszenz ihre Inhalte. Wallpaper* war ein modernistisches Sanatorium, ein Bauhaus-Berghof, auf dem es sich nicht nur Brûlé behaglich gemacht hatte, sondern Hunderttausende von kleinen Brûléoiden, die dieses dandyhafte Dahindämmern eines vorher beim Nahkontakt mit den grausameren Seiten dieser Welt am

Arm Angeschossenen weltweit nachspielten – nur ohne vorher am Arm angeschossen worden zu sein, ohne jemals irgendwelche Härten erlebt zu haben, ohne auch nur den Ansatz eines Grundes zum Ausruhen zu haben.

Falls sich jemand immer schon gefragt hat, warum seit Ende der Neunziger Jahre plötzlich in allen Bars nur noch Würfelhocker in der Farbe von ungesundem Stuhlgang herumstanden, auf denen man weder gut sitzen noch liegen und schon gar nicht vernünftig trinken konnte: Wegen Wallpaper*. Eine sauöde Ästhetik für Brillenträger, die nach Agenturschluß noch die Praktikantin gefügig trinken wollten, war das. Ein totaler Scheiß. Ein Grund, abends lieber zu Hause zu verdursten. Und dabei kam Wallpaper* noch gar nicht mal aus Deutschland, sondern aus England. Aber in Deutschland hatte es die meisten und treusten Leser. Wo auch sonst.

Deshalb war es dann eines Tages auch zu diesem Deutschland-Special von Wallpaper* gekommen. Es war eine der letzten Ausgaben, bevor Tyler Brûlé das Heft aus der Hand gab. Und am Ende stand eine Liste, die das Deutschland-Bild der Wallpaper*-Leute noch einmal eindrucksvoll zusammenfaßte. Jemand habe eine Mail herumgeschickt in der Redaktion, flüsterte Brûlé darauf angesprochen in seiner jahrtausendealten Müdigkeit, und jeder habe geantwortet, was ihm halt so durch die Rübe rumpelte, wenn er an Deutschland dachte. Und das war erstaunlicherweise mal nicht der Stechschritt von Adolf Beckenbauer. Sondern, Platz 1: Skistöcke von Leki. Irgendwo im Mittelfeld auch Friedrich Nietzsche und Til Schweiger, der gerade in Hollywood unterging, vor allem aber jede Menge Autos und Küchengeräte. Hochästhetische Kannen, sehr intellektuelle Kaffeetöpfe. Wallpaper* 2002 klang nicht viel anders als die Daily News 1915 – Deutschland glich in diesem Bild einem Land nach dem Abwurf der Neutronenbombe: eine Ansammlung von gediegenen, minimalistischen oder sogar vernünftigen Haushaltsgegenständen, ein Markenfriedhof, eine Industriemesse, in der allenfalls ein paar lange verstorbene Geistesgrößen und halbtote Schauspieler herumspuken durften. Englisches Lob für deutsche Gebrauchsgüter – danke, sehr sophisticated, aber dann bitte doch lieber wieder die guten alten Hitlerwitze.

Mittlerweile spielt Wallpaper* allerdings ohnehin kaum noch eine Rolle. Es hat sich gezeigt, daß diese fäkalfarbige Würfelhocker-Ästhetik zu eng an den Lifestyle der Internet-Unternehmer gebunden war und mit ihnen vorläufig erst einmal genauso in der Versenkung verschwunden ist wie Erwachsenen-Tretroller und Kruder-und-Dorfmeister-CDs.

Das alles wäre soweit also ganz erfreulich, wenn nicht zeitgleich mit dem Crash der New Economy ein Buch zum Bestseller geworden wäre, das es in der Größe des Publikumserfolgs wie in der Ärgerlichkeit des Inhalts beinahe schon wieder mit »Rembrandt als Erzieher« aufnehmen kann. Und was das prophetische Sendungsbewußtsein betrifft, sowieso: »Liebe Leserin, lieber Leser! Das Buch, das Sie hier in Händen halten, wird eines der wichtigsten Bücher in Ihrem Leben werden...« Der Langbehn dieser Jahrhundertwende heißt übrigens Werner »Tiki« Küstenmacher und, wichtig, damit keine Mißverständnisse aufkommen, er predigt keinen Antisemitismus. Werner »Tiki« Küstenmacher predigt Asozialität.

Küstenmacher ist ein evangelischer Pfarrer, Karikaturist und Publizist. Das »Tiki« in seinem Namen hat er, wie im Internet zu erfahren ist, von seiner Mutter, die ein großer Thor-Heyerdahl-Fan gewesen sein soll. Ich hatte erst gedacht, den Namen hat er vom Surfen aus Hawaii, aber Surfen (teure Ausrüstung) auf Hawaii (Langstreckenflug, üppige Blumenkränze) wäre auch echt ein bißchen unpassend für jemanden, der es gern »simple« hat. »Simplify your life« heißt nämlich das Buch, das Küstenmacher geschrieben hat, und zwar mit Hilfe von Prof.

Dr. Lothar J. Seiwert. Prof. Dr. Seiwert ist »Deutschlands führender Zeitmanagement-Experte« (FOCUS 31/2004) und betreibt in Heidelberg eine sogenannte Coaching- und Consultingfirma mit dem Namen Seiwert Institut; man ist dort spezialisiert auf die Themen »Time-Management«, »Work-Life-Balance« und »Life-Leadership«, letzteres ist sogar ein geschützter Begriff. Prof. Dr. Seiwert verdanken wir bereits die Bücher »Wenn Du es eilig hast, gehe langsam« und »Die Bären-Strategie – in der Ruhe liegt die Kraft«. Obwohl auch »Simplify your life« eigentlich schon mehr als hinreichend deutlich macht, wo es langgeht, gibt es noch einen Untertitel: »Einfacher und glücklicher leben«. Und dem ist eigentlich wirklich nichts mehr hinzuzufügen. Außer vielleicht, daß es natürlich ein bißchen bescheuert aussieht, wenn einhundertfünfzig Jahre nach dem berühmten Einsiedler-Roman »Walden« die Spuren, die der soziophobe Schriftsteller Henry Thoreau auf seinem Weg in die Natureinsamkeit und Selbstbeschränkung hinterlassen hat, nun gewissermaßen in den Budapester Schuhen von Life-Leadership®-Seminarleitern noch einmal nachgetrampelt werden. Noch der profanste Kram wird da pausenlos ins Gegenlicht glühender Säuberungswut getaucht, und am Ende finden sich sogar Fragen der Schreibtischorganisation und der Kühlschrankfüllung in den ganz großen epischen Handlungsbögen wieder. Denn auf jeder einzelnen Seite wird einem da wieder einmal eingetrichtert, daß wir zuviel haben, daß wir ersticken, daß wir gar nicht glücklich sein *können* bei dem ganzen Ballast, den wir so buckeln, und daß das Glück verlorengegangen ist, das Glück, die Eintracht und die Einfachheit. Und daß wir zurück müssen. Einkehr! Reue! Umkehr! Und während sich früher die Fluchtlinien solcher Regressionssehnsüchte irgendwo in einem mythischen Griechentum verfingen, kann man es heute damit natürlich noch lange nicht gut sein lassen. Am Ende lebten die Urmenschen nämlich *noch* einfacher und waren *noch* mehr mit sich im Einklang. Oder die Neandertaler. Oder die Menschenaffen. Denn dummerweise liegen nach dieser erbarmungslosen Verfallslogik die Wurzeln des Unglücks so weit zurück, daß es im Grunde auf die Existenz von Schalentieren oder Einzellern hinauslaufen muß, auf absolute Minimalformen des Lebens, auf ein komplett ambitionsloses Herumgelungere am Boden der Biologie, denn alles andere wäre ja schon wieder mehr und damit viel zuviel. Mehr würde am Ende bloß wieder zu Kontakten mit anderen Lebewesen führen, zu Kommunikation, zu Streit, unübersichtlichen Interessenlagen, zu Konflikten, zu dem, was man soziales Leben nennt – und das ist ganz offensichtlich nämlich der eigentliche Horror der Küstenmachers und Seiwerts und der vielen anderen Simple Minds auf dem Ratgeber-Buchmarkt. Was sie alle mit Langbehn verbindet, ist der massive Widerwille gegen das Denken, der Horror vor dem Komplizierten und dem Komplexen, dem Schwierigen und Störrischen, dem Ausgeuferten und Wirren und Unübersichtlichen, der atomisierten Welt. Es ist eine erbarmungswürdige Unfähigkeit, Widersprüche auszuhalten, die aus dem Weltenrettungswahnsinn der Simplify-everything-Prediger spricht. Aber Widersprüche sind dummerweise auch genau das, was herauskommt, wenn ein Bestseller über das Weglassen und das Verzichten ausgerechnet von einem Werner »Tiki« Küstenmacher sowie einem Lothar »J.« Seiwert verfaßt wird, von zwei Männern also, die es anderthalb Jahrzehnte nach dem Ende der achtziger Jahre noch nicht einmal geschafft haben, mit den aufgedonnerten Dekobuchstaben aufzuräumen, die da wie Zuhältergoldkettchen in der Mitte ihrer eigenen Namen herumhängen. Und irgendwie auch nicht so richtig hundertprozentig im Einklang mit Werner »Tiki« Küstenmachers Thesen über die Schönheit der Beschränkung steht die Tatsache, daß er sein Angebot nach dem Erfolg von »Simplify your life« mit Hilfe seiner Ehefrau noch einmal mächtig diversifiziert hat, bis hin zu

Titeln wie »Simplify your life: Küche, Keller, Kleiderschrank entspannt im Griff«. Kommentar eines nicht so ganz zufriedenen Lesers aus der Schweiz bei Amazon dazu: »Überhaupt scheinen es insgesamt mehr Möbel zu werden, wenn ich den Ratgeber befolgen würde.«

Und das, möchte man mit Eduard Zimmermann hinzufügen, ist beleibe kein Einzelfall. Darauf läuft es nämlich am Ende immer hinaus. Ganz genauso ist das auch bei all den anderen abenteuerlichen Simplicissimi, die das Lob der Beschränkung und des ganz einfachen Lebens regalmeterweise durch ihre Interior-Handbücher jodeln.

Die neue Lust an der Askese.
Weniger ist mehr.
Zu sich selbst finden.
Zur Ruhe kommen.
Slow food im Asia-Design.
Zen für die Küche.

Danke. Alles ganz toll und beeindruckend einfach. Nur: Besorgt es euch, bitte, selber! Deutlicher möchte ich an dieser Stelle nicht werden. Obwohl richtig harte Kraftausdrücke hier eigentlich die einzig angemessene Sprache wären; der Ton der Einfachheitsapostel ist nämlich grundsätzlich ein hoher und duldet im Grunde überhaupt keinen Widerspruch, und das einzige, was da hilft, ist wirklich ganz konsequente Verunreinigung. Und man darf in diesem Falle auch bitte sehr hemmungslos mit der Politkeule draufhauen. Entrümpeln: ein Nazi-Wort. Militärische Zurichtung von Wohnhäusern: totaler Kriegsquatsch. Und sobald es irgendwie fernöstlich wird, sobald die Stühle keine Lehnen mehr haben, die Tische flacher als die Sitze sind und Tee nicht mehr eingegossen, sondern zeremoniell damit herumgeopert wird, bis er kalt geworden ist: Diesen Menschen sofort eine Fuhre vietnamesischer Winkekatzen in die Bude rollen, Wandkalender mit elektrisch blinkernden Wasserfällen, Jesus und Buddha als Leucht-Emmiter-Idioten, chinesische Großfamilien hereinbitten, komplett mit Hühnerstall, Oma, Motorrad und natürlich ihrem tiefen, jahrtausendealten Wissen darüber, was das Wesentliche und das Wahre und das Entscheidende im Leben sind, das A und das Om. Und dann guten Appetit, meine lieben Fernost-Fusion-Freunde.

Warum zum Teufel gibt es keinen einzigen erfolgreichen Ratgeber, der zur Abwechslung einmal die Wahrheit sagt: daß das Leben eben verdammt nochmal das Gegenteil von einfach ist. Warum nicht mal für das Komplizierte, das Dunkle, Verhangene, Undurchsichtige, Dramatische und Verkorkste plädieren? Für die Welt von Fantasy-Postern und Heavy-Metal-Plattencovern und verunglückten Liebesbriefen und verstaubenden Sportpokalen und Urlaubsandenken. Für die Abgründe von Computerspielen. Für den ganzen Schlick, den einem das Leben und der Kulturkonsum so in die Hütte spülen und der dann auch tatsächlich mal was ist, auf das man zurückblicken kann. Warum nicht aus seiner Wohnung eine Installation von Jonathan Meese machen, ein wirres Archiv, eine Zumutung und eine Herausforderung für sich selbst? Das Tragische ist doch, daß bei uns der Messie als asozial gilt und der Wegschmeißer als Kulturmodell – und daß aber, wenn überhaupt, viel eher umgedreht ein Schuh draus würde. Denn Wegschmeißen ist auch bloß so ein kläglicher Versuch, aus seiner Haut herauszukommen. Verzichten ist Selbsthaß. Und am Ende hat Walter Benjamin nicht nur recht, wenn er sagt, daß sich in der äußeren Armut von asketischen Wohnungseinrichtungen die innere Erfahrungsarmut ihrer Bewohner spiegelt – am Ende nicken die Betroffenen sogar begeistert und voll von dummer Dankbarkeit zu so einer Festellung.

Das Glück, müßte man dieser Vereinfachungscamorra entgegenbrüllen, das Glück ist nicht verloren, es ist, wenn überhaupt, weggeschmissen worden, ausgemistet, und vom Schreibtisch geräumt, und zwar von jemandem wie euch. Und die Frage ist natürlich nun die, ob der Ort, an dem man es unter Umständen doch noch wiederfinden könnte, tatsächlich *Manufactum* heißt und »Es gibt sie noch, die schönen Dinge« als Motto hat.

Wir reden jetzt von einer Art Tchibo-Shop für Leute, die ausdrücklich keine Schnäppchen suchen. Es gibt Manufactum-Läden (allerdings nur in ausgewählten Großstädten), und es gibt den Manufactum-Katalog. Die Leserinnen und Leser dieses Katalogs werden vom Chef noch selbst begrüßt: »Liebe Leserin, lieber Leser«, schreibt Thomas Hoof im Vorwort zum aktuell vorliegenden »Warenkatalog Nr. 18«, und Thomas Hoof, sollte man vielleicht wissen, war einmal ein wichtiger Aktivist bei den Grünen, bevor er Manufactum gründete und in seinen Katalogvorworten John Ruskin zitierte: »Es gibt kaum ein Qualitätsprodukt, das nicht durch jämmerlich schlechte, aber viel billigere Konkurrenten und Nachahmungen gefährdet wäre.« Es ist das alte Elend, aber damit will sich Manufactum nicht abfinden: »Wir haben uns vorgenommen, Dinge zusammenzutragen, die in einem umfassenden Sinne ›gut‹ sind, nämlich
- nach hergebrachten Standards arbeitsaufwendig gefertigt und daher solide und funktionstüchtig,
- aus ihrer Funktion heraus materialgerecht und schön,
- aus klassischen Materialien (Metall, Glas, Holz u.a.) hergestellt, langlebig und reparierbar und daher umweltverträglich.«

Man könnte an dieser Stelle natürlich auch die Frage stellen, ob Manufactum mit dieser Art von Heilsversprechen nicht ein Fall für die Kirchensteuerstelle oder den Sektenbeauftragten ist. Und ob man sich das wirklich mit anschauen will, Frauen, die alle aussehen wie Jutta Ditfurth in Barbourjacke und kupferne Teekessel für 82 Euro in den Händen wiegen (800 Gramm, innen bleifrei vollverzinkt). *Natürlich* kann man sich da die Frage stellen, ob das wirklich schon ein ästhetischer Vorschein von Schwarz-Grün ist, und *natürlich* kann man dann nur Stoßgebete an die SPD richten, bittebitte alles zu tun, um das zu verhindern. Um dieses Land vor der totalen Vercordhosung zu retten. Und vor Leuten, die *Factum* mit C schreiben sowie das *Manu-*, haha, ein Jocus!, *hand*schriftlich davorsetzen, und zwar mit so einem großmutterhaften Strich über dem U. Eigentlich sollte man grundsätzlich *Manüfaztum* sagen, zur Strafe für soviel Prätention auf einem Haufen. Und wenn Manufactum nicht nur ein Motto, sondern auch ein Signet hätte, dann wäre das mit Sicherheit eine Katze, die sich selber mit ordentlich Karacho in den Schwanz beißt. Denn in den Filialen und Katalogen von Manufactum vollendet sich diese ganze Geschichte in einem Maße, daß sie, wie man so sagt, zur Kenntlichkeit entstellt wird. Es ist eine Flucht aus der Banalität der Industriemoderne, die lustigerweise zum Teil die gleichen Argumente benutzt, die an ihrem Anfang gestanden haben. Und wenn man zu dem Schluß kommt, daß Thomas Hoof zwar möglicherweise gern der Ferdinand Avenarius der Gegenwart wäre, aber leider nur, um in seinen eigenen Worten zu sprechen, eine jämmerlich schlechte Nachahmung ist, dann wäre selbst das noch Wasser auf seine Mühlen, denn daran kann dann nur die unzumutbare Gegenwart schuld sein. Er, Hoof, hat jedenfalls sein Bestes getan; seine Einlassungen zu den guten, alten Dingen und den bösen Billigimitaten, zur Materialgerechtigkeit und zur Handwerkskunst sind bis ins Vokabular hinein ganz stilecht spätes neunzehntes Jahrhundert. Eine Eins-A-Imitation, wenn man so will, aber eine, wie sie die Chinesen zum Beispiel beim besten Willen nie hinkriegen werden, denn Manufactum-Produkte haben, sozusagen als Echtheitszertifikat, grundsätzlich eine Story. Die kann man im Katalog nachlesen. Und wer den durchhat, weiß, daß er nie wieder einen Gedichtband braucht. Zu jedem Nagel gibt es ein Poem. Immer ist die Technik fast schon ausgestorben.

Immer ist es eine kleine Kunstschmiede im Thüringischen, die mit einer noch kleineren Glasbläsermanufaktur aus der Eifel zusammengebracht wurde. Von Manufactum. Die Hölzer sind »heimisch«, die Hämmer haben »Herkunft«, und Worte liest man da, die einem auf der Zunge zergehen wie die Aromen längst ausgestorbener Apfelsorten (und so etwas gibt es selbstverständlich auch bei Manufactum). Ich weiß nicht, wer diese Kleinode schreibt, ich weiß nur, daß der Warenkatalog von Manufactum mehr ist als nur ein Katalog. Der Manufactum-Katalog ist heute das, was früher der *Kunstwart* war. Eine warenkundliche Lyrikzeitschrift.

»Billig ist er nicht« heißt es da zum Beispiel über den Manufactum-Lederfußball für 98,00 €. Man kann also nicht behaupten, daß die Dinge da nicht auf den Punkt gebracht würden. Und am Ende besteht der Punkt eben genau darin: Daß die Dinge nicht billig sind. Jedenfalls dann nicht, wenn sie *gediegen*, *schlicht*, *ehrlich* und vor allem *gut* sein sollen. Sie waren auch nie billig. Schon die handwerklich gediegenen Reformmöbel zur Zeit von Avenarius konnte sich der Handwerker, der sie gemacht hatte, praktisch nicht mehr leisten, er selbst war gezwungen, die Surrogate zu kaufen, gegen die er anarbeitete. Die ausgetüftelt schlichten, funktionalistischen Kleinstwohnungen der Weimarer Republik mit ihren berühmten Frankfurter Küchen waren den Arbeitern, für die sie gedacht waren, immer zu teuer und wurden vor allem von kleinen Angestellten oder Beamten bewohnt. Die *gute Form* der Nachkriegszeit war das Erkennungszeichen einer geschmackssicheren Elite, der die Nierentische der Fünfziger zu vulgär waren; die überwiegende Mehrheit der Leute hatte weder noch, sondern zu 90 Prozent stur bis in die Siebziger hinein das, was immer als Gelsenkirchener Barock verspottet wird. Das mag diejenigen zwar bekümmert haben, die mit ihren Möbeln immer auch gleich die Volksmassen erziehen wollten, und vielleicht hat der Schweizer

Gestalter Max Bill wirklich daran geglaubt, daß die Studenten seiner Ulmer Hochschule den berühmten Hocker, den er aus nur drei Brettern sowie einem runden Stab zusammengeleimt hat, zum Sitzen, als Beistelltisch, Regal und Tragehilfe für ihre Bücher verwenden würden. Tatsache ist aber, daß er sich zu all dem nicht so besonders gut eignet und zu einem eher nicht besonders studentischen Preis von € 129,00 im Manufactum-Katalog auch besser aufgehoben ist als irgendwo sonst. Denn auf diese Weise erhalten die Dinge endlich ihren wahren Stellenwert, und die paternalistisch karg gehaltenen Arme-Leute-Möbel erweisen sich als ideale Geburtstagsgeschenke für Aufsichtsratsmitglieder. Und das Schöne ist, daß bei Manufactum endlich mal überhaupt kein Hehl mehr daraus gemacht wird, daß die ganze Rhetorik des Schlichten und Einfachen und Ehrlichen und Gediegenen letztlich vor allem dazu dient, einen ganz anderen geldwerten Vorteil zu umschreiben: Exklusivität. Denn das Problem sind ja in Wahrheit nicht die Dinge, sondern die Leute, mit denen man nichts zu tun haben will. Der Wunsch nach Exklusivität ist zwar möglicherweise einer der trostlosesten aller menschlichen Impulse, aber das ist vielleicht in der Tat das einzige, wofür sich diese einfachen und guten und »materialgerechten« Dinge wirklich eignen, und weshalb sie am Ende auch das irrsinnig viele Geld wert sind. Es gibt Leute, die bei Manufactum nach einem schlichten Gartenspaten fragen und dann den Geschäftsführer vollbrüllen, ob da vielleicht auch ein Feld oder ein Bauernhof mit inbegriffen sei bei *dem* Preis. Über solche Leute lacht natürlich überlegen, wer sich mit guten Dingen auskennt. Über solche Leute und über OBI. Das kann man jetzt klassenkämpferisch bekopfschütteln, das kann man aber auch sozusagen »schlicht und einfach« begrüßen, denn wo das Wahre und Tiefe und Gute und Gediegene vor allem zur sozialen Abgrenzung von dem spillrigen Plastikschrott dient, den wir Baumarkt-Proleten uns in die Bude schleppen, da hat es wenigstens seinen Anspruch auf Allgemeingültigkeit aufgegeben. Und um das Aufgeben ging es doch. Das Aufgeben und das Weglassen, um das Wesentliche, um Tiefe, um Ehrlichkeit. Ausgerechnet im Angesicht der schrecklichen Landjunker-Typen und Teakholz-Tanten bei Manufactum fangen die sogenannten »guten Dinge« nach einem Jahrhundert der Klugscheißerei endlich mal an, sozusagen vor der eigenen Haustür zu kehren und ehrlich zu sich selbst zu sein. Damit darf dann bitte hoffentlich auch ihr erzieherischer Anspruch allmählich mal als erledigt betrachtet werden. Und daß denen, die wirklich einfacher und wesentlicher und in noch tieferem Einklang mit sich selbst leben wollen, nur zu raten ist, zu diesem Zweck als allererstes mal alle Vereinfachungs- und Einrichtungsratgeber in den Müll zu hauen: Das ist ja wohl eine dermaßen meilenweit vorhersehbare Pointe, daß man sie direkt materialgerecht wenn nicht sogar gediegen nennen möchte.

———

Nachtrag:
Langbehn, Avenarius, der erste Kunsterziehertag, Hellerau: Daß hier so viel und so häufig von Dresden die Rede sein mußte, liegt ausnahmsweise mal gar nicht so sehr am Lokalpatriotismus des Verfassers. Ich bin selber überrascht, daß so viele Fäden dieser Geschichte ausgerechnet da zusammenlaufen, wo man eigentlich eher an barocke Delirien denkt. Aber vielleicht ist dieser ganze hysterische Zwinger-Wahnsinn auch einer der Gründe für die seltsamen Bedürfnisse nach Beschränkung und Tiefe. Schon die Wohnhäuser, die dem aufgedonnerten augusteischen Pomp damals von pikierten protestantischen Bürgern entgegengesetzt wurden, waren aus moralischem Protest so nüchtern gehalten, daß man für sie den Begriff »Hungerstil« erfunden hat. Für Langbehn war Dresden der einzige Ort, an dem er bleiben könne, weil er Preußen für den Hort des Bösen hielt

und Süddeutschland ihm »zu schlapp« war. Tatsächlich war Dresden damals schon genauso wie heute unter allen großen deutschen Kulturstädten die politisch und kulturell konservativste; und als Tagungsort war die Stadt bei den seltsamsten Kreisen beliebt: Der erste deutsche Kunsterziehertag war noch das am wenigsten gruselige Ereignis, wenn man mal in Betracht zieht, daß in Dresden auch der erste deutsche Bestattertag und sogar der erste deutsche Antisemitentag stattfanden. Schön ist das natürlich alles nicht. Schön ist nur die landschaftliche Lage.

Noch ein Nachtrag:
Wenn es aber so ist, daß das Dogma der Gediegenheit in Dresden groß geworden sein sollte, dann muß man das Wort auch so aussprechen, dann wird »gediegen« zu »gediechen«. Und derart weichgekaut und abgeschliffen verliert es ja schon wieder beträchtlich an Schrecken.

Und noch einer:
Wenn es überhaupt ein Möbelstück gibt, das den Kriterien des Gediegenen, Schlichten, Schönen, Klugen, Nützlichen, Demokratischen und Effizienten vollumfänglich gerecht wird, dann ist das der stapelbare weiße Plastikstuhl namens Monoblock. Es handelt sich nach Auskunft des Designtheoretikers Jens Thiel nicht nur um »das beste Möbel der Welt«, sondern auch um das verbreitetste. Man findet ihn, nicht ohne Grund, überall. Nur bei Manufactum natürlich nicht.

Wohnen und Fernsehen

Fernsehgeräte, Sofaecken, Schrankwände, Filmwohnungen, die Einbauküchen-Pornographie und der Segen der Flachbildschirme.

—◆—

Eines Tages ging es im Fernsehen also fast nur noch um das Wohnen. Und eines Tages ging es beim Wohnen fast nur noch um das Fernsehen. Es ist ein bißchen wie bei dem Huhn und dem Ei, aber die Frage ist hier nicht nur die, was zuerst da war, sondern auch, was mehr Probleme mit sich gebracht hat. Und selbst wenn man einfach mal damit anfängt, wie das Fernsehen in die Wohnungen kam, liegt man schon falsch, denn was kam, war, wenn man es genau nimmt, noch nicht *das Fernsehen*, sondern zunächst einmal *der Fernseher*, und das ist kein ganz unwesentlicher Unterschied. Gegen die Fernseher ist das Fernsehen harmlos. Fernseher haben viel mehr Familien auf dem Gewissen als alle jugendgefährdenden Programme der letzten fünfzig Jahre zusammen. Schon als das Fernsehen eigentlich noch fast komplett vom WDR bestritten wurde, hat Enzensberger es als Null-Medium beschimpft. Aber das Fernsehen kann man ausschalten. Den Fernseher nicht. Der wird in diesem Moment erst sichtbar. Der Fernseher ist ein Null-Möbel: Wenn er »an« ist, verschwindet er hinter seinen Bildern; wenn er »aus« ist, steht er störrisch und sinnlos in der Gegend herum und stört. Ein tragisches, ein ärgerliches Schicksal. Jede schwerhörige Oma läßt sich besser unterbringen als ein Fernseher. Wie geht man also damit um? Fünfzig Jahre Fernsehen in Deutschland bedeuten auch fünfzig Jahre Ratlosigkeit und Verzweiflung bei der Einrichtung deutscher Wohnzimmer. Nach den Erfahrungen des Internet-Ratgebers »hifi-regler.de«, rangieren bei neuen Fernsehern in der Rangfolge der Kaufkriterien alle technischen Eigenschaften weit hinter den Fragen: Paßt das Gerät zur Schrankwand? Und: Paßt es überhaupt *in* die Schrankwand? Über diesen Fragen gehen Ehen zu Bruch, denn, um es vorweg zu nehmen, sie passen in der Regel nicht. Sie passen einfach nicht rein in das deutsche Wohnzimmer. Und dabei ist die Geschichte der Fernseher eigentlich eine der permanenten Anpassung an die Wohngewohnheiten der Deutschen. Ganz am Anfang versteckten sie sich in massiven abschließbaren Holztruhen und hofften einfach mal, daß niemand sie erkannte. Und sie werden schon gewußt haben, warum. Die kulturkritischen Aversionen gegen diesen neuen Technikquatsch müssen schon damals dermaßen groß gewesen sein, daß sich die Gerätehersteller nicht nur in West- sondern sogar auch in Ostdeutschland genötigt sahen, den Leuten ihre Fernseher gewissermaßen als elektronische Ölgemälde unterzujubeln. »Rembrandt« hieß ein besonders holziges und »Rubens« ein eher breithüftiges Gerät aus dem VEB Sachsenwerk Dresden, und Philips nannte einen seiner ersten Farbfernseher »Goya«. Die fernsehskeptische Kulturkritik hat sich leider nicht davon blenden lassen, daß da praktisch das Wohnzimmer zum Kunstmuseum und das Fernsehen zur hochamtlichen Bildungsübung erklärt wurden. In einer Anzeige für eine Fernsehtruhe (mit Seitenfach für die Mini-Bar) von 1955 konnte man sogar Leute sehen, die sich in Abendgarderobe eine Ballettaufführung in ihrem Fernseher anschauen. In Frack und Abendkleid. Zu Hause.

Aber vielleicht war das gar nicht so übertrieben, wie es heute wirkt, vielleicht war die Verunsicherung, die dieses Ding mit in die Wohnungen brachte, tatsächlich erst mal so dermaßen gewaltig, daß man sich vorsichtshalber was Ordentliches anzog, bevor man einschaltete: Einerseits ja ganz unterhaltsam, dieses Fernsehen, andererseits aber auch eine irgendwie offiziöse Sache, wenn nicht am Ende sogar der Staat selbst. Und nach allen bisherigen Erfahrungen hatten die damaligen Deutschen auch tatsächlich Berechtigung zu dieser Annahme. Aber dann galt natürlich erst recht: Wo zum Teufel stellt man ihn bloß am besten hin, den Staat? Und die meisten orientieren sich in dieser Frage tatsächlich bis heute an George Orwells »1984«, wo die Geheimpolizisten bei der Anbringung der Überwachungsbildschirme vor allem eine Sorge umtrieb: das Vermeiden toter Winkel.

Dabei hatten die Deutschen mehrheitlich schon mal zwei Probleme nicht, mit denen sich die Amerikaner bei der Einführung der Fernseher herumärgern mußten: Kamine und Panoramafenster. In den Suburbias der Vereinigten Staaten haben sich die Leute sehr lange und sehr ernsthaft die Köpfe darüber zerbrochen. Schon zwei Lichtquellen sind ein bißchen viel für zwei Augen, wenn man nicht zufällig schielt. Und nun kam mit dem Fernseher noch eine dritte dazu. Alle drei schrien nach Aufmerksamkeit. Ein Drama. Die Einrichtungszeitschriften waren voll mit Berichten zu dem Problem. Und man weiß ja, wie es ausgegangen ist. Der Kamin ist verkümmert, das Panoramafenster zeigt nicht in den Garten, sondern zur Straße, dient also eher zum Gesehenwerden als zum Rausschauen. Mit anderen Worten: Der Fernseher hat gewonnen. Und in Deutschland gelang ihm das sogar kampflos, denn störender Lichteinfall ist hier ein eher theoretisches Problem. Ethnologen haben immer gestaunt, daß die Deutschen beim Bezug einer neuen Wohnung von einem rätselhaften inneren Zwang gesteuert sofort und noch bevor überhaupt der erste Koffer aufgemacht ist, schwere Gardinen vor die Fenster zur Außenwelt hängen müssen. Woher das kommt, weiß keiner. Aber durch das Aufkommen der Fernseher hat diese seltsame Manie wenigstens nachträglich noch eine halbwegs funktionale Begründung gefunden.

Eigentlich ist das Fernsehen in die biedermeierliche Geschlossenheit des deutschen Wohnzimmers eingeschlagen wie eine Axt, hat sich dabei aber irgendwie verkantet und ist unverrichteterdinge steckengeblieben. Der Kunsthistoriker Martin Warnke hatte Ende der siebziger Jahre in einem berühmten Aufsatz vorausgesagt, daß die traditionelle Sofaecke aus Couch, Tisch und Sesseln auf lange Sicht keine Chance haben werde gegen den Fernseher. Das heißt, so traditionell war die Sofaecke im Grunde eben noch gar nicht, sondern erst ungefähr hundert Jahre alt. Eine biedermeierliche Mischung aus Herrgottswinkel und Handarbeitskreis. Sehr häuslich. Sehr familiär. Sehr reaktionär. Biedermeier heißt ja, daß die Horizonte enger werden. Und das gepolsterte Herumgehocke im engsten Familienzirkel unter dem Lichtkreis der Stehlampe wurde insgesamt lieber gesehen als Familienväter, die nächtelang lärmend in der Kneipe herumpolitisierten. »Der Fernseher hat die geschlossene Zelle aufgebrochen«, schrieb nun Warnke, und die Möbel, die sich wie in bockiger Gesprächsverweigerung zu einer Art Embryonalstellung im Raum zusammengerollt hatten, könnten nun wieder die offene Konstellation einnehmen, die sie vorher in den Salons der Aufklärung gehabt hatten: »Die Sessel könnten wieder neben dem Sofa an der Wand stehen. Der Tisch könnte ganz verschwinden. Der Raum könnte wieder zugänglich und transparent werden.«

Man wird zugeben müssen, daß daraus vorläufig noch nicht so richtig was geworden ist, Salons sind es eher nicht, woran landläufige Wohnzimmer heute im allgemeinen erinnern. Eher lassen sie an geschändete Kirchenräume denken. Die Sofaecken gibt es im Grunde bis heute, der Couch steht nach wie vor auf der anderen Seite des Tisches ein Sessel gegenüber, und irgendwer sitzt immer so halb mit dem Rücken zum Fernsehbild. Die Leute lümmeln unentschieden mit Bier und Chips als profaner Variante von Wein und Hostien vor gewaltigen Schrankwänden herum, in denen die Urlaubsandenken und die Familienerbstücke und die Fotos verstorbener Verwandter ähnlich symmetrisch ausgestellt sind wie die Reliquien und Heiligenbilder in einem Hochaltar – und in der Mitte leuchtet aus eigener, mysteriöser Kraft das Bildschirm-Tabernakel, das Allerheiligste. Von der Anbetung und Aufmerksamkeit, die so ein Fernsehbild auf sich zieht, haben die Maler im Barock nur träumen können. Lediglich das Querformat ist natürlich vollkommen unsinnig. Vom Format her käme dem Fernseher im Rahmen des Wohnzimmer-Schrankwand-Altars die Funktion der Predella zu, also des Totenreichs. Talkshowmoderatoren würden vielleicht weniger kriecherisch und Nachrichtensprecher weniger verdruckst wirken, wenn sie ihren Job nicht eingezwängt ins Querformat verrichten müßten. In dem Querformat des Fernsehers lebt als sentimentale Erinnerung gewissermaßen das alte Sofabild mit dem Hirsch weiter, nur jetzt gegenüber vom Sofa; sinnvoll und sachangemessen ist es eigentlich nur für Bettszenen und Naturaufnahmen, und dazu, zu den Naturaufnahmen, zählen letztlich ja auch Wiesen, auf denen Fußballspiele stattfinden. Mit Fußballspielen wurde dann auch die flächendeckende Einführung des Superbreitwand-Formats 16:9 begründet, alle anderen sehen seit der WM 2006 oben und unten dicke schwarze Streifen wie bei einem Western. Ausgerechnet der Fußball hat die schöne Bildgattung des Landschaftspanoramas in die deutschen Wohnzimmer gebracht. Das trägt immerhin der Tatsache Rechnung, daß Zappen das Flanieren für Fußfaule ist. Und es sieht sogar ganz so aus, als würde der Fußball im Fernsehen auch Warnkes These vom Ende der Sofa-Ecke endlich doch noch ins Recht setzen, denn die ersten wirklichen

Auflösungserscheinungen der herkömmlichen Sitzgruppen unter dem Einfluß der Mega-Breitwand-Plasmabildschirme sind nicht mehr zu übersehen. Auf der Kölner Möbelmesse, die im Januar 2006 ganz so tat, als sei Wohnen gleichbedeutend mit Fußball-WM-Anschauen, gab es Wohnzimmereinrichtungen zu sehen, die wie verkleinerte Kinosäle wirkten. Wohnzimmerwandgroß der Fernseher. Und gegenüber, in einer leicht gebogenen Reihe und Lehne an Lehne, die Fernsehsessel. Daß es da im Angesicht brisanter Halbfinalbegegnungen durchaus zu einer Atmosphäre angeregter Konversation und Interaktion kommen könnte, lag immerhin im Bereich des Vorstellbaren; daß sich ähnliche Effekte einstellen, wenn die Nachrichten von Benzinpreiserhöhungen oder neuen Selbstmordattentaten berichten, eher nicht.

Was dabei aber wirklich auf der Strecke bleibt, ist die Schrankwand. Wir alle sind Zeugen eines echten Epochenbruchs: Eine der Grundfesten der deutschen Wohnkultur wird still und heimlich auf den Sperrmüll getragen, weil alle jetzt einen dieser superflachen Plasmabildschirme haben wollen, und so ein Plasmabildschirm unterscheidet sich eben vor allem dadurch von den alten Röhrengeräten, daß er keine tiefen Nischen braucht, in die er hineingestellt werden will. Ein Flachbildschirm braucht keine Schrankwand, ein Flachbildschirm braucht die ganze Wand. Er hängt da wie ein riesengroßes Gemälde, dessen Rahmen man nicht mehr mitsehen kann, in dessen Format man verschwindet wie im All-over eines abstrakten Expressionisten.

Und was sieht man dann da, wenn man in seine praktisch fast ganz zum Bildschirm gewordene Wohnung schaut? Man sieht: Wohnungen. Häuser. Einrichtungen. Jeder Spielfilm, der da läuft, ist praktisch eine einzige Dekotainment-Show, nur viel subtiler. Es gibt ja diese Tage, wenn drei von fünf Kollegen mit eingefrorenem Gesicht auf der Arbeit erscheinen, den Mund nicht öffnen, nur das Nötigste knurren und rosa Hemden zu braunen Anzügen tragen: Dann weiß man, daß am Vorabend ein Film mit Alain Delon im Fernsehen kam. Und was für die Mimik und Mode von Filmhelden gilt, gilt erst recht für den Rest ihrer Lebensumstände. Es gibt Filme, vor allem natürlich französische, da will man sofort reinspringen und die Schauspieler wegen Eigenbedarfs aus den Kulissen klagen. Personal und Handlung von, sagen wir mal, Bertolucci-Filmen sind ohnehin total nebensächlich im Vergleich zu diesen unglaublichen Altbauwohnungen, in denen sich da immer alles abspielt. Auch Truffauts »Mann, der die Frauen liebte« beneide jedenfalls ich persönlich gar nicht mal so sehr um die Frauen, mit denen der Titelheld da immer schlafen gehen muß; ich hätte nur sehr, sehr gerne sein herrliches samtverhangenes Apartment. Es sind nicht nur Wohnwünsche, sondern unter Umständen ganze Lebensträume und Daseinsentwürfe, die einem auf diese Weise eingeblasen werden, und diese Strategie der Verführung durch Sinnlichkeit und erzählerischen Mehrwert hat sich ausgerechnet die sonst so stocknüchterne und abstrakte Architektur der klassischen Flachdachmoderne zunutze gemacht. Es gibt in Amerika ein Architekturhistoriker-Ehepaar, Beatriz Colomina und Mark Wigley, das sich sehr eingehend mit dem Zusammenhang von moderner Architektur, Mode und Medien befaßt hat, wobei bemerkenswerterweise *er* sich für die Mode interessiert und *sie* sich für die Medien, aber das ist ja manchmal auch fast schon das gleiche. Das schlichte, funktionale Haus der Moderne hat nicht nur Entsprechungen in der Mode, es taucht von Anfang an auch in denselben Zeitschriften auf – mit anderen Worten: das Große Weiße ist nicht nur das architektonische Pendant zum Kleinen Schwarzen, es bildet meistens auch gleich die Kulisse beim Fotoshooting. Und das Prinzip, daß sich das eine und das andere gegenseitig Aura verleihen und stützen, zieht sich dann ganz sauber durch das Kino bis ins Fernsehen und richtet seither erhebliche Verwüstungen in den Köpfen der Zuschauer an. Denn die müssen sich natürlich die Frage stellen, ob es schon reicht, viel Whiskey zu trinken, um Frank Sinatra oder Dean Martin zu werden, oder ob man nicht besser doch noch einen superflachen, gläsernen Bungalow mit schicker Bar zu Hilfe nimmt. Diese Dinge sehen, im Film zumindest, ja sogar dann noch großartig und verführerisch aus, wenn sie, etwa von Peter Sellers in »The Party«, dem lustigsten Slapstickfilm aller Zeiten, komplett zertrümmert werden. Und zwar aus schierer Notwehr. Denn, ja: auch das ist Wohnerziehung, »Emporbildung des Menschen« (F. Avenarius) durch das Setzen von Anreizen (Hollywood). Denn »larger than life« sind nicht nur die Stars und die Storys, sondern auch die Szenenbilder und Kulissen, so daß es einem schon gewisse Schmerzen bereiten kann, wenn man das alles beim Weg aufs Klo mal kurz wieder mit der eigenen Wohntristesse vergleicht. Es ist ja nicht nur Brigitte Bardot, die einen ganz wehmütig werden läßt in »Le Mépris«, sondern auch das Haus, in dem sie das tut, die Casa Malaparte auf den Klippen von Capri, das, wie man rückblickend urteilen muß, am Ende nicht nur genauso sexy war wie die Bardot, sondern auch wesentlich glücklicher gealtert ist.

Aber eines Tages wurde etwas anders. Eines Tages kam nicht mehr Brigitte Bardot die Treppe vom Dach der Casa Malaparte herunter, sondern Tine Wittler kam zur Tür einer Sozialwohnung herein und hatte ein paar Spanplatten aus dem Baumarkt dabei. Die herben Kasteiungen des Sozialrealismus waren über das Fernsehen gekommen. Und der Fernseher war von der mirakulösen Glaskugel des Wahrsagers zum platten Spiegel geworden.

Schwer zu sagen, wie das anfing. Vielleicht mit Comedy-Sendungen, bei denen Familien wie die von Al Bundy auf der anderen Seite der Mattscheibe ganz genauso herumlungerten wie diesseits davon diejenigen, die sich das alles ansahen und sich freuen durften, daß ihr eigener Couchtisch und ihre Neurosen und ihr Versagertum um Nuancen weniger monströs waren als die ihres Gegenübers. Hier funktionierte der Fernseher noch wie diese gewellten Spaßspiegel auf dem Rummel, er verzerrte und verdellte das eigene Elend so, daß es lustig wurde. Aber irgendwann muß jemand gekommen sein, der die Wellen in dem Spiegel glattgezogen und die Lachmaschine abgeschaltet hat. Das Ergebnis war dann die quälende Langeweile der Realityshows, die sich von »Big Brother« bis zu »ZDF-Reporter« an Peinlich- und Trostlosigkeit wenig nehmen.

So richtig sichtbar wird das Ausmaß des Elends aber erst, wenn man das alles hinter sich hat, wenn das Abendprogramm durch ist. Wenn auf den Privaten die Nacht anbricht, mit den Schlummerhilfen für den alleinschlafenden Herrn, mit den Sendungen für Leute, die über Sex reden wie andere über Kaffeemaschinen. »Wenn Sie über Sex reden wie andere Menschen über Kaffeemaschinen, dann sind Sie hier genau richtig«, hieß es tatsächlich eines Abends auf dem Gewinnspielsender Neun Live, und mal abgesehen von der Frage, was für Redensarten das sein mögen, die auf Kaffeemaschinen genauso passen wie zum Sex (»Funktioniert nicht«, »Kommt nix«, »Doch lieber Tee trinken«?), mal abgesehen davon also stimmt es: Man kann nach einer halben Stunde über die Sache nicht mehr anders reden als mit der professionellen Kälte des Mechanikers vom Reparaturservice. Was diese sogenannten Sexy-Clips zeigen, sind Frauen, die sich in Zimmern, an Pools oder an Küstenklippen herumräkeln und unentschlossen ihre Wäsche ausziehen. Damit es ihnen nicht zu kalt wird, bewegen sie sich ein bißchen. Das ist alles. Alles nur Vorspiel. Und damit das kein Nachspiel hat, und erst recht kein übles, deshalb gibt es die Werbung, die in diese Sendungen regelmäßig mit einer Entschlossenheit hineingefuchtelt kommt wie ein pietistischer Priester, der unter allen

Umständen seine fleischesschwachen Schäfchen vor der Sünde retten will und ihnen die berüchtigten postkoitalen Depressionen geschickt schon mal dadurch ausmalt, daß er gewissermaßen schon vorher welche bei ihnen auslöst. Wenn die Werbung losgeht, dann ist das der brutalstmögliche Rhythmuswechsel, den man sich vorstellen kann: Plötzlich nur noch Orgasmus. Orkane. Gebrüll. Heavy Rotation in jeder Hinsicht. In einer irrwitzigen Wiederholungsfrequenz schaukeln da unfaßbar dicke Omis ihre Brüste gegen die Mattscheibe, für deren schiere physische Existenz man noch nie so dankbar war wie in diesen Momenten. Man solle sie anrufen. »SMS von hinten«. Man kriegt echt Angst dabei. Und das soll man auch. Denn eigentlich geht es um Moral. Im Mittelalter war das an den großen Pilgerwegen ähnlich. Denn wer ging denn auf Pilgerfahrt, um sich von seinen Sünden zu reinigen: Diejenigen, die es nötig hatten natürlich. Und dann noch allein auf Reisen! Nirgends gediehen mehr Genitalpilze als rings um katholische Pilgerkirchen. Und deshalb hatten manche von ihnen, zum Beispiel im Norden Spaniens auf dem Weg nach Santiago de Compostela, an ihren Außenseiten mal zur Abwechslung keine Heiligen, sondern das Gegenteil: Vulvafrauen und Phallusmännchen. Aus dem Stein gehauene Figuren, die mit derart grotesk vergrößerten Geschlechtsteilen drohen, daß die Pilger gewissermaßen durch reine visuelle Abschreckung die Lust an der Sache verlieren und sich auf den Pfad der Tugend zurückgerufen fühlen mußten. Ganz genauso funktioniert das auch bei der Werbung für die 0190-Nummern. Aber diese Desillusionierung des Eros hat noch einen anderen Grund. Es geht in diesen Clips ja nicht nur um die Frauen, die zwar oft nicht mehr ganz jung sind, aber das Geld trotzdem immer noch brauchen, um die Rechnungen für ihre Körper abzubezahlen, obwohl die meistens genauso lieblos ausgepolstert und zusammengetackert sind wie die Möbel, auf denen sie sie vorführen. Es geht auch um diese Möbel. Es geht um das Ambiente, in dem diese sogenannten Erotik-Clips spielen: in Sitzgruppen, deren Muster nur durch sehr häufiges Onanieren erklärlich sind, in Fitneßstudios mit Jägerzaun-Deko und Geburtstagsgirlanden, in Einbauküchen, vor Zentralheizungen. Bathseba am Tischspringbrunnen, Susanna im Spaßbad, Diana am Baggersee – die ganze, schöne, lange, bis in Bibel und Antike zurückreichende Tradition der voyeuristischen Blicke und der erotisch aufgekratzten Bilder läuft hier sozusagen in einem großen kulturhistorischen Unfall gegen die Wand, und zwar gegen eine aus Rigips. Auch da, wo man früher schweren dunkelroten Samt hingehängt hätte, klebt jetzt Rauhfaser. Entweder zielen die Seh-Sehnsüchte der Leute wirklich nicht mehr in geheimnisvolle erotische Ersatzuniversen, in Welten, die ein bißchen üppiger ausstaffiert sind als der eigene Alltag, oder es handelt sich um wirklich total abgefahrene bizarre Fetisch-Spielchen für ganz harte Gemüter.

Sogar Wissenschaftler tun sich schwer damit zu beschreiben, was eigentlich los ist, wenn die eigene Wirklichkeit ins Bild oder auf die Bühne kommt. Es gibt jede Menge Theorien zum Naturalismus und zum Realismus und dazu, was beide voneinander unterscheidet – und eine davon besagt, daß Realismus keine Bestätigung der Zustände ist, sondern eine Quälerei und den Wunsch nach Veränderung auslöst, einen Handlungsimpuls. Zum Beispiel einen Ausschaltimpuls. Und genau an diesem Punkt treffen Form und Inhalt, Fernseher und Fernsehprogramm wieder zusammen und werden zur Bereicherung der Wohnkultur: Diese neuen riesigen Flachbildschirme geben ja nicht nur gestochen scharfe und superfarbbrillante Bilder, sie sind auch im ausgeschalteten Zustand sehr ansehnlich. Sie hängen als große, graue, monochrome Gemälde in den Wohnzimmern, die dadurch ein bißchen was vom Flair eines Konzernchefbüros bekommen, sie betören durch die kluge, aufgeräumte Flächigkeit, sie sind zeitlos schlicht, schlank und sauber.

Außerdem spiegelt man sich ganz matt darin, und das gibt der ganzen Sache auch noch eine entschieden persönliche Note.

Das ist, glaube ich, so ziemlich genau das, worauf die Wohnberatungstanten letztlich auch immer hinauswollen in ihren Dekosendungen, denen man mit anderen Worten dadurch am besten gerecht wird und Folge leistet, daß man sie gar nicht erst ansieht.

Die Kindergartentantenhaftigkeit der Moderne

Hygienehysterien, Badezimmerarmaturen, freistehende Herde, intelligente Häuser und wie Designer und Architekten für Muskelschwund sorgen.

Ich stehe in einer Autobahnraststätte und schaue auf eine Reklame für Einbaukamine. Mit anderen Worten: Ich pinkle. Über allen Urinalen aller Raststätten auf allen deutschen Autobahnen hängt seit einiger Zeit Reklame für Einbaukamine der Firma Kago. Und neben mir steht ein Mann, der ganz offensichtlich vorhat, das Feuer in diesen Kaminen zu löschen mit seinem Strahl. Aus seiner Hose spritzt und splattert es in alle Richtungen. Er schaut mit halbgeschlossenen Augen nach oben und sagt das, was Männer immer sagen, wenn Flüssigkeiten entweder gerade in sie hinein- oder aus ihnen herauslaufen, er sagt: »Aaah!«

Auf Autobahntoiletten darf laufen, was sich oft lange anstauen mußte. Die Dringlichkeit ist meistens groß, und die Sauerei auch. Man ist darauf eingestellt hier. Selbst wer sich über die Maßen druckvoll erleichtert hat, soll nicht gezwungen werden, mit seinem Eigenurin Bekanntschaft zu machen, indem er anschließend einen selbstvollgesudelten Spülknopf drückt. Die Toilettenanlagen sind mit einem Mechanismus ausgestattet, der zumindest das, was *im* Becken gelandet ist, unter diskretem blauen Gegurgel entsorgt, sobald ein Sensor feststellt, daß niemand mehr davorsteht. An den Waschbecken ist es dann umgekehrt. Hier soll es fließen, sobald jemand davorsteht. Das Wasser soll die unsauberen Hände erkennen und reinigen, ohne daß sie irgendwo hinfassen müßten. Das funktioniert oft nicht so gut. Als der Mann, der neben mir gepinkelt hat, seine Hände unter den Wasserhahn hält, passiert nichts. Es sieht aus, als bete er, als bete er um Wasser. Aber der Hahn bleibt trocken, und seine Hände bleiben naß. Man muß die Hände an eine ganz bestimmte Stelle halten, sonst reagiert der Sensor nicht. Manchmal braucht man etwas Geduld, um diese Stelle zu finden. Aber Geduld ist nun ausgerechnet nicht die hervorstechendste Eigenschaft von deutschen Autofahrern. Als der Mann seine Hände genausolange vergeblich ineinander gewrungen hat, wie man auch brauchen würde, um sie mit Wasser und Seife gründlich zu waschen, seufzt er und gibt es auf. Er denkt, keiner habe es gesehen. Außerdem weiß jedes Kind: Die eigentliche Reinigungsarbeit leistet nicht das Wasser, sondern das Handtuch. Aber die Handtücher auf öffentlichen Toiletten würden vielleicht nicht grundsätzlich so aussehen, als habe man mit ihnen den Boden gewischt, wenn die Wasserhähne ein bißchen besser funktionierten. Und damit diejenigen, die nach dem Pinkeln noch keine dreckigen Hände hatten, sich nicht am Handtuch welche holen, wurde der Heißlufttrockner erfunden. Der Mann, der seine nassen Hände nicht waschen konnte, hält sie abermals unter einen Sensor, bis trockene, heiße Luft herausgeheult kommt und allerfeinste Urintröpfchen über die Kleidung und die Gesichter der Umstehenden verteilt. Mit ein bißchen Geduld könnte er seine Hände hier trocken kriegen, er würde später vermutlich einen Dermatologen aufsuchen müssen, aber trocken bekäme er sie. Nur: Wer hat schon Geduld, wenn die Heißluft auf den Händen brennt, wenn hinter einem die Leute drängeln und vor einem die Autobahn wartet?

Was dann passiert, ist deshalb folgendes: Der Mann schüttelt seine immer noch urintriefenden Hände zweimal in den Wind, geht dann zur Tür und faßt – nein, nicht nach der Klinke, er faßt leicht seitlich darüber an die Stelle, wo die Tür schon ganz faulig ist von den anderen naßgepißten Handgelenken, denn das alles passiert dort 24 Stunden am Tag, und mindestens 365 Tage im Jahr.

Keine schöne Geschichte. Aber leider eine symptomatische, und auch eine über die Maßen tragische: Denn dieser eklige feuchte Fleck ist das Ergebnis von 150 Jahren harter geistiger Arbeit. Diese mit größtem technischen Aufwand verursachte Schweinerei ist das, was am Ende herausgekommen ist bei der ehrgeizigen Anstrengung, mit aller Gewalt hygienische Verhältnisse in von Menschen benutzte Räume zu bringen.

Wenn man dem Bauen und dem Wohnen der Moderne nachsagen will, von einem pedantischen Grundzug durchwirkt zu sein, der mit Hy beginnt, dann ist das, noch vor der Hybris und der Hypertrophie, die Hygiene. Hygiene ist das wichtigste Stichwort in allen wohnungsbaupolitischen Schriften und Debatten des neunzehnten Jahrhunderts, und wenn von Hygiene die Rede war, ging es nie nur um Krankheiten, sondern immer auch um Sozialhygiene. In allen Traktaten und Denkschriften, die dafür plädierten, die Leute von der Straße zu holen und halbwegs sauber unterzubringen, schimmert regelmäßig die Angst durch, daß sonst womöglich Schlimmeres passiert, zum Beispiel Revolutionen. Deshalb haben sich zum Beispiel die Kommunisten auch so lange um dieses Thema mit voller Absicht überhaupt nicht gekümmert, bis sie selbst an der Macht waren. Seit es die Industrialisierung gab, bestand auch eine Anfälligkeit dafür, aus dem Wohnen einen simplen, effizienten und kontrollierbaren Mechanismus machen zu wollen. Der französische Architekt Adolphe Lance hatte 1853 das Konzept einer regelrechten »Wohnmaschine« aufgebracht, und der Schweizer Architekt Le Corbusier hat diese Idee dann umgesetzt und zu der seinen gemacht, später, in den zwanziger Jahren, als die Haustechnik schon begonnen hatte, die Wohnhäuser wie Efeu zu überwuchern und als schon wieder herumgemault wurde über den »technoiden Firlefanz« (Ernst Bloch) und die »Bigotterie« dieser Neuen Sachlichkeit (abermals Bloch). Denn tatsächlich liefen die Hygienemaßnahmen und die sogenannten technischen Errungenschaften allmählich Gefahr, selber in den Rang von Staubfängern zu geraten. Das hygienische Krankenhausweiß, die saubere Elektrizität, die Heizkörper und das fließende Wasser bekamen plötzlich den Stellenwert, den vorher der Stuck und die Blümchenbordüren gehabt hatten, und die dienenden Funktionen wuchsen sich zu einer Eigentlichkeit aus, die irgendwann so bedrohlich wirken mußte wie in Armilla, einer der »unsichtbaren Städte« von Italo Calvino, wo das Gestrüpp der Wasserleitungen alles andere rückstandslos verdrängt hat und nur noch Nymphen und Najaden wohnen können. Auch in vielen neuen Wohngebäuden hat man oft das ungute Gefühl zu stören und würde eigentlich lieber gehen, bevor man was anfaßt und damit kaputt- oder dreckigmacht. Die moderne Architektur könnte vermutlich wesentlich populärer sein, wenn sie nicht dauernd den Eindruck machen würde, wie von einem Waschzwang gesteuert alle Spuren menschlichen Lebens sofort tilgen und wegspülen zu müssen. Der Aufräumwut des modernen Städtebaus entspricht in der Architektur der Häuser oft eine befremdliche Reinlichkeitsneurose, unter der sie selbst am allermeisten leiden, wie man unter anderem an der katastrophal schlechten Alterungsfähigkeit von vielen hygienisch weißen Bauten sehen kann. Wenn »die« Moderne wirklich eine »sie« wäre, müßte man sie direkt mal in den Arm nehmen und ihr zuflüstern, daß sie eigentlich wunderschön, klug, lieb und irre sexy ist, aber bitte ein paar hysterische Überreaktionen in den Griff kriegen sollte.

Denn es ist nicht nur der inhärente Putzfimmel, der dem

Bauen der Moderne einen befremdlich tantenhaften Zug verleiht. Es kommt auch noch eine unerträglich ammenartige Fürsorgeanmaßung hinzu. Alle Emanzipationshoffnungen, die sie vorne aufbaut, reißt sie fortwährend mit ihrem dicken Gouvernantenhintern selber wieder ein. Wo soviel von der Befreiung des Wohnens die Rede war, ist es jedenfalls erstaunlich, wenn man sich am Ende an den kürzesten Gängelbändern wiederfinden muß, die man sich überhaupt vorstellen kann.

Was war das für ein Freiheitsversprechen am Anfang! Man muß sich nur noch mal die Fotos von den Einrichtungen des Neuen Bauens vorholen. Marcel Breuers Schlafzimmer für Erwin Piscator zum Beispiel. Eine spartanische Pritsche, eine Sprossenwand, ein Boxsack. Ein Wohnraum wie eine Turnhalle, ein Schlafzimmer zum Aufwachen und Loslegen. Ungeheure physische Energien werden da angesprochen. Alles war Ermöglichung. Und was ist daraus geworden! Zum Beispiel folgendes: Eine Automatikdrehtür mit der Aufschrift »Bitte nicht drücken«. Und wenn man trotzdem ein bißchen nachzuhelfen wagt, weil man es vielleicht eilig hat, dann bleibt sie zur Strafe stehen wie eine beleidigte Kindergartentante: *NICHT DRÜCKEN, hatte ich gesagt!*

Die Kindergartentantenhaftigkeit der Dinge ist einer der hervorstechendsten und ärgerlichsten Züge der gegenwärtigen Alltagskultur, und er hat dafür gesorgt, daß man sich vorkommen muß wie ein absolut verhaltensgestörter, roher Primat, wenn man versucht, zügig durch eine Tür zu kommen oder sonstwie seiner Wege zu gehen. Wer hektisch an einer U-Bahn-Tür rüttelt, bleibt draußen; man braucht einen ruhigen, gut temperierten Daumen, den legt man geduldig auf den Sensor, dann wird einem, vielleicht, aufgetan. Wer in seinem Auto vor allem schalten, kuppeln und Gas geben will, wird bald keins mehr finden, das sich starten läßt, ohne daß man sich zuvor gewissenhaft in die vielfältigen Sicherheitsfunktionen der Bordelektronik eingearbeitet hat. Und wer sein Essen gern auf einem Gasherd kochen würde, muß hungrig bleiben, denn Gas ist zu gefährlich und deshalb in den meisten Haushalten abgeschafft. Es gibt Ceran-Kochfelder stattdessen. Gut, die sind irrsinnig empfindlich, da sollte man besser keinen Topf draufstellen und schon gar nicht sollte man da was überkochen lassen. Man muß halt aufpassen. Man muß generell immer: aufpassen, aufpassen, aufpassen. Sonst geht alles kaputt. Es ließen sich jetzt hier noch hunderttausend weitere sonstwieweit hergeholte Beispiele anfügen, aber alle laufen letztlich in demselben Punkt zusammen: Gängelung, Abrichtung, Affektkontrolle. Es geht um die Hervorzüchtung eines geläuterten, besonnen und möglichst unkörperlich agierenden Menschen neuen Typs mit den Mitteln von Architektur, Design und Technik. Das Ideal, das hier wirkt, ist ein Mensch mit Muskelschwund, und wenn man sich etliche der Designer, die dafür verantwortlich sind, mal anschaut, möchte man fast zu dem Schluß kommen, sie haben es nach ihrem Ebenbild erschaffen. Was an physischen Energien noch übrig ist in so einem Menschen, erscheint wie ein peinliches Relikt aus einer früheren Evolutionsstufe, und alle mechanischen Handlungsimpulse werden als gefährlich atavistische Reflexe nach Möglichkeit ins Leere gelenkt. Nirgendwo wird man so sehr auf seine Herkunft aus dem schnaubenden, kreatürlichen Tierreich zurückgeworfen wie dort, wo Gestalter am Werk waren, denen es vor Menschen im Grunde ekelt. Wenn man nicht aufpaßt, stolpert man deshalb heute grundsätzlich so slapstickhaft durch die Dekorationskulissen einer absolut selbstgefällig und unpraktisch gewordenen Moderne wie damals Jacques Tati in »Mon Oncle«. Man muß wissen, daß die Dinge nicht dazu da sind, einem den Alltag leichter zu machen. Man muß wissen, daß es umgekehrt ist, daß man selber dazu da ist, diese Dinge zum Funktionieren und zum Erblühen zu bringen. Denn wer das nicht weiß und nicht lernen will, ist dazu verdammt, wie ein unbeholfener Vollidiot in der Welt herumzutaumeln.

Woran erkannten zum Beispiel die Empfangschefs in DDR-Spitzenhotels immer ganz zweifelsfrei diejenigen Gäste, die dort nichts zu suchen hatten, weil sie nicht aus dem Westen kamen? Daran, daß sie staunend vor den automatischen Glasschiebetüren stehen blieben statt durchzugehen. Die erste Begegnung mit solchen Segnungen hat immer den Charakter der Beschämung. Ein zweites Mal widerfährt einem das natürlich nicht, es kann dann höchstens passieren, daß man im wissenden Gestus eines Weltbürgers auch in solche Glasscheiben hineindonnert, die nicht von alleine zur Seite gehen. Manchmal entwickeln sich aus diesen Lerneffekten ganz neue Verhaltensmuster. Seit sich die Abteiltüren in den Zügen der Bahn automatisch öffnen und schließen, sieht man dort dauernd Leute, die schon von Ferne dem Sensor zuwinken, als wollten sie die Tür begrüßen. Das ist aber nur berechtigtes Mißtrauen, denn Sensoren neigen, wie eingangs erwähnt, ja leider häufig dazu, diejenigen zu ignorieren, für die sie eigentlich arbeiten sollen. Und das unappetitliche Sensoren-Desaster auf den Autobahnraststätten, von dem da die Rede war, ist deswegen für all das so symptomatisch, weil der Sanitärbereich das Feld ist, auf dem die Designer und Techniker bisher noch jede Schlacht gegen den Benutzer gewonnen haben. Nirgendwo werden die Eingewöhnungsintervalle so konsequent durch neue Armaturen unterlaufen wie im Bad. Wer immer noch der Ansicht ist, zwei Ventile zum Drehen, eine Mischbatterie und ein Rohr, aus dem das Wasser ins Becken läuft, seien eigentlich genug, und höchstens an der Form der Wasserhähne könne gelegentlich noch mal was getan werden, der hat sich offensichtlich schon länger die Hände nicht mehr gewaschen. Mit stufenlos verstellbaren Schwenkhebeln, mit Sensoren und mit Joysticks wie an der Computerspielkonsole versuchen die Gestalter von Badezimmerarmaturen ihre Kunden immer wieder aufs neue im unklaren darüber zu belassen, wie sie jetzt auf dem schnellsten Wege an ihr Wasser kommen. Es ist ein bißchen wie bei »Versteckte Kamera«, nur, hoffentlich, ohne Kamera. Da sind Tipptasten und Schieberegler und Kurbeln und Lenkräder an den Armaturen, und bei Alessi gibt es jetzt-endlich-auch eine, die wie eine Pfeffermühle aussieht und entsprechend bedient werden muß, also schraubend, zeremoniell und umständlich. Und selbst wenn wirklich nur zwei Drehknöpfe da sind, kann man sich noch lange nicht sicher sein, ob links wirklich warm ist und rechts kalt oder ob der eine für die Mischung sorgt und der andere für die Menge.

Ja, das sind irrsinnig läppische Lappalien, und man müßte hier gar nicht so viele Worte darüber verlieren, wenn sie einen nicht dann doch erstaunlich viel Lebenszeit und Nerven kosten würden, gemessen daran, daß man sich eigentlich nur eben schnell die Hände waschen wollte. Aber auf derart pragmatische Anliegen reagieren zeitgenössische Badezimmerausstattungen mit einer geradezu narzißtischen Eingeschnapptheit: *Beschäftige dich mit mir. Eingehend. Lange. Ich fühle mich sonst so... »benutzt«.*

Man muß sich jedenfalls nicht wundern, wenn das Bad inzwischen zum Hauptaufenthaltsraum vieler Familien geworden ist. Bei öffentlichen Toiletten hat es eine ähnliche Entwicklung gegeben, und in vielen Bars ist heute das, was früher mal stilles Örtchen genannt wurde, der Raum, in dem es am lautesten zugeht. Aber das hat andere Gründe. (Was in diesem Zusammenhang übrigens dringend einmal erforderlich wäre, ist eine seriöse Studie, in der die Exzesse des Toiletten-Designs seit den achtziger Jahren strikt unter dem Gesichtspunkt des Drogenkonsums betrachtet werden. Meine These dazu: Bei vielen Toiletten in Bars und Clubs würde es überhaupt niemandem auffallen, wenn sie gar nicht an die Kanalisation angeschlossen wären.)

Der erstaunliche Stellenwert, den die Badezimmerausstattung in Privatwohnungen heute erreicht hat, erklärt sich dagegen weniger aus den Bedürfnissen der Benutzer als aus denjenigen der Gestalter. Nach Auskunft des Designers Tom Dixon gibt es nämlich überhaupt nur zwei Orte in der Wohnung, die zuverlässig als Einlaßventile für »neue Technologien und innovatives Design« taugen. Der eine ist das Bad und der andere die Küche.

Beides waren uspründlich schlecht beleumundete Funktionsräume an der Peripherie der Wohnung und jedenfalls nicht das, was man seinen Gästen als erstes vorführte. Genau das ist heute fundamental anders, denn nirgendwo läßt es sich umfassender mit seinem technischen Ausstattungsniveau prunken als dort, wo lauter Rohre und Leitungen zusammenfließen und die beiden großen tabuumwölkten menschlichen Verrichtungen, das Zubereiten und das Aussscheiden von Essen, mit Massen an Edelstahl und Hightech überpudert werden. Speziell die Küche hat dem Wohnzimmer inzwischen dermaßen Konkurrenz gemacht, daß in Neubauten beide am liebsten gleich im selben Raum untergebracht werden. Nur Loser wie ich haben heute noch ihren Herd irgendwo in der Küche an der Wand stehen. Bei Leuten, die was auf sich halten, steht er in der Mitte der Wohnung wie ein gewaltiger Altar. Daß er da die Rolle einnimmt, die bisher der Fernseher hatte, macht nichts, denn die Techniker und die Designer sind ohnehin dabei, beide zu verschmelzen. Die Techniker und die Designer sind in letzter Zeit überhaupt dauernd dabei, alles mit allem zu verschmelzen. Den Fernseher, den Computer, den Herd, den Kühlschrank, die Haustürklingel, das Licht und die Kontoführung. Nichts soll unverschmolzen bleiben in den Wohnwelten von morgen, und für das, was am Ende dabei herauskommt, hat sich der Begriff »Smart House« eingebürgert, das »intelligente Haus«. Das intelligente Haus soll eines sein, das seinem Bewohner jeden

Wunsch von den Lippen abliest, und zwar noch bevor er ihn überhaupt hat. Kühlschränke geben selbständig ihre Bestellungen im Internet auf, sobald sie merken, daß die Vorräte in ihnen zur Neige gehen. Und auch sonst soll es nichts mehr geben, was man selbst in die Hand nehmen muß. Alles geht automatisch und von ganz alleine. Die Sensortechnik an den Waschbecken von Autobahnraststätten ist sozusagen nur der Anfang und gibt nur einen Vorgeschmack darauf, wie das dann ganz generell sein wird, das Leben in der Zukunft. Und für diejenigen, die es noch genauer wissen wollten, hatte die Telekom im Jahr 2005 schon einmal so ein Haus der Zukunft am Leipziger Platz in Berlin aufgebaut. Das sogenannte T-Com-Haus stach von außen eigentlich nur wegen seiner grotesken Erscheinung ins Auge: ein telekompink illuminiertes Weber-Fertighaus mitten in der Mitte der Großstadt. Aber in das Innere war alles das hineingestopft worden, was heute schon technisch machbar ist und nach Möglichkeit das Wohnen von morgen ausmachen soll. Die Leute, die das Privileg zugelost bekommen hatten, dort an einem Wochenende die Zukunft probezuwohnen, spielten sozusagen Testkaninchen für Produkte, von denen sich die Anbieter noch nicht sicher sein können, ob sich damit in ein paar Jahren Geld verdienen läßt oder nicht. Leute, die sich immer für den allerneuesten technischen Kram begeistern lassen, werden häufig als Equipment-Spastis verhöhnt, aber das ist undankbar. Allerhöchstens sind sie Idioten, und zwar überaus nützliche, denn unsere Fernseher und Hifi-Anlagen wären nicht so günstig und so ausgereift, wenn diese Leute nicht immer schon zugreifen würden, während die Dinge noch teuer und fehlerbehaftet sind. Wer im T-Com-Haus probewohnen durfte, hatte also die Aufgabe herauszufinden, welche von den vielen Technikgimmicks einen nicht zu Tode nerven, sondern eventuell wirklich ganz praktisch sind. Und so wie es aussieht, ist das vollvernetzte Haus der Zukunft in erster Linie für Leute interessant, bei denen die Equipmentbegeisterung schon wieder ins Neurotische umgeschlagen ist. Leute mit Kontrollzwang, solche, die sich pausenlos fragen, ob sie auch alles ordnungsgemäß ausgeschaltet haben, bevor sie aus dem Haus sind. Denen kann vom zentralen Steuerungscomputer im intelligenten Haus vielleicht geholfen werden. Alle anderen dürften aber über kurz oder lang zu dem Schluß kommen, daß ihr intelligentes Haus eine Spur *zu* intelligent für sie ist. Daß sie in einem Klugscheißerchen wohnen. Daß sie dazu verdammt sind, sich so vernünftig zu verhalten, wie Computer das nun mal erwarten und nicht so unbeherrscht und irrational und launenhaft, wie Menschen das leider an sich haben. Sie werden, so wird es im T-Com-Haus versprochen, »Moodmanagement« betreiben können, wer »Romantik« wählt, wird schummriges Rotlicht bekommen. Überall werden Bildschirme hängen, das Leben wird so voller Kommunikation sein, daß niemals wieder irgendwer mit irgendwem ein persönliches Wort wechseln muß. Vor allem aber werden die Bewohner solcher Häuser zusehen müssen, daß sie dem Willen der Geräte und Apparate zu Diensten sind, die ihnen das Leben leichter machen sollen. Denn ein Bewohner, der sich eigensinnig, unlogisch und weniger intelligent verhält, als das von den Programmierern des Hauses vorgesehen ist, muß praktisch einem gefährlichen Virus gleichkommen, der das ganze System bedroht. Dann wird es eigentlich erst interessant: Wenn der erste Jacques Tati kommt und das intelligente Haus in einem großen tölpelhaften Slapstick zum Absturz bringt. Die Betreiber können einem nämlich noch nicht einmal sagen, wie das eigentlich alles gehen soll, wenn mal der Strom ausfällt.

Und dabei kann man heute auf dem Klo jeder beliebigen Autobahnraststätte nicht nur sehen, wie sehr von morgen schon das Pinkeln von heute ist. Man sieht dort auch, daß das wirkliche Wohnen von morgen eher ziemlich von gestern sein könnte. Denn wenn man in einer beliebigen Raststätte an einer beliebigen deutschen Autobahn am Urinal steht, schaut man, wie gesagt, seit einiger Zeit grundsätzlich auf die Reklame für Einbaukamine der Firma Kago. Noch nie haben sich Einbaukamine so gut verkauft wie heute. Seit die Preise für Öl und Gas so explodiert sind, und seit auch der Strom immer teurer wird. Eine derartige Rückkehr zum Heizen mit Holz hat es in Deutschland seit dem Krieg nicht mehr gegeben. Und so wie es aussieht, werden wohl auch in Zukunft eine ganze Menge Kamine mehr als sonst verkauft werden können. Das werden unter Umständen harte Zeiten für die Freunde von »neuen Technologien und innovativem Design« in Bad, Küche und sonstwo. Nach anderthalb Jahrhunderten Reinlichkeit und Technikeuphorie wird der entkräftete Mensch der Moderne wieder losmüssen und unhygienische Baumstämme aus dem Wald in die Wohnung schleppen. Und das wäre immerhin schon mal ein triftiger Grund, sich vor den Kaminbildchen auf den Autobahnraststätten ordentlich in die Hosen zu machen. Vor Angst.

Miete oder Eigentum

Die Badenia-Selbstmorde, der Steuerspartrieb, die Altersvorsorge, Wohneigentum in Zeiten der Stadtschrumpfung und warum das Altschuldenhilfegesetz der Bundesregierung mehr über dieses Land erzählt als jeder Roman.

—•—

70 046,99: Das war die Zahl, durch die sich die Krankenschwester Anja Schüller aus Würzburg im September 2004 veranlaßt sah, ihren Eltern einen Brief zu schreiben, dem sie ihre Wohnungsschlüssel beifügte sowie die Bitte, sie heimzuholen. Danach stach sie sich eine Spritze in die Vene, und weil sie vom Fach war, wußte sie, daß sie an den Medikamenten, die sie dann in ihre Blutbahn laufen ließ, sehr sicher sterben würde. Sie war 28 Jahre alt, und die Fotos, die danach in der Presse erschienen, zeigten eine hübsche blonde Frau mit traurigen dunklen Augen. Ihr Vater, der diese Fotos an die Presse gab, war ein Gewerkschafter aus Thüringen und das Kämpfen gewohnt. Und diesen beiden Umständen ist es überhaupt erst zu verdanken, daß die Sache Wellen schlug. Die Sache – das war der Skandal um die Bausparkasse Badenia, und vielleicht lag der eigentliche Skandal schon darin, daß sich für die anderen Betroffenen, die wegen der Badenia ebenfalls Selbstmord begangen hatten, bis dahin niemand interessieren wollte. Nicht für den arbeitslosen Müllfahrer, der sich kurz vorher umgebracht hatte und auch nicht für die mindestens zwei anderen Fälle.

Als Anja Schüllers Vater seine tote Tochter fand, lag neben ihr noch der Pfändungsbeschluß über 70 046,99 Euro, mit 99 hinterm Komma, wie im Supermarkt. Die Lernschwester bekam zu diesem Zeitpunkt 1300 Euro netto im Monat. Und den Männern, die ihr 1999 trotzdem einen Kredit über 140 000 DM aufgeschwatzt haben, muß damals schon klar gewesen sein, daß sie sich damit übernommen hatte. 140 000 DM für 52 Quadratmeter in einem Chemnitzer Plattenbau. Ohne irgendwelches Eigenkapital. Die Immobilie sollte sich selbst finanzieren, durch die Mieteinnahmen und die Steuerersparnis. Eine bombensichere Sache. Immobilien! Die sicherste Sache der Welt!

Wenn es in der Bundesrepublik eine wirklich unumstößliche Doktrin gibt, dann ist es diese. Als hätte sie der Alte vom Berge losgeschickt, erzählen einem alle Steuer-, Anlage- und Finanzberater dieses Landes, Wohneigentum sei das Ding. Das einzig Wahre. Endlich was Eigenes. Endlich unkündbar sein. Endlich keine Miete mehr zahlen. Stattdessen sogar: selber Miete einnehmen. Endlich eine stabile Altersvorsorge. Und vor allem endlich mal richtig Steuern sparen. Denn dieser Staat fördert den Immobilienbesitz finanziell in dem gleichen Maße, wie er ihn gesellschaftspolitisch pausenlos fordert. Einerseits ist die Eigentumsquote in Deutschland viel geringer als in anderen Ländern; der politische Druck, das zu ändern, ist dafür aber um so größer. Und insofern rührte es dann auch wirklich an die Grundfesten, als es vor den Bausparkassen plötzlich zu wütenden Demonstrationen und Kundgebungen kam. Denn das waren zur Abwechslung mal nicht die notorischen Palästinensertuchträger, die da aufmarschierten und Köpfe rollen sehen wollten, es waren Tausende von braven Wohnungseigentümern, Altersvorsorgern und Steuersparern. Ungefähr dreihunderttausend Anleger sollen in Deutschland ungefähr zehn Milliarden Euro in übersteuerten Schrottimmobilien stecken haben, schätzt der Bundesverband der Verbraucherzentralen, und Renate Künast, die damals in der Bundesregierung für den Verbraucherschutz zuständig war, sprach im Zusammenhang mit den Selbstmorden der Badenia-Kunden sogar von einem BSE-Fall des Finanzdienstleistungssektors. Allein die Badenia und ihre zwischengeschalteten Anlageberater und Anlagevermittler sollen insgesamt rund achttausend Leute mehr oder weniger gezielt in die Schuldenfalle gelockt haben: mit Immobilien, die völlig überteuert waren, und mit Krediten, die trotzdem erbarmungslos bis auf die neunundneunzig Cent nach dem Komma wieder eingetrieben wurden. Die Finanzdienstleistungsaufsicht wußte das sogar, ist aber zur Verschwiegenheit verpflichtet. Überall sonst, wo man zwischen Tür und Angel eilig zu Geschäftsabschlüssen gedrängelt wird, hat man zur Sicherheit zwei Wochen Widerrufsrecht, nur da, wo es wirklich gefährlich wird, nämlich bei Immobilien, da nicht.

Was sich da im Zuge der Badenia-Affäre an Geschäftspraktiken offenbarte, trägt so gesehen fast die Züge eines boshaft geplanten Trickbetrugs, der sich die irrationalsten Triebe der Deutschen zunutze macht: erstens die Versessenheit, Steuern zu sparen, koste es, was es wolle; und zweitens den unerschütterlichen Glauben an die Geldanlage in Ewigkeitswerten. Schon das in der Bausparkassenwerbung zuverlässig immer wieder auftauchende Stichwort vom »Traumhaus« macht ja hinreichend deutlich, in welchem Maße beim Immobilienkauf die Vernunft aussetzt und tiefere, mythische Sehnsüchte den Stift zur Unterschrift führen. Wie essentiell die Angst, die Panik und die Verzweiflung derer sein muß, denen dann plötzlich die Puste ausgeht, die Frau wegrennt oder der Job verlorengeht, liegt da auf der Hand. Der Traum vom eigenen Haus hat, wenn man die Lokalnachrichten verfolgt, offenbar generell eine gewisse Todesnähe: Über die Selbstmorde von Leuten, die mit ihrem Hausbau nicht weiterkommen oder an der Kredittilgung verzweifeln, liest man jedenfalls beängstigend häufig.

Und das Problem ist insofern vielleicht nicht nur das seltsame Geschäftsgebaren der Immobilienbranche, das Problem liegt vielleicht schon in diesem ehernen Mythos vom Wohneigentum – und in einer Politik, die sich darauf versteift hat, die Eigentumsbildung zu fördern, weil sie auf deren gesellschafts- und wirtschaftspolitischen Auswirkungen spekuliert. Und daß sich das heute immer häufiger als Fehlspekulation erweist: Auch das wird an dem Fall jener Würzburger Krankenschwester deutlich, die 1999 zwei Bausparverträge über 140 000 DM abschloß und statt des üblichen Eigenkapitals einen teuren Kredit aufnahm, um damit eine Plattenbauwohnung in Ostdeutschland zu kaufen.

1999! Im Osten! Plattenbau!

1999 war das Jahr, in dem sie im Osten anfingen, die ersten Plattenbauten abzureißen, weil zu viele Wohnungen leerstanden. Inzwischen hat man manchmal den Eindruck, jeder zweite Deutsche habe alles, was er am Neuen Markt nicht verzockt hat, in Ostplattenbauten versenkt. Und das alles klingt schon wieder verdammt nach Stoff für den großen Wenderoman, auf den seit Jahren alle warten, und bis es soweit ist, tut es vielleicht auch die Geschichte des sogenannten Altschuldenhilfegesetzes der Bundesregierung, denn da steckt eigentlich alles schon drin. Der Kalte Krieg, die verschiedenen Vorstellungen vom richtigen Leben und die Kosten, die bis heute von jedem einzelnen abgestottert werden müssen. Die Altschulden, die dem Gesetz den Namen gaben, waren sozusagen das Gegenstück zu den Steuersubventionen für die Eigenheime im Westen. Im Osten gab es Eigenheime nur ganz ausnahmsweise. Als ein Onkel von mir in den Siebzigern eines bauen wollte, bekam er sogar mit der Frau in der Sparkasse Schwierigkeiten, von der er einen Kredit wollte. Begründung: »Sie begehen einen historischen Rückschritt.« Der historische Fortschritt, das war die Vergesellschaftung von Grund und Boden. Große Flächen. Große

Maschinen. Große Stückzahlen. Massenproduktion. Plattenbau. An wenigem läßt sich der Unterschied zwischen den beiden deutschen Staaten bis heute und vermutlich noch für sehr, sehr lange Zeit deutlicher ablesen als an den räumlichen Strukturen, die da jeweils in die Städte und Landschaften gestempelt wurden. Auf der einen Seite die Flickenteppiche der Eigenheime, auf der anderen die endlosen Neubaugebiete. Beides waren Waffen in einem gigantischen sozialpolitischen Wettrüsten, das sich die beiden Staaten so lange lieferten, bis der eine schließlich ausstieg und seine offene Rechnung einfach liegen ließ. Weder die Bau- noch die Bewirtschaftungskosten waren je durch die Mieten gedeckt worden, und als sich die DDR aus der Geschichte verabschiedete, war deshalb jede Plattenbauwohnung nach ein paar Zinssprüngen zu Beginn der Neunziger im Schnitt mit 15 000 DM Schulden belastet. Diese nannte man also Altschulden, und das gleichnamige Gesetz von 1993 sah nun vor, den betroffenen Wohnungsunternehmen einen Teil dieser Schulden abzunehmen, wenn sie im Gegenzug 15 Prozent ihrer Wohnungen an die Mieter verkauften und einen Teil dieser Erlöse wiederum an den Bund zur Refinanzierung dieser Aktion abtraten. Das taten sie nach Kräften. Oder sie versuchten es zumindest. Aber welcher Ostdeutsche hatte denn so kurz nach der Wende schon genug Kapital, um sich seine Wohnung zu kaufen? Und wenn er es hatte: Warum sollte dann er seine alte, enge Ostplattenbauwohnung kaufen, wenn draußen vor der Stadt überall neue, enorm westlich aussehende Eigenheimsiedlungen aus der Wiese schossen? Es wurde kaum etwas verkauft, und es floß deshalb auch kaum etwas an den Bund zurück. 1995 deshalb dann die Aufweichung der Kriterien: Wenn es denn nicht anders ging, sollten die Wohnungen nicht mehr unbedingt den Ostlern gehören müssen, die darin wohnten, dann sollten sie eben zur Not auch en bloc an Investoren aus dem Westen verkauft werden. Hauptsache, es wurde verkauft. Hauptsache, es wurde Eigentum gebildet, Verantwortung übernommen, der Sozialismus in der Wohnungswirtschaft überwunden. Und Hauptsache, es floß endlich ein bißchen Geld an den Bund zurück. Hier kamen die Immobilienfonds ins Spiel, die Geschäftsmänner in den currywurstfarbenen Zweireihern und schließlich auch Leute wie die Krankenschwester aus Würzburg. Schon ein Jahr später wurden die ersten Studien veröffentlicht, wonach in absehbarer Zeit fast eine Million Wohnungen in Ostdeutschland leerstehen würden, weil die Mieter fehlen. Die Plattenbauten leerten sich, ihre Unterhaltskosten stiegen. Und direkt daneben wuchsen weiterhin immer neue Eigenheimsiedlungen aus den Äckern. Ende 1997 – die ersten Geschäftsmänner in den currywurstfarbenen Zweireihern verabschiedeten sich allmählich wieder und hinterließen dem Konkursverwalter ihre halbsanierten Plattenbauten in einem Zustand, als wollten sie zum Fasching, zum Beispiel mit aufgemaltem Kleinstadtfachwerk auf den Fassaden – Ende 1997 also erging dann aus dem Bundesbauministerium der Beschluß, diejenigen Wohnungsverwaltungen, die ihre Privatisierungsverpflichtung beim besten Willen nicht einlösen konnten, davon zu entbinden, wenn die Arbeitslosigkeit und der Bevölkerungsrückgang in der Region zu hoch waren. Und wo waren sie das nicht? Um die Jahrtausendwende gab der Bund es dann notgedrungen auf, die Privatisierung von Plattenbauwohnungen mit öffentlichen Mitteln erzwingen zu wollen; damit fördert er jetzt lieber ihren Abriß. Seit Beginn dieses Jahrzehnts ist nur noch von schrumpfenden Städten die Rede. Von einer Bevölkerung, die abwandert, vergreist, ausstirbt. Und von Wohnungen, die keiner mehr braucht, die nur noch Kosten verursachen und nie mehr irgend etwas einbringen. Das, was jetzt passiert, heißt nicht einfach nur Abriß, es heißt »Stadtumbau Ost«, und das ist nicht nur der offizielle Name für ein Förderprogramm, mit dessen Hilfe das, was zuvor mit Hilfe von anderen Förderprogrammen noch ausgebaut und bunt und individuell und bundesrepublikanisch und zukunftsfähig gemacht werden sollte, nun doch noch zum Verschwinden gebracht wird. Es ist auch die Vorstufe, das Testfeld und die Lernphase für das, was jetzt erst losgeht: den »Stadtumbau West«. Denn auch in Westdeutschland schrumpft die Bevölkerung, und der Leerstand wächst.

Das Land ist nicht mehr dasselbe; wo bisher immer nur auf Zuwachs geplant worden war, ist auf einmal ganz offen von Rückzug die Rede. Und der Epochenbruch hat sogar ein Datum und eine Uhrzeit. Seit dem Neujahrsmorgen des Jahres 2006 muß die Allgemeinheit dem Mittelstand nicht mehr zum eigenen Häuschen verhelfen. Am 31. 12. 2005 um 24 Uhr ging in Deutschland endgültig die Nachkriegszeit zu Ende: Die Eigenheimzulage wurde abgeschafft. Eher hätte man mit der Auflösung der Bundeswehr gerechnet, als daß diese uralte, milliardenbewehrte Festung im Kampf gegen den Kollektivismus des Wohnens jemals fallen würde. Und dann die Pendlerpauschale. Es wird noch soweit kommen, daß jeder dort wohnt, wo er auch arbeitet und nicht Hunderte Kilometer weiter weg, wo sein Häuschen steht. Eigentlich klingt das logisch, aber für Deutschland könnte das auf eine dramatische Neuordnung seiner Bevölkerungsverteilung hinauslaufen: So als würde jemand das Land irgendwo rechts oben anfassen und dann wie ein Beutelchen so lange schütteln, bis alle links unten gelandet sind, im reichen, starken und teuren Südwesten. Im Norden und vor allem im Osten gibt es heute schon Orte, die nur noch von Langstreckenpendlern bewohnt werden. Es gibt eigentlich keinen vernünftigen Grund, dort zu bleiben, es gibt allenfalls sentimentale Motive: Heimat, Freunde, Scholle, Haus. Aber die Frage ist natürlich, wie lange sich das noch durchhalten läßt, wenn in manchen Gegenden die Häuser schon für symbolische Preise keine Käufer mehr finden, wenn das alles zwar womöglich wunderschön, idyllisch und voll von individuellen Erinnerungen ist, aber nach ökonomischen Kriterien leider wertlos. Eine stabile Altersvorsorge stellt man sich jedenfalls anders vor. Und was die entsprechende Reklame betrifft, sieht es inzwischen fast so aus, als würden die Bausparkassen das Wörtchen Alter ohnehin am liebsten herausstreichen und nur noch von Vorsorge reden. Gegen das Image des Altbackenen, Spießigen und Saturierten wird da mit einer Schrillheit angeworben, als ginge es um Klingeltöne von Jamba. Und diese Verzweiflung hat Gründe. Das Bausparen gilt nach wie vor nicht direkt als coolste aller Jugendkulturen, und daran hat auch der neue Cordhosen-Konservatismus nichts ändern können, von dem jetzt in den Zeitungen immer so viel zu lesen war. In den Immobilienteilen derselben Zeitungen standen dann nämlich bekümmerte Kommentare darüber, daß ausgerechnet diejenigen stärker denn je vor Immobilienkäufen zurückschrecken, auf die es ankäme, nämlich die Leute zwischen dreißig und vierzig, die gerade angefangen haben, richtig Geld zu verdienen. Aber erstens kann von denen niemand mit Sicherheit sagen, wie das mit dem Geldverdienen in ein paar Jahren bei ihm aussehen wird, und zweitens ist da diese immerwährende Unsicherheit über die eigenen Lebensentwürfe. Die Angst, sich festzulegen und sich dabei vielleicht böse zu vertun.

Kein Wunder, daß die Kauflust bei denen viel ausgeprägter ist, die das alles schon hinter sich haben. Bei denen, die fürs Alter nicht mehr vorsorgen müssen, weil sie schon alt sind. Dann ist es aber meistens zu spät.

Es gibt in Berlin ein Architekturbüro, das draußen am Stadtrand in Adlershof eine Siedlung aus kleinen, klug geschnittenen Atriumhäusern geplant hatte. Diese Häuser waren modern, günstig und in ihrer Innenaufteilung variabel. In der Gegend gibt es viele Forschungsinstitute, sie hatten gedacht, die jungen Wissenschaftler, die dort arbeiten, würden sich für die Häuser vielleicht interessieren. Aber die jungen Wissenschaftler interessierten sich mehr für Altbauten im Zentrum von Berlin. Wer die Atriumhäuser dagegen unbedingt haben wollte, waren Rentner. Rentner bekommen aber keine Kredite – und aus der Siedlung wurde deshalb nichts.

»Wer jetzt kein Haus hat, baut sich keines mehr« heißt es zu diesem Sachverhalt in Gerhard Schröders Lieblingsgedicht von Rilke, und inzwischen sieht es ganz so aus, als sei das gar nicht unbedingt die schlechteste Nachricht für den Herbst des Lebens. Wer jetzt kein Haus hat, hat nämlich schon mal eine Sorge weniger, der mietet sich was in einer Senioren-WG und läßt es sich gutgehen, während die anderen vereinsamt und hilflos ihre Restlaufzeit am Stadtrand verdämmern, abgeschnitten von der Welt und von allen Einkaufsmöglichkeiten, die sie zu Fuß noch erreichen könnten. Die Traumhaus-Siedlungen von heute werden in den Städtebaudebatten fast nur noch als gespenstische Alten-Ghettos von morgen beschrieben, wo das Leben erstirbt, sobald die Mitarbeiter der Pflegedienste abends in ihre Opel Corsas steigen und das Weite suchen. Bis sich eines Tages ein Verwandter erbarmt und Mutti und Vati ins Altersheim bringt. Und wenn sie ganz großes Glück haben, haben sie bis dahin das Haus, das ihre Altersvorsorge sein sollte, sogar abbezahlt.

Wohnen im Alter

Rüstige Rentner, die Wohnung als Reliquienschrein, Altersheime und Senioren-Wohngemeinschaften.

Rüstig. Tolles Wort. Lebenslustig. Auch ganz tolles Wort. Beide vielleicht ein bißchen abgegriffen inzwischen, weil jetzt ständig von Rentnern die Rede ist, von lauter extrem rüstigen und lebenslustigen Rentnern, von Mallorca-Senioren, von »Best Agern«, die sich schon vormittags an der Schampustheke vom KaDeWe vollaufen lassen, und von einer Wiederaufbaugeneration, die mit einer Entschlossenheit gar nicht daran denkt, ihre Reichtümer endlich rauszurücken, daß die Erben selber schon ganz runzlig und verbittert geworden sind über soviel Rüstigkeit und Lebenslust. Aber insgesamt sind es doch eher erfreuliche Sachverhalte, und solange die Leute noch rüstig und lebenslustig sind, ist eigentlich alles in Butter, und keiner muß sich unangenehme Fragen stellen, denn dazu kommt es schon noch früh genug.

Rüstig und lebenslustig, das waren auch die Begriffe, mit denen der alte Herr Z. immer beschrieben wurde, ein ungefähr achtzig Jahre alter Witwer, mit dessen Enkelin ich einmal befreundet war. Aber als er eines Tages nicht mehr ganz so rüstig war und die Familie deshalb zu dem Schluß kam, daß er jetzt in ein Altersheim gehöre, war schlagartig auch die Lebenslust weg. Der bis dahin als außerordentlich umgänglich bekannte

Mann wurde bösartig, bockig und ausfallend. Noch in seinem Zweibett-Zimmer im Altersheim klammerte er sich an monströse Kisten voller Kram, denen niemand zu nahe kommen durfte, obwohl sie dem Pflegepersonal bei der Arbeit ständig im Weg standen. Alles Zureden half nichts. Herr Z. zeterte und trat um sich wie ein kleiner Junge, wenn jemand die Kisten aus seinem Bett entfernen wollte, bis eine rabiate Nachtschwester die Dinger aus Frustration und vielleicht auch aus Neugier einfach aufbrach, und was da zutage trat, erzählte von einem ganz anderen Leben des Herrn Z. als die Familienfotos auf dem Nachtschrank. Dort stand er, Z., lächelnd mit seiner früheren Frau und den Kindern. Die Fotos aus den Kisten zeigten ihn, noch begeisterter lächelnd, beim Nacktbaden mit seiner Wandervogelgruppe. Auf den Rückseiten standen detaillierte Anmerkungen zu den Abgebildeten, sehr detaillierte Anmerkungen. Liebesbriefe kamen da zum Vorschein, schwarzweiße Atelierfotografien von jungen und nicht mehr ganz so jungen Männern und geheime Tagebücher aus einer Zeit, als einer wie er mit der Angst leben mußte, wegen solcher Dinge als 175er bei der Polizei angezeigt zu werden. Und zwar von Leuten wie denen, die ihn jetzt noch in seinen letzten Tagen mit ihren Ressentiments umgaben. Denn Altersheime für Homosexuelle gibt es nur wenige und auch erst seit kurzem, und sie setzen genau das Bekenntnis voraus, welches dieser Mann vermeiden wollte, als er sich entschied, sein ganz privates Privatleben selbst vor seinen Angehörigen hinter einer offiziöseren Variante davon zu verbergen, wobei niemand sagen kann, ob dieses bürgerlich-heterosexuelle Fassadendasein deswegen weniger wahr gewesen sein soll und ob es nicht genauso intensiv, ernsthaft und aus vollen Zügen gelebt worden ist wie das dahinter verborgene. Man kann vermutlich nur ansatzweise erahnen, in was für Konflikte diese Entdeckung den alten Herrn Z. gestürzt haben muß, der sich aus seiner Beschämung durch die Altenpfleger im übrigen sehr umstandslos in ein angestrengtes und verzweifeltes Sterben flüchtete. Zum Beispiel den Konflikt, gar nicht sagen zu können, aus welchem Leben er da nun eigentlich schied. Aus seinem Leben als Familienvater und Opa, das ihm die offiziellen Familienfotos auf seinem Nachtschrank bescheinigten. Oder aus dem Leben, welches ihm die Fotos und Briefe aus seiner Kiste dokumentierten, an die er sich bis zuletzt so verzweifelt geklammert hatte, weil die darin bewahrten Wahrheiten sonst auch vor ihm selbst abhanden gekommen wären. Am Ende wird es, als deprimierendste aller Varianten, die nackte Haut- und-Knochen-Existenz gewesen sein, die übrigbleibt, wenn die Pfleger einem erst mal den ganzen Erinnerungskrempel vom Bettrand geräumt haben, damit Platz für das medizinisch Notwendige ist. Wenn man es mit der Menschenwürde genau nähme, müßte eigentlich schon dieser Moment als Todeszeitpunkt eines Menschen in den Krankenhausakten vermerkt werden.

Aus den alltagshistorischen Forschungen der französischen »Annales«-Schule weiß man, daß die Altenpfleger praktisch seit Beginn des Hospizwesens schon darüber klagen, in welchem Maße die Patientenbetten zu Reliquienschreinen des eigenen Lebens ausgebaut werden. Es ist immer wieder beobachtet worden, daß sogar alter, absolut untauglich gewordener Haushaltsschrott gegen die unifizierte Ausstattung der Heime in Stellung gebracht wird, denn dieser erinnerungsbeladene Kram, ohne den die sehr alten Leute genausowenig einschlafen wollen wie ganz kleine Kinder ohne ihre Teddybären, der ist am Ende der letzte Rest dessen, was man noch als »Zuhause« bezeichnen kann. Wenn sie einem das nehmen, ist man so verloren wie ganz am Anfang in der Kinderklinik, nur mit weniger optimistischen Aussichten.

Kein Wunder, daß achtzig Prozent aller Pflegebedürftigen auf keinen Fall in ein Heim wollen. Diese Auskunft stammt vom

Kuratorium Deutsche Altershilfe, aber irgend so etwas in dieser Richtung hätte man wahrscheinlich auch selber getippt. Beliebtester Kalauer, seit die Überalterung der Gesellschaft das große Debattenthema ist: Reich ins Heim. Die meisten Heime haben darauf längst reagiert und geben sich inzwischen vorsichtshalber Namen, die nach fürstlichen Belohnungen und Jetzt-gönn-dir-mal-was klingen sollen. Ruhesitz. Alterssitz. Seniorenresidenz. Aber für die etlichen tausend Euro, die ein Platz in einem halbwegs guten Heim im Monat so kostet, kann man sich eigentlich auch den Pflegedienst nach Hause kommen lassen, und zwar am besten in eine Villa, die man sich mit Gleichaltrigen teilt. So etwas nennt sich dann Senioren-Wohngemeinschaft, und die beiden berühmtesten Rentenkommunarden sind Hans-Jochen Vogel sowie der frühere Bremer Bürgermeister Henning Scherf. Außer Vogel und Scherf gibt es in ganz Deutschland zwar bisher nur etwa 8000 andere, die das auch so halten, also verschwindend wenige. Aber es spricht trotzdem einiges dafür, daß es in der nächsten Zeit noch ein paar mehr werden könnten. Erstens gibt es ein gewaltiges Interesse an Wohnformen, bei denen man im Alter nicht hilflos und allein herumlungern muß und trotzdem weiterhin sein privates Wohnen beibehalten kann. Zweitens sagen auch diejenigen, die sich damit beruflich auskennen, daß solche betreuten Wohngemeinschaften die Leute länger am Leben und bei Laune halten als die krankenhausartigen Heime, wo alle nur noch in trostlosen Bademänteln über die Gummiflure knietschen. Und drittens kommt jetzt zum ersten Mal eine Generation ins Rentenalter, die um das Jahr 1968 herum schon genügend Erfahrungen mit Kommunen und Wohngemeinschaften gemacht hat, um zu wissen, wie kollektives Wohnen geht.

Andererseits liegt da vielleicht auch das Risiko. Denn was damals schon nicht so gut klappte, klappt jetzt mit Sicherheit noch weniger. Flexibilität, Lockerheit und die Bereitschaft, seine Gewohnheiten zu ändern, sind ja leider eher keine Eigenschaften, die sich im Alter noch besonders ausprägen, im Gegenteil. Bestimmt wird es häufiger sehr laut werden in solchen Senioren-WGs. Zumindest wird es also nicht langweilig. Und wenn die Streitereien über offene Zahnpastatuben oder gestohlene Joghurtbecher, die schon in studentischen Wohngemeinschaften oft an Mord und Totschlag grenzen, erst mal von so richtig verbitterten, rechthaberischen Greisen geführt werden: Dann klärt sich vielleicht auch die Frage, wo und vor wem man seinem Herzinfarkt erliegen sollte, von ganz alleine.

Das Sterbezimmer

Das Gegenstück zur Kinderklinik, Sterben als Wohnungsfrage, tote Rockstars und die endgültige Entkopplung von Repräsentation und Wohlbefinden.

— —

Denn das ist ja am Ende sowieso die wichtigste und heikelste aller Fragen: Wo stirbt man? Wie stellt man es an? Und wen läßt man dabei zuschauen?

Wenn sie es sich aussuchen könnten, würden die meisten wahrscheinlich sagen: zu Hause, friedliches Einschlafen und so weiter, geliebte Menschen halten Händchen und können den Verlust kaum verkraften.

Da sie es sich nicht aussuchen können, läuft es leider in der Regel aber doch auf das Krankenhaus hinaus; sie winden sich vor Schmerzen oder vor Ärger, daß sie zu geizig für den Einzelzimmerzuschlag waren und können sich insgesamt noch glücklich schätzen, wenn im entscheidenden Moment nicht gerade eine lustlose Krankenschwester mit dem Nachttopf reingetrampelt kommt und ihnen Vorwürfe macht, weil das immer eine Mordsarbeit ist mit den Leichen und sie eigentlich lieber eine rauchen gehen wollte.

Der Historiker Philippe Ariès hat seine ganze monumentale »Geschichte des Todes« eigentlich nur deshalb geschrieben, um seiner Empörung darüber Ausdruck zu verleihen, wie sehr es mit dem Sterben den Bach runtergegangen ist in den letzten hundert Jahren. Zweitausend Jahre lang, von Homer bis Tolstoi, sei praktisch genauso gestorben worden, wie gelebt wurde, nämlich gesellig und mit Liebe zur Sache. Erst seit der Moderne sterbe man nicht mehr umgeben von Familie und Freunden, sondern einsam, abgeschoben und »um den eigenen Tod betrogen«. Scham, Angst und Desinteresse haben dazu geführt, daß der Vorgang möglichst aus dem Sichtfeld geräumt und medizinisch ausgebildetem Fachpersonal überantwortet wird.

Daß sich im Sterben der alten Menschen die Geburt der Kinder spiegelt, ist ja nun einmal eine Tatsache, und daß sich die krankenhausartigen Umstände in beiden Fällen ähneln, ist eigentlich nur die Konsequenz daraus. Es war ganz am Anfang dieses Buches die Rede von den Leuten, die ihre Kinder lieber wieder mit großem zeremoniellem Pomp zu Hause zur Welt bringen. Man muß jetzt mal abwarten, was passiert, wenn sich diese Leute erst der Todesumstände ihrer Eltern annehmen. Wer als werdender Vater darauf besteht, das »einmalige Ereignis« mit der Videokamera zu filmen, während er mit der anderen Hand an der Nabelschnur herumsäbelt, der wird es sich vielleicht auch nicht nehmen lassen, den letzten Atemzug von Mutti auf eine DVD zu brennen, und wer seine Hebamme zur Hausgeburt antreten läßt, wird möglicherweise bei dem anderen »einmaligen Erlebnis« für die Sterbesakramente mindestens einen Bischof rufen und die komplette Nachbarschaft ins Schlafzimmer bitten, bis alles aussieht wie auf einem Gemälde aus dem frühen neunzehnten Jahrhundert.

Wenn mich das beträfe: Ich wüßte nicht so recht; ich würde vielleicht darauf bestehen, vorher wenigstens noch die Gästeliste zu redigieren. Vor jedem will man sich nun auch nicht die Blöße geben. Denn die Frage ist und bleibt grundsätzlich die, wie man die Sache mit Anstand durchsteht, und solche Dinge fallen vor Publikum nicht unbedingt leichter. Die Moderne hat es möglicherweise ja nicht nur mit sich gebracht, daß man bei allen kreatürlichen Vorgängen dezent allein gelassen wird, sondern daß man unter Umständen auch ganz gern in Ruhe gelassen werden *will*, wenn man, wie man so sagt, zur Ruhe findet. Ich könnte mir jedenfalls vorstellen, daß man sich anderenfalls auf seinem Totenbett vorkommt wie jemand, der nackt auf einer belebten Einkaufsstraße steht und so schnell wie möglich in irgendeinen Hauseingang flüchten will. So in etwa wird der Tod ja auch aus christlicher Sicht beschrieben: als Heimkehr. Daß das Sterben letztlich eine Wohnungsfrage ist, müßte sogar beinharten Agnostikern geläufig sein, und zwar aus den seltsamen Träumen, die jeder, wirklich jeder, den ich gefragt habe, schon mal hatte: Träume, in denen man durch seine Wohnung wandert und darin Zimmer entdeckt, die man noch gar nicht kannte. Und da der Schlaf ja nur der kleine Bruder des Todes ist, darf man sich, wenn es ernst wird, vermutlich auf ganze Zimmerfluchten freuen.

Ich will nicht sagen, daß es schon ein Nahtod-Erlebnis war, es war zunächst einmal nur ein ganz gehöriger Kater, den ich hatte, als ich vor ein paar Jahren nachts aufgewacht bin und den Fehler beging, eine ganze Flasche klaren, kalten Wassers in mich hineinzukippen. Danach hatte ich das Gefühl, daß mein Schlafzimmer viel einladender und anheimelnder wirkte, als ich immer gedacht hatte, auch mein Bett fand ich sensationell gemütlich. In Wahrheit lag ich aber völlig derangiert zwischen lauter Müll unter meinem Schreibtisch und war komplett eingenäßt von dem ungesund gesunden Wasser, das mir diesen Zusammenbruch eingehandelt hatte. Seitdem bin ich auch überzeugt, daß Obdachlose das Gefühl haben, eine Präsidentensuite im Kempinski zu beziehen, wenn sie unter ihren Brücken erfrieren. Tod, wo ist dein Stachel, frage ich da. Und die Antwort kann ich bei der Gelegenheit auch gleich geben: in dem unschönen Anblick, den man trotzdem hinterläßt.

Das ist letztlich auch immer das eigentlich Tragische, wenn

Rockstars umkommen, was bei den meisten ja gar nicht früh genug passieren kann. Kurt Cobain und seine Schrotflinte: Was für eine Erlösung. Und was für eine Sauerei. Oder Jimmi Hendrix: Subjektiv sicherlich ein absolut unüberbietbares Triumpherlebnis – auf dem Höhepunkt der Karriere, im Vollrausch und mit einer spektakulär gutaussehenden Frau im Arm; was objektiv leider übrigbleibt, ist aber, abgesehen von den Verschwörungstheorien, die diesen sehr rockermäßigen Abgang bis heute zum Mord herabwürdigen, vor allem der Geruch des Erbrochenen, an dem er erstickt ist.

Wenn man erst einmal diesen Punkt in seiner Wohnkarriere erreicht hat, hat sich das individuelle Wohlbefinden endgültig von den Repräsentationsaufgaben entkoppelt. Das ist ein Zustand, der niemanden glücklich machen kann. Man verabschiedet sich und ist trotzdem immer noch da – und die Frage ist weiterhin die, wie man am besten untergebracht wird. Das Sterben ist möglicherweise gar nicht so sehr das Problem; das Problem ist immer noch das Wohnen, auch und gerade als Leiche.

Das Grab

Der Friedhof und der Immobilienmarkt, Designersärge und Popgruften, das sozialdemokratische Krematorium, die Grabbeigaben des Fritz Hofmann-Juan, Steh- und Sitzbegräbnisse – und was aus all dem jetzt eigentlich folgt.

———

Meistens merkt man es am Geruch. Bei ganz dicken Alkoholikern kann es passieren, daß sie durch die Decke suppen. Manchmal dauert es auch, bis das Haus voller Maden ist, aus denen dann Schmeißfliegen schlüpfen; dann fliegt einem gewissermaßen der tote Nachbar als Insekt um die Lampe. In der Regel merkt man es wie gesagt aber vorher schon am Geruch, wenn jemand in seiner Wohnung gestorben ist und dort allmählich verfault. Dieses Szenario ist ja mittlerweile fast schon ein Topos der Großstadtfeindlichkeit: Die Leute leben anonym nebeneinander her, sterben vereinsamt in ihren Wohnungen und schaffen es nur durch ihre Verwesungsgerüche, ihre Mitmenschen ernsthaft auf sich aufmerksam zu machen. Wer sich nach seinem Ableben weiterhin in seiner Wohnung aufhält, gilt als ganz trauriger Fall. Dabei gibt es durchaus Leute, die wollen es gar nicht anders. Die »Cincinnati Post« berichtete Ende 2005 von einer Frau, die es mehr als zwei Jahre durchgehalten hat. Sie saß mumifiziert vor dem laufenden Fernseher und wartete auf ihre Wiedergeburt. Ihr Ehemann hatte sie die ganze Zeit über mit Wanzenspray eingedieselt, und aufgeflogen ist die Sache auch nur deshalb, weil eines Tages die Klimaanlage ausgefallen war.

Das Wohnen wird also definitiv nicht einfacher, wenn man tot ist; es ist sogar ausdrücklich verboten. Tote müssen ausziehen, ob sie wollen oder nicht. Und das liegt nicht nur an ihrer auf Dauer beklemmenden Wirkung auf die lebendigen Mitbewohner. Ariès berichtet von einem Engländer, der 1775 die Mumie seiner ersten Ehefrau so lange im Wohnzimmer stehen hatte, bis es seiner zweiten Ehefrau zuviel wurde. Das größere Problem besteht darin, daß ausgerechnet Tote lebensgefährlich werden können und schon aus Gründen der Hygiene von den Lebenden fortgeschafft werden müssen, und zwar so weit wie möglich. Irgendwann wurden in Europa die Friedhöfe nur noch außerhalb der Städte angelegt, aber nicht der größeren Ruhe und landschaftlichen Reize wegen, sondern weil man sich einen Friedhof grundsätzlich als eine kulturell überhöhte Abfallhalde vorzustellen hat. Ganz nüchtern ausgedrückt sind Tote nichts anderes als Biomüll, der entsprechend entsorgt werden muß. Diese praktischen Notwendigkeiten führen natürlich zu unlösbaren Konflikten mit den Bedürfnissen, die unter dem Begriff Pietät zusammengefaßt sind, und sorgen so seit jeher für jede Menge Gesprächsstoff.

Über Bestattungsfragen kann genauso viel, oft und ausdauernd gesprochen werden wie über das Wohnen, und praktischerweise sogar mit nahezu den gleichen Vokabeln. Es geht ja auch um das gleiche. Der Friedhof ist die Fortsetzung des ganzen Wohn-Theaters mit den gleichen Mitteln, nur eben an einem anderen Ort. Es geht in beiden Fällen – erst einmal – darum, untergebracht zu sein, und dann geht es darum, wie. Und was das heißt. Was es über einen aussagt. Vor allem darum geht es. Nach dem Zeig-mir-wie-du-wohnst-und-ich-sag-dir-wer-du-bist jetzt das: Zeig mir, wie du bestattet bist, und ich sag dir, wer du warst – oder gern gewesen wärst. Die Kölner Möbelmesse hat ihr Gegenstück in der ebenfalls in Köln stattfindenden Bestattungsfachmesse »eternity«, wo man sich über neue Designer-Särge, zum Beispiel von Luigi Colani, ins Bild setzen kann. Den Mietshäusern der Lebenden entsprechen auf dem Friedhof die gepachteten Grabstätten der Toten. Und wer zu Lebzeiten über Wohneigentum verfügte, wird sich danach vielleicht auf ein Erbbegräbnis in der Familiengruft freuen können. Obdachlosigkeit ist regelrecht verboten. Man muß. In manchen Gegenden ist der sogenannte Friedhofszwang inzwischen zwar aufgeweicht worden, es gibt Leute, die lassen sich ins Meer kippen, zu Diamanten pressen oder ins All schießen, und in Ostdeutschland sind gerade die ersten Fried*wälder* ausgewiesen worden, wo man anonym unter einem Baum beigesetzt werden kann. Aber das kann man getrost mit dem romantischen Gebaren von Hippies und Aussteigern gleichsetzen; anständige Leute gehen nach wie vor auf den Friedhof, wo es insgesamt ganz genauso zugeht, wie sie das aus dem Leben schon kannten. Es gibt die Friedhöfe, die Städten gleichen, endlose Steinmassen mit Haupt- und Nebenstraßen, guten und weniger guten Vierteln, und es gibt die Friedhöfe, wo man im Grünen wohnt, Wohnparks für die Verstorbenen, wo für Grabanlagen ähnlich strenge Gestaltungssatzungen gelten wie für die Spitzdächer in Vorstadtsiedlungen. Die meisten deutschen Friedhöfe gleichen im großen und ganzen ohnehin Schrebergärten, wo gejätet, gepflanzt und gegossen wird, was das Zeug hält. Angesichts der Massen an Leuten, die da jedes Wochenende in Trainingshosen mit ihren Gießkannen, Gartenschläuchen und Grubbern hantieren, ist es eigentlich erstaunlich, daß auf den Gräbern immer nur Stiefmütterchen wachsen und keine Erdbeeren oder Tomaten. Aber das verbietet vermutlich die Friedhofsordnung, und die Friedhofsordnung ist unerbittlich. In den deutschen Friedhofsordnungen kommt alles, was man den Deutschen jemals an obrigkeitsstaatlichem Bürokratismus nachgesagt hat, noch einmal zu voller Blüte. Nirgendwo gibt es ein rigideres Bestattungsrecht als in Deutschland. Nichts, absolut nichts bleibt hier irgendwelchen persönlichen Launen überlassen. Alles ist bis ins letzte geregelt und normiert. Weniges ist in diesem Land jemals so umfassend enteignet worden wie der Tod und die Gedenkkultur seiner Einwohner. Eigentlich ist es fast rührend, daß die DIN-Normen auch vor dem Eintritt in die Ewigkeit nicht daran denken haltzumachen. Aber inzwischen brechen sich gegen diesen Despotismus Widerstände Bahn, die auch schon wieder etwas Beunruhigendes haben. Es ist eine regelrechte Reprivatisierungswelle, die da im Augenblick auf die Friedhöfe zugerollt kommt, und so wie sich die Leute in den strengen, uniformen DDR-Plattenbauten ständig alte Wagenräder an die Balkons genagelt haben, wird jetzt auch zwischen den strengen, gleichförmigen Gräberreihen um die ganz persönliche Note gerungen, daß es kracht und scheppert. Das, nämlich krachen und scheppern, tut es bei den Beerdigungsfeiern ohnehin seit einer ganzen Weile. Fast genauso häufig wie die üblichen Beerdigungsklassiker wird heute bei solchen Anlässen Rock- oder Popmusik gespielt, war neulich irgendwo zu lesen, am häufigsten natürlich »Yesterday« von den Beatles. Aber ich war auch schon bei Beerdigungen von drogentoten Ravern, wo gnadenloser Rumms-Bumms-Techno lief und auch ansonsten gleich da weitergemacht wurde, wo der Verstorbene leider aufhören mußte. Zu viele Drogen, zu schnelle Autos – und vor allem Aids: Es ist tragisch, aber es ist offenbar auch dem Umstand zu danken, daß seit einiger Zeit aus verschiedenen Gründen wieder häufiger recht jung gestorben wird, wenn sich auf diesem Gebiet allmählich etwas bewegt. Die Exaltationen, die Andersartigkeit und auch die rebellische Wut, die bei den Todesursachen die eine oder andere Rolle gespielt haben, prägen jetzt auch die Begräbnisse und demnächst vielleicht sogar die Gräber.

Besonders anheimelnd wird das dann aller Voraussicht nach natürlich nicht. Vermutlich wird das alles sogar richtig schlimm schrill und peinlich, und am Ende, wenn die Friedhöfe erst mal so aussehen wie von Friedensreich Hundertwasser zusammengeknetet, wird das Geschrei nach den guten alten Konventionen wieder groß sein. Man weiß ja aus der Architektur und dem Städtebau, wie so etwas endet. Außerdem muß man immer damit rechnen, daß die Friedhofsverwaltungen auf den Gedanken verfallen, »mit der Zeit« gehen zu müssen und den Abgang mit Popmusik und Party zum Regelfall zurechtnormieren. Allein die Vorstellung, daß irgend so ein schwachsinniger Pop-Pfarrer auf die Idee kommen könnte, bei meiner Beerdigung etwas »Flottes« und »Zeitgemäßes«, zum Beispiel von dem »Sänger« Xavier Naidoo, aufzulegen, wäre ein Grund, vorsichtshalber gar nicht erst zu sterben. Der übliche Einwand, daß man all das ohnehin nicht mehr mitkriegt, wenn man erst einmal tot ist, ist leider nicht stichhaltig. Gerade weil das ganze Theater in der Aussegnungshalle und auf dem Friedhof vor allem für die Lebenden gemacht wird, darf man sich da nicht gehenlassen. Als Toter ist man schließlich deren Gastgeber, und das eigene Begräbnis ist die letzte Gelegenheit, noch einmal ein abschließendes Statement loszuwerden – über sich selbst und über die Welt insgesamt, darüber, wie sie ist, und darüber, wie sie sein sollte.

Offenkundiges Desinteresse an solchen Dingen ist übrigens nur die pathetischste Variante davon: »Mich könnt ihr von mir aus nachher in die Mülltonne hauen«, hat einmal ein Freund von mir verkündet, und es versteht sich von selbst, daß es sich um einen Sozialdemokraten handelte. Traditionsbewußte Sozialdemokraten müssen so sein. Der betont unsentimentale Umgang mit den sogenannten Letzten Dingen gehört sozusagen zu den Grundwerten der deutschen Sozialdemokratie, genauso wie die soziale Frage und die Wohnungsfrage, er ist gewissermaßen die Konsequenz aus beidem. Es hat vielleicht *auch* etwas mit der schockierenden Wirkung von solchen Aussagen zu tun, in der Hauptsache geht es aber darum, daß das Paradies gefälligst ins Diesseits verlegt gehört und nicht erst das nächste Leben besser werden soll, sondern bitte schon dieses. So gesehen muß es einen nicht wundern, daß der gedankliche Aufwand, der da auf die Begräbniskultur gerichtet wurde, am Ende kaum geringer war als bei den Kirchen selber. Als Bismarck mit seinen Gesetzen gegen die Sozialisten kämpfte, kämpften diese für die Feuerbestattung. Daß heute schon fast die Hälfte aller Deutschen nicht ins Grab, sondern in die Urne kommen, ist letztlich, wie man das in der DDR formuliert hätte: eine Errungenschaft der deutschen Arbeiterbewegung. Verbrennen war links, war modern, war Fortschritt – und wurde in den Kremierungsvereinen der Sozialdemokraten mit fast genau derselben religiösen Inbrunst als heilsbringend betrachtet, wie es von den Katholiken abgelehnt wurde. Die katholische Kirche hat das Verbrennen von Leichen 1886 regelrecht verboten, ein paar Jahre später sogar »bei Exkommunikation«, und erst seit 1963 akzeptiert sie es zumindest.

Ich persönlich finde, sie hätte das Verbot nicht aufheben, sondern ausweiten und mit drakonischen Strafen bewehren sollen, zum Beispiel wie früher mit – Achtung! – Verbrennungen auf dem Scheiterhaufen. Die Vorstellung, daß Verbranntwerden eine Strafe ist, leuchtet mir nach den paar Urnenbegräbnissen, die ich inzwischen mit ansehen mußte, unmittelbar ein. Großmütter, die in meiner Erinnerung die Majestät von Fußballtoren hatten, paßten plötzlich in ein Loch, das nicht größer war als eines, das man braucht, um einen Torpfosten hineinzustekken. Allein, daß man sich platzmäßig zum Schluß so radikal einschränken muß, ist, jedenfalls aus Hinterbliebenensicht, eine Zumutung. Es kann ja von mir aus sein, daß die Einäscherung die viel ältere und würdevollere Art der Bestattung war, aber der Gedanke, daß Sarkophage so etwas wie kleine Übergangswohnungen für die Wartezeit bis zum Jüngsten Gericht darstellen, hat zur abendländischen Kultur wesentlich mehr beigetragen. Ich meine damit gar nicht nur das Kunstgeschichtliche; auch das schöne, trostreiche Genre des Zombie-Films würde es gar nicht geben, wenn die Welt immer schon in der Hand von kremierungswütigen deutschen Sozialdemokraten gewesen wäre. Untote und Wiedergänger bedürfen schon eines gewissen Restes an körperlicher Unversehrtheit für ihr Tun, und in diesem Sachverhalt spiegelt sich eigentlich nur die alte, vielleicht etwas naive, aber trotzdem sehr hübsche Überzeugung, daß man am Tag des Jüngsten Gerichtes seine Gliedmaßen möglichst vollständig beieinander haben sollte. Es hat, im frühen Mittelalter, sogar Zeiten gegeben, da wurde allen Ernstes darüber spekuliert, was eigentlich mit amputierten Fingern, ausgefallenen Haaren und abgeschnittenen Zehennägeln passiert im Fall der Wiederauferstehung, denn der Tod war ja noch lange nicht das Ende, sondern nur eine Art Wartephase, damals, als man sich noch bereithielt, um ganz genauso wie ein Film-Zombie eines Tages den Sargdeckel zu öffnen. Ein Häufchen Asche kann natürlich niemals auch nur ansatzweise soviel Respekt einflößen wie jemand, mit dem im Zweifel immer noch zu rechnen ist. Und wahrscheinlich hält weniges das ehrfürchtige Gedenken an die Toten nachdrücklicher bei der Stange als ein Kadaver, bei dem sich, was früher öfters vorgekommen sein soll, mitten in einem Gottesdienst so explosionsartig die Verwesungsgase entladen, daß es ordentlich donnert und rumort in der Gruft.

Die Sepulkralkultur, die von der Kirche ausgeprägt worden ist, ist allem anderen ästhetisch dermaßen überlegen, daß sogar ihre grotesken Kehrseiten und Parodien noch davon zehren können. Bei allem, was mit Tod und Begräbnis zu tun hat, gibt es eigentlich niemanden mit größerer Fachkompetenz; es geht im Kern ja bei der Sache um nichts anderes als das. Darauf läuft alles hinaus, und wenn es erst einmal soweit ist, ist die Kirche plötzlich auch etwas, was man ihr ja sonst selten nachsagt, nämlich konsequent progressiv. Sie schaut entschlossen nach vorne, wo atheistische Beisetzungsfeiern nur unproduktiv zurückblicken können. In Ostdeutschland sind solche strikt weltlich gehaltenen Veranstaltungen naturgemäß beinahe schon die Regel, und das einzig Gute, was ich darüber sagen kann, ist, daß sie nicht ausschließlich deprimierend sind, sondern manchmal auch regelrecht komisch: Eine umgebaute Garage. Auf dem Tisch die Urne. Auf einer verstimmten Heimorgel spielt jemand etwas, von dem sich gegen Ende hin herausstellt, daß es das »Air« aus Bachs dritter Orchestersuite gewesen sein wollte. Eine Frau, die nach verschiedenen Umschulungen jetzt die Zeit, die ihr bis zum Vorruhestand noch fehlt, als Beerdigungsrednerin überbrückt, hat sich bei den Angehörigen über den Lebenslauf des Verstorbenen informiert und zählt nun auf, welche Härten er alle durchzustehen hatte. Dann versucht sie die Kurve zu kriegen und sagt: »Aber es gab auch schöne Dinge in seinem Leben. Sehr liebte Günter zum Beispiel sein Auto – sowie dich, liebe Gisela.« Dabei nickt sie aufmunternd der Witwe zu und legt sanft die Hand auf den Topf, in welchem der Verstorbene steckt, oder was auch immer die Heizer im Krematorium da hineingeschaufelt haben. Danach gehen alle in ein Gasthaus gut und günstig essen, und Günter kommt auf ein Urnenfeld, das sich zu den efeubewachsenen Grabsteinen und weinenden Marmorengeln im alten Teil des Friedhofs nicht anders verhält als ein Block Sozialwohnungen zu einem Villenviertel. Und das war es dann.

Unter dem Eindruck solcher Erlebnisse habe ich bisher eigentlich noch jedesmal mit dem Gedanken gespielt, auf den letzten Metern vielleicht doch lieber wieder in die Kirche einzutreten, und zwar dieses Mal am besten gleich in die katholische. Gar nicht so sehr aus Glaubensgründen, sondern aus reiner Mitnahmementalität. Weihrauch, dröhnende Orgeln, bißchen Latein, das ganze Brimborium – Ja, bitte, sehr gerne. In der Frage Sarg oder Urne hätte ich mich immer für das Mausoleum entschieden, für tempelartige Monumentalarchitekturen und dafür, daß Schulkinder dort einmal im Jahr Kränze niederlegen müssen und danach freibekommen, damit sie auch ordentlich motiviert sind. Billig wäre der Spaß natürlich nicht, aber wenn schon das absolute Minimalbegräbnis im anonymen Urnenfeld nicht unter 1500 Euro zu haben ist, könnte man eigentlich auch gleich richtig was drauflegen. Das Problem ist nur, daß der Friedhof, den ich dafür im Auge habe, ein evangelischer ist. Dafür liegt er aber sehr schön, nämlich am Fuß der Elbhänge in Dresden-Loschwitz. Erstens komme ich da her, zweitens überzeugt mich die landschaftliche Lage, und drittens hätte man dort ausgesprochen interessante Nachbarn.

Mein Lieblingstoter auf dem Loschwitzer Friedhof ist ein Mann, der es geschafft hat, völlig in Vergessenheit zu geraten, obwohl er wirklich alles dafür getan hat, daß das nicht passiert. Das fängt schon damit an, daß er sich Hofmann-Juan nannte, obwohl er eigentlich nur Fritz Hofmann hieß. Fritz Hofmann war 1873 in Dresden zur Welt gekommen, und man weiß praktisch kaum etwas von ihm, außer daß er Kunstmaler war und sich selbst offenbar für einen derartigen Don Juan hielt, daß er dieses Programm gleich zum Namen gemacht hat. Er hat Don Juan auch mehrmals gemalt, und wenn er das mal nicht tat, dann war zumindest die Stimmung auf den Bildern ziemlich donjuanesk. Es kann natürlich theoretisch auch sein, daß dieser Namenszusatz etwas mit dem spanischen Kubisten Juan Gris zu tun hatte, der 1906 gerade nach Paris gekommen war, wo sich damals auch Hofmann-Juan aufhielt. Aber das ist die unwahrscheinlichere Variante, denn zu diesem Zeitpunkt war Gris noch völlig bedeutungslos, und Hofmann-Juan hielt es ohnehin eher mit den Impressionisten, pflegte Freundschaften mit

Pissarro und Renoir und malte mehr oder weniger auch in deren Stil, das heißt: an den damals aktuellen Trends gezielt vorbei. Als Maler hat Hofmann-Juan sein ganzes Leben lang dem Gang der Kunstgeschichte immer irgendwie verzweifelt hinterhergepinselt, dafür ist er aber bei seinen pausenlosen Reisen dem heutigen Kunsttourismus schon mal vorausgefahren: sowieso und immer wieder nach Frankreich, natürlich nach Italien, aber auch in die Malferien auf abgelegene schwedische Inseln. In den Jahren vor dem ersten Weltkrieg ist Hofmann-Juan dann in geheimen diplomatischen Missionen unter anderem in Tunis unterwegs, wo er von Pascha-Bey mit Orden behängt wird, und malt praktisch nur noch nebenher. Den Weltkrieg macht er die vollen vier Jahre lang an allen möglichen Fronten mit, in Frankreich, Serbien und in der Türkei. Danach ist er wieder kurz in Dresden, wird Akademieprofessor, entdeckt nun im letzten Moment auch noch den Expressionismus, malt ein bißchen wie Kokoschka, liest offenbar zuviel Hesse, kriegt einen Indienfimmel, malt religiöse Barockbilder, beschriftet sie mit Sanskritformeln und fährt schließlich selbst nach Indien, wo er die Tempelfresken von Ajanta restauriert und viele feurige Bilder malt. Ab Beginn der dreißiger Jahre ist er durch mit dieser Phase und malt unter dem Eindruck einer Spanienreise von nun an die Gemälde von Velázquez noch einmal neu, wobei er den Dargestellten die Gesichter seiner Bekannten gibt, in den meisten Fällen das von Irena Rüther-Rabinowicz. Diese Frau, selbst eine Malerin, wird in der spärlichen Literatur zu Hofmann-Juan immer vielsagend als die große Muse seines Lebens bezeichnet, aber bei jemandem, der sich nach Don Juan benennt, ahnt man ja, was das heißt. Der Mann scheint sein Leben lang entschlossen gewesen zu sein, mitzunehmen, was geht; und am Ende sah man ihm das auch deutlich an. Ein spätes Porträt Hofmann-Juans von Willy Kriegel zeigt ihn als hochnervöses, vom Rauschgift zermürbtes Wrack mit krakenartigen Händen, fiebrigen Augen und einer öligen Stirntolle. Aber selbst im Malerkittel noch: rotes Einstecktuch und Seidenschal. Um mal eine vorsichtige Bewertung abzugeben: Hofmann-Juans Leben scheint am Ende *noch* besser und reicher gewesen zu sein als seine Kunst, und in der ging es schon pausenlos um großes Theater, edle Valeurs, teure Stoffe, elegante Frauen, bukolische Feste, Drama, Nervenreiz, Erotik, Action, Intensität. Es versteht sich unter solchen Voraussetzungen von selbst, daß die Umstände seines Todes am 31. Mai 1937 als hochgradig »mysteriös« gelten. Und das definitiv beste Werk seines Lebens hat Fritz Hofmann-Juan ganz unbestreitbar in dem Arrangement seines Begräbnisses geschaffen. In dem kleinen, löblichen Katalog, den die Städtischen Sammlungen Freital vor ein paar Jahren über ihn veröffentlicht haben, heißt es, er liege dort in Loschwitz »wie im Leben, so auch im Tode vereint mit der Malerkollegin Irena Rüther-Rabinowicz, deren Ehemann Hubert Rüther und der Frau Hofmann-Juans Liddy. Es wird berichtet, daß der Sarg des Künstlers im Gemeinschaftsgrab senkrecht steht und daß die Grabbeigaben ein Revolver und eine Packung Zigaretten gewesen seien.«

Geht es eigentlich noch cooler? Mit der Geliebten, deren Mann und zusätzlich noch der eigenen Ehefrau in eine Art Kommune 1 für Tote zu ziehen ist schon ganz großes Kino; aber noch besser finde ich eigentlich den Stehsarg und die Grabbeigaben. Warum nicht mal im Stehen ruhen, herumgelegen hat man schließlich schon sein ganzes Leben lang. Ich fand die Vorstellung immer unüberbietbar lässig, bewaffnet und mit Zigarette im Mund in der Erde zu stehen, als ginge es gleich weiter. Aber keine noch so outrierte Geste, die nicht eines Tages zum totalen Mainstream profaniert werden würde.

Wunderliche Grabbeigaben sind inzwischen schon wieder etwas ganz Normales. In Großbritannien gehört es fast schon zum guten Ton, das Handy mit in die Kiste zu legen. Und in der Frankfurter Allgemeinen Zeitung vom 12. 11. 2005 war zu lesen, daß die Wünsche der Briten in dieser Hinsicht immer bizarrer werden: Whiskeyflaschen, Pager, Faxgeräte, in einem Fall sogar eine Kokosnuß. Viele Männer bestünden darauf, ihre Golfschläger beigelegt zu bekommen, zwei Prozent der Leute nehmen Bargeld mit, und ein Siebzehnjähriger namens Aaron Howard, der in Clearwell bei einem Autounfall umgekommen war, soll sogar mit einer Tüte seiner Lieblingschips sowie mehreren Büchsen Bier beerdigt worden sein.

Und was das Stehbegräbnis betrifft: Das habe ich auch nur so lange für den Gipfel des Dandytums gehalten, bis ich vor etwa einem Jahr lesen mußte, daß ein australischer Bestattungsunternehmer Vertikalfriedhöfe für platzsparende Billigstbegräbnisse anlegen will: Dreißigtausend Leute sollen da in biologisch abbaubaren Müllsäcken verpackt anonym nebeneinander unter einer Pferdekoppel stehen wie ein namenloses Heer von Leichen. Wie diese chinesische Terrakottasoldatenarmee. Unter solchen Perspektiven gehen die Individualisierungshoffnungen, die ich ins Stehbegräbnis gesetzt hatte, natürlich vollkommen ins Leere. Um sich von den vielen Liegenden und Stehenden abzugrenzen, bliebe eigentlich nur noch das Sitzen. Aber Hinsetzen bringt auch nichts. Bei Sitzbegräbnissen ist es genau das gleiche. Auf der einen Seite ist das Testament jenes seltsamen Marquis Maurice d'Urre d'Aubais, der dem französischen Staat 1927 sein gewaltiges Vermögen nur unter der Bedingung vermacht hat, er wünsche »in einem Sessel unter einem gläsernen Reliquienschrein zu sitzen. Dieser Reliquienschrein muß mit Blick auf das Meer aufgestellt werden, an einem öffentlichen, ständig erhellten Platz in der Nachbarschaft eines Leuchtturms und einer Funk- und Telegraphenstation.« Und auf der anderen Seite dann aber neulich die DPA-Meldung, daß Johannesburger »Tüftler« pyramidenförmige Sitzsärge erfunden hätten: »Die hölzernen Kisten benötigen zwei Drittel weniger Platz als herkömmliche Modelle und gelten als diebstahlsicher. Eine auf Körpergeruch reagierende Chemikalie verfärbt das Holz, sobald die Leiche zu verfallen beginnt. Grabräuber können den Sarg deshalb nicht mehr ohne weiteres ausgraben und weiterverkaufen. Auf den überfüllten Friedhöfen Südafrikas könnten Sitzsärge Erfolg haben.«

Was auch immer ich jemals für eine ganz exaltierte Ausnahmenummer gehalten habe, entpuppt sich am Ende als sepulkraler Sozialwohnungsslum.

Künstlerisch wertvolles Einzelstück oder banale Massenproduktion – das Problem wird man offenbar auch durch massive Zuzahlungen nicht los. Es sieht ganz so aus, als könnte man sich von seinem inneren Werkbundkonflikt auch dann nicht loskaufen, wenn Manufactum ins Begräbnisgeschäft einstiege. Man kann sich drehen und wenden, wie man will: Die Sache bleibt empörend und eine bodenlose Zumutung. Und damit meine ich nicht nur den Tod. Wie gesagt, auf christlichen Grabsteinen steht häufig etwas von »Heimkehr«. »Wie lieblich sind Deine Wohnungen, Herr Zebaoth«, heißt es im Deutschen Requiem, und wenn man schon nicht an Gott glaubt, dann ja wohl wenigstens an Brahms. So gesehen ist alles Wohnen vor dem Tod eigentlich mehr oder weniger nur ein Training für den Ernstfall. Man könnte auch sagen: Wohnen ist ein bißchen wie Sterben. Wohnberatung ist also Sterbehilfe und müßte als solche verboten werden. Die Sache ist viel zu ernst, um sich da von aufgekratzten Innenarchitektinnen reinreden zu lassen. Und wenn ich an dieser Stelle mal so etwas wie ein Fazit ziehen darf, würde ich sagen, daß es ganz so aussieht, als würde es für die Wohnungsfrage auf dieser Erde sowieso keine Lösung mehr geben, sondern nur das, was sie in den Kirchen als Erlösung bezeichnen. Dieser Moment ist gekommen, wenn nichts mehr übrig ist und die Grabstelle abgeräumt wird, also im Normalfall zwanzig Jahre nach dem Tod; wenn man ein sogenanntes Schnellverwesungsgrab gebucht hat, ist es schon nach zwölf Jahren soweit. Dann kann diese ganze anstrengende Bespiegelung des eigenen Ichs durch die Unterkunft endlich gut sein gelassen werden.

Bis es soweit ist, könnte man einfach noch mal ein bißchen rausgehen und zum Beispiel leben. Und vielleicht, wer weiß, begegnen einem dabei ja Dinge, mit denen sich dieses Dasein dann von ganz alleine möbliert.

Literatur

Eine vollständige Bibliographie dessen, was es zum Thema Wohnen zu lesen gäbe, würde ein eigenes Buch erfordern. Deshalb hier nur eine kleine Auswahl an Titeln, die ich besonders lesenswert fand und aus denen ich zum Teil zitiert habe:

Iñaki Ábalos: The good life. A guided visit to the houses of modernity. Barcelona 2001.
Philippe Ariès: Geschichte der Kindheit / des Todes. München 1975/1980.
Roland Barthes: Mythen des Alltags. Frankfurt am Main 1964.
Jean Baudrillard: Das System der Dinge. Über unser Verhältnis zu den alltäglichen Gegenständen. Frankfurt am Main 1991. (1968).
Adolf Behne: Der moderne Zweckbau. (1926) Frankfurt am Main, Berlin 1964.
Walter Benjamin: Einbahnstraße. Berlin 1928.
Bundesministerium für Raumordnung, Bauwesen und Städtebau: Großsiedlungsbericht. Bonn 1994.
Beatriz Colomina: Privacy and Publicity. Modern Architecture as Mass Media. Cambridge, London 1994.
Hans Cornelissen (Hrsg.): Dwelling as a Figure of Thought. Amsterdam 2005.
Christian Demand: Don't simplify your life: Wider das einfache Denken. Radiomanuskript Bayrischer Rundfunk München 2002.
Kerstin Dörhöfer (Hrsg.): Wohnkultur und Plattenbau. Beispiele aus Berlin und Budapest. Berlin 1994.
Friedrich Engels: Zur Wohnungsfrage. (1872) In: Marx-Engels-Werke Bd.18, Berlin 1971, 209–287.
Ingeborg Flagge (Hrsg.): Geschichte des Wohnens, 5 Bde., Bd. 5, 1945 bis heute, Aufbau, Neubau, Umbau. München 1999.
Josef Frank: Architektur als Symbol. Elemente deutschen Neuen Bauens. Wien 1931.
Christoph Hackelsberger: Plädoyer für eine Befreiung des Wohnens aus den Zwängen sinnloser Perfektion. Braunschweig, Wiesbaden 1983.
Christine Hannemann: Normiertes Glück: Eigenheim und Platte. Vortrag anläßlich der Bauhaus-Konferenz Modernisierung und Urbanisierung in Dessau am 4. und 5. 12. 1997. http://www2.hu-berlin.de/stadtsoz/mitin/ch/workingpaper3.htm
Christine Hannemann: Die Platte. Industrialisierter Wohnungsbau in der DDR. Berlin 2000. (2., um ein Kapitel »DDR-Neubaugebiete seit der Wende« erweiterte Auflage. Erstausgabe: Wiesbaden 1996.)

Hartmut Häußermann, Walter Siebel: Soziologie des Wohnens. Eine Einführung in Wandel und Ausdifferenzierung des Wohnens. Weinheim, München 1996.

Dieter Hoffmann-Axthelm: Der »Republikanerschock« und die rot-grüne Baupolitik in Berlin. In: Archplus 99, 7/1989, 40–47.

Thomas Hoof: Manufactum Warenkatalog Nr. 18. Waltrop 2006.

Kurt Junghanns: Das Haus für alle. Zur Geschichte der Vorfertigung in Deutschland. Berlin 1994.

Gert Kähler (Hrsg.): Geschichte des Wohnens, 5 Bde., Bd.4, 1918–1945, Reform, Reaktion, Zerstörung. München 1996.

Staffan Lamm, Thomas Steinfeld: Das Kollektivhaus. Utopie und Wirklichkeit eines Wohnexperiments. Frankfurt am Main 2006.

Reinhard Lettau: Schwierigkeiten beim Häuserbauen. München 1962.

Beate Manske (Hrsg.): Wie wohnen. Von Lust und Qual der richtigen Wahl. Ästhetische Bildung in der Alltagskultur des 20. Jahrhunderts. Ostfildern-Ruit 2004.

Jürgen Paul: Der »Rembrandtdeutsche« in Dresden. In: Dresdner Hefte 57, 1/1999, 4–13.

René Pollesch: »Stadt als Beute« und »Insourcing des Zuhause. Menschen in Scheiss-Hotels«. In: Wohnfront 2001–2002. Volksbühne Berlin 2002, 5–80.

Ylva Queisser, Lidia Tirri: Allee der Kosmonauten. Einblicke und Ausblicke aus der Platte. Berlin 2004.

Xenia Riemann: Die »Gute Form« und ihr Inhalt. Über die Kontinuität des sachlichen deutschen Designs zwischen 1930 und 1960. In: kritische berichte 1/2006, 52–62.

Adelheid von Saldern: Häuserleben: Zur Geschichte städtischen Arbeiterwohnens vom Kaiserreich bis heute. Bonn 1995.

Axel Schildt, Arnold Sywottek (Hrsg.): Massenwohnung und Eigenheim. Wohnungsbau und Wohnen in der Großstadt seit dem Ersten Weltkrieg. Frankfurt am Main, New York 1988.

Brigitta Schmidt-Lauber: Gemütlichkeit. Eine kulturwissenschaftliche Annäherung. Frankfurt am Main / New York 2003.

Markus Schroer: Nomade und Spießer. Über Mobilität und Seßhaftigkeit. In: Merkur 11/2005, 1105–1109.

Richard Sennett: Verfall und Ende des öffentlichen Lebens. Die Tyrannei der Intimität. Frankfurt am Main 1986.

Thomas Sieverts: Zwischenstadt. Zwischen Ort und Welt, Raum und Zeit, Stadt und Land. Braunschweig, Wiesbaden 1997.

Georges Teyssot: Die Krankheit des Domizils. Wohnen und Wohnbau 1800–1930. Braunschweig 1989.

Jens Thiel: Das beste Möbel der Welt. In: Der Freund Nr. 4, 2005, 6–13.

Martin Warnke: Zur Situation der Couchecke. In: Jürgen Habermas (Hrsg.): Stichworte zur »Geistigen Situation der Zeit«, 2. Band, Frankfurt am Main 1979, 673–689.

Register

0190-Nummern 167
16:9 (Breitwandformat) 162
1984 (Roman) 160

Abhöranlagen 129
Abriß 55, 77, 187
Abstand 26
Adlershof 189
Adonia 68
Adresse 24, 95f.
Affektkontrolle 175
Agnostiker 198
Alessi 12, 177
Alphaville 99
Alster 96
Altbau 23f., 66
Altersheim 190ff.
Alterssitz 194
Altersversorgung, private 14
Altersvorsorge 182f., 189f.
Altschuldenhilfegesetz 182, 185
Altstädte, historische 32
Anker-Steinbaukasten 51, 53
Anklam 52, 83
Anschrift(en) 96
Ariès, Philippe 46, 196, 201
Armaturen 176f.
Arschgeweih 84f.
Askese 137f., 150

Asozialität 147
Atheistische Beisetzungsfeiern 207
Aufbau-Ost-Milliarden 14
Aussegnungshalle 204
Autobahnraststätte 170, 180
Avenarius, Ferdinand Ernst Albert 126ff., 130, 132, 143, 153f., 156, 165
Axt 7, 11f., 161

Bach, Johann Sebastian 207
Bachelard, Gaston 68
Bad 64, 176ff., 181
Badewannen, freistehende 37
Badezimmerarmaturen 176
Balkon 25, 77
Bardot, Brigitte 165
Baudelaire, Charles 104
Bauhaus 136, 140, 145
Bauhausklinke 140
Bauhausstil 105, 129
Baukasten 51, 53
Baukasten im Großen 54
Baumärkte 100
Bausparkasse Badenia 182, 184
Bauwirtschaftsfunktionalismus 54
Bayern 49

Bayreuth 49
Beatles 203
Beckenbauer, Adolf 146
Beerdigungsfeiern 203
Befreiung des Wohnens 138
Begräbniskultur 205
Benjamin, Walter 151
Benjaminscher Engel 13
Berlin 7, 51, 71, 84, 96, 99, 110, 179, 189f.
Berlin-Gropiusstadt 96
Berlin-Johannisthal 52
Berlin-Kreuzberg 79, 97
Berlin-Lichterfelde 52
Berlin-Mitte 78, 126
Berlin-Neukölln 97
Berlin-Prenzlauer Berg 24, 33, 66, 68
Berlin-Tempelhof 52, 108
Bertolucci, Bernardo 164
Best Ager 191
Bestattungsrecht 203
Bestecke 120
BFC Dynamo 83
Biedermeier 103, 161
Big Brother 166
Bill, Max 155
Billy-Regal 12
Biographiebildung 71
Bismarck, Otto von 205
Blair, Tony 41
Bloch, Ernst 107, 173
Blümchen (Sängerin) 70

217

Bondage 95
Boudoirs 104
Bowie, David 110
Brahms, Johannes 212
Breuer, Marcel 174
Bronnen, Arnolt 57
Brûlé, Tyler 144ff.
Builder 90, 92f., 95
Bundesbauministerium 187
Bundy, Al 165
Bürgerliche Wohnkultur 107, 110
Bürgschaften 26
Business-Nomaden 80
Bußprediger 139

Calder, Alexander 88
Calvino, Italo 173
Carinhall 142
Casa Malaparte 165
Celebration City 99
Ceran-Kochfeld 25
Christiansen, Sabine 86
Classic 113
Cobain, Kurt 199
Cocooning 107, 114f.
Colani, Luigi 202
Colomina, Beatriz 164
Computerspielkonsolen 50
Cottbus-Sachsendorf 54

Dach 32, 62, 65ff., 79, 92
Dachböden 58
Dachgeschoß, -geschosse 51, 65ff.
Dachgeschoß-Maisonetten, witzig geschnittene 65
Dachgeschoßwohnungen 65
Dachschrägen 64, 67
Dalí, Salvador 88, 104f.
DDR 14, 29, 36, 39, 45, 78, 83, 90, 99, 143, 186, 205
DDR-Kulturfunktionär 77
DDR-Moderne 78
DDR-Staatssicherheit 19
Deckenbalken 32
Decontainment-Mutti 10
Dekorationsexzesse 18
Deko-Soaps 9
Delon, Alain 164
Der Kunstwart (Zeitschrift) 64, 127f., 130f., 154
Design 91, 114, 134, 141, 150, 175, 178, 181
Designer-Lampen 12
Designer-Möbel 28
Designer-Särge 202
Desillusionierung des Eros 105
Deutsche Arbeitsfront 142
Deutsche Warenkunde 142
Deutscher Werkbund 128
Deutsches Reich 124
Deutsches Requiem 212
Deutsches Warenbuch 134
Deutschlandfunk 56
Die Zeit (Wochenzeitung) 127
Dielen, abgezogene 23ff.
Diktatorenstatuen, nordkoreanische 145
DIN 45, 203
Distinktionskämpfe, soziale 17
Dix, Otto 105
Dixon, Tom 178
Dorsten 54
Downing Street 41
Drehtür 141, 174
Dresden 72, 122, 126, 156f., 159, 208f.
Dresden-Johannstadt 36
Dresden-Loschwitz 208
Dresden-Weißer Hirsch 96
Drittes Reich 123
Dürerbund 65, 128, 133
d'Urre d'Aubais, Maurice Marquis 211

Eames-Sessel 112
Ecken, runde 41, 46
Edra 28
Ehrenreich, Barbara 113
Eigenheim(e) 100, 185f.
Eigenheimzulage(n) 14, 188
Eigentumsbildung 70, 185
Eigentumsquote 80, 183
Einbaukamine 86, 170, 181
Einfache der Sachlichkeit, das 120
Einrichtungsberater 111f.
Einrichtungsfibeln 17, 20
Einrichtungsmagazine, -zeitschriften 9, 16, 35, 160
Einrichtungspädagogen 21
Einstürzende Neubauten 68
Einzelanfertigung 20, 39
Einzelzimmerzuschlag 196
Elbhang 62
Elektroherde 38
Elektrokamin 113
Engels, Friedrich 13
England 91, 93f., 146
Engländer 92, 94, 120, 132, 201
Englische Erziehungsspiele 95
Entbindungsstation 35
Entrümpeln 150

Enzensberger, Hans Magnus
  158
Equipment-Spastis 179
Erster Weltkrieg 129, 132, 209
Erwachsenen-Tretroller 147
Erwerbstätigengesellschaft 16
Erziehen 69, 137, 154
Erzieher 121, 122ff., 127, 134, 147
Esstisch(e) 12, 26, 115
Exklusivität 155
Expressionismus 209

Fahrstuhl, Fahrstühle 13, 58, 68
Familiengruft 202
Familistère 75
Fantasy-Poster 151
F(elscherinow), Christiane
  110
Feng Shui 88
Fernsehen, Fernseher 9f., 21, 27, 80, 158ff., 168, 178f., 200
Feuerbestattung 205
Flachbildschirm 163
Flächenabriß 54, 79
Flecken, verräterische 19
Flexibilität 87, 194
Flexibler Grundriß 87
Fließband 36
Flügeltüren 23f., 38, 78
Ford, Harrison 64
Fourier, Charles 75
Frank, Josef 135f.
Frankfurter Küchen 154
Frau Bahmann 61ff.
Freie Liebe 70, 74
Freudianer 55
Friedhof 200ff., 204, 208
Friedhofsordnung 202
Friedhofszwang 202
Friedwälder 202
Funès, Louis de 123
Funkamateure 67
Funktionalismus 87

Gardinen 160
Gartenstadt 55, 133
Gasherd 175
Gated Communities 90, 98
Geburtshaus 31ff.
Geburtsort 40
Geburtsstuhl 32, 38
Gedenkkultur 203
Gediegenheit 133f., 138, 140, 157
Gegensprechanlagen 98
Gehaltsnachweise 26
Gehäschel 47
Gelsenkirchener Barock 154
Gemütlichkeit 30, 60
Gentrification 71
Gestaltungssatzungen 202
Godard, Jean-Luc 99
Gorbatschow, Michail 28
Göring, Hermann 142
Grab 20, 200, 205
Grabbeigaben 200, 210
Grant, Hugh 41
Gretsch, Hermann 140
Grimmscher Märchenwald 63
Gris, Juan 208
Gropius, Walter 54f., 129, 136, 140
Großbritannien 210
Großer Wenderoman 185
Großstadtfeindlichkeit 200
Gute Form 141

Hager, Kurt 29
Hahne, Peter 125
Halle 72
Halle-Neustadt 51, 77
Halogenstrahler 25
Hamburg 46, 96
Hamburg-Blankenese 96
Hamburg-Mümmelmannsberg 96
Hamburg-Wilhelmsburg 97
Handwerk 132
Handwerker 92f., 139, 154
Handwerkskunst 153
Handy 210
Hartz IV 58
Haus, Häuschen im Grünen 70, 90, 100f.
Hausbesetzer 70, 72f., 79, 97
Hausbesitzer 7, 73
Hausfrau 13, 76, 102f.
Hausgeburt(en) 31, 33f., 38, 197
Hausnummer 95f.
Häußermann, Harald 16
Hauszinssteuer 13
Heavy Metal 56
Heavy-Metal-Plattencover 151
Heidegger, Martin 20
Heim 193
Heimliche, das 55
Heimwerkersendungen 21
Hellerau 133, 156
Hendrix, Jimi 199
Herrenzimmer 102, 104
Herrgottswinkel 161
Hesse, Hermann 209
Heuss, Theodor 127
Heyerdahl, Thor 147
Hitler, Adolf 123, 142
Hockgeburt 32
Hof 49
Hofmann-Juan, Fritz 200, 208ff.

Höhle 9
Homer 197
Homing 114f.
Honecker, Erich 56
Hoof, Thomas 152f.
Howard, Aaron 211
Hoyerswerda 77
Hundertwasser, Friedensreich 204
Hungerstil 156
Huysmans, Joris-Karl 18
Hygiene 37, 131, 172, 201
Hygieniker 31
Hysterie 55

Ich-Leichen 57
Ikea 10, 20, 107ff., 117ff.
Ikea-Du 108
Immobilienmakler 23, 88f.
Industrialisierung 131, 136, 172
Industriemoderne 37, 132, 157
Innenarchitektin 7, 23, 125
Intelligentes Haus 178, 180
Internet 23, 27, 38, 147, 179

Jagger, Mick 94
Jena 121
Jugendstil 104
Jugendzimmer 51, 56
Jüngstes Gericht 206

KaDeWe 191
Kaffeekannen 120
– intellektuelle 134
Kaffeetöpfe 132, 146
Kafka, Franz 130
Kalter Krieg 185
Kamine 160, 181

Kastration 55
Katholische Kirche 205ff.
Kellertreppen 58
Kindergärten 48
Kinderkliniken 31f.
Kinderspielzeug 41
Kinderstube 41, 43f.
Kindertagesstätten 48
Kinderzimmer 41, 43ff., 49, 56
Kirchen 205
Kita(s) 41, 48
Klavierstunde 61f.
Kleintierzucht 65
Klimaanlage 201
Klingelschilder 98
Klingeltöne 189
Klinke 56, 139ff.
Kloeppel, Peter 27
Kokoschka, Oskar 209
Kollektives Wohnen 194
Kollektivhaus 74
Kollwitzplatz 39
Kolonial 113
Kolonialstil 90, 119
Köln 34, 202
Köln-Chorweiler 54
Köln-Marienburg 96
Kölner Möbelmesse 116, 163
Kommune 1 210
Kommunen 70, 74, 194
Kommunismus 13
Kommunisten 172
Kosuth, Joseph 84
Krankenhausbauten 31
Kraus, Sonya 10
Krematorium 200, 207
Kremierungsvereine 205
Kreuzberger Mischung 90, 97
Kriegel, Willy 209
Krieger classicline 113
Kruder-und Dorfmeister-CDs 147

Krüppelwalmdächer 100
Küche 25, 64, 75, 88, 150, 178, 181
Küchendurchreiche 70, 75
Kühne, Lothar 76
Künast, Renate 183
Kunsterziehung 126
Kuratorium Deutsche Altershilfe 194
Küstenmacher, Werner »Tiki« 120, 147, 149

Laminat 25, 66
Lance, Adolphe 172
Landhausstil 144
Landschaftspanorama 162
Langbehn, Julius 121ff., 126, 128, 149, 156
Laugier, Marc-Antoine 9
Lausitz 49
Läuterung 137
Lebensabschnittserwerber 88
Lebensreformer 138
Le Corbusier (Charles-Edouard Jeanneret) 172
Legende von Paul und Paula 36
Lego 53
Leichtbausysteme 53
Leipzig 72, 120, 126
Leki 146
Letzte Dinge 204
Ley, Robert 142
Life-Leadership 148
Lilienthal, Gustav 51ff.
Lilienthal, Otto 51
Lilienthal-Baukasten 54
Lollobrigida, Gina 104
London 41. 92f.
Loos, Adolf 53, 135
Lounge 42, 107, 117
Loungecharakter 10

LSD 58
Lübke, Helmut 113
Ludwig XIV. 20
Lundia 47
Lüsterweibchen 102, 104
Lustig, Peter 80
Luxus 131, 138
Magaluf 94

Maisonette 68
Maklergesülze 18
Mann, Thomas 65
Mansarde(n) 51, 62, 67
Manufactum, M.-Katalog 38, 120, 152ff., 212
Märkisches Viertel 51, 79
Massenartikel 131
Massentrend Individualität 17
Massenwohnungsbau, industrieller 54
Materialgerechtigkeit 153
Matthäus, Lothar 27
Mausoleum 20, 208
May, Karl 127
Mechanisierung des Bauens 54
Medizinische Akademie »Carl Gustav Carus«, Dresden-Johannstadt 36
Mega-Breitwand-Plasmabildschirme 163
Meiklokjes, Enie van de 10, 120
Merkel, Angela 19
Meta-Stadt Wulfen 54
Mieterschutz 66
Mietshaus 36
Mietskasernen 36
Minimalismus 144
Mitbewohner 23f., 201
Möbel Hübner 110ff., 118
Möbelbranche 107, 113, 130

Möbeldiscounter 100, 109
Möbelhandel 59, 90
Möbelmarkt 16, 127
Möbelmesse 113, 116, 163
Möbelpacker 82
Mode 17, 25, 35, 47, 164
Modern Living 113
Monitor (Fernsehsendung) 116
Monoblock 157
Monotonie 76
Montagehäuser 52
Montaigne, Michel de 47
Moodmanagement 180
MTV 19
München 24, 66, 96, 121f.
München-Hasenbergl 96
Musterhaus-küüü-chenfach-geschäft 113
Muthesius, Hermann 30
Mutterkuchenkuchen 48
My home is my castle 91

Naidoo, Xavier 204
Neonlicht 38
Nestbautrieb 103
Neubauwohnungen 37f.
Neue Bürgerlichkeit 78
Neue Einfachheit 139, 144
Neue Heimat 54
Neue Sachlichkeit 105, 173
Neuer Markt 185
Neues Bauen 174
New Economy 33, 147
Nierentische 154
Nietzsche, Friedrich 121f., 146
Nissen, Momme 123
Noelle-Neumann, Elisabeth 17
Nomadentum 49
Nouveautés 128

Nüchterne Nüchternheit 143
Null-Medium 158

Obdachlose 198
Obdachlosigkeit 27, 80, 202
Oberwiesenthal 64
OBI 155
Ochsenblut 24
Orwell, George 160

Päderasten 59
Pädophile 41
Panoramafenster 160
Pantoffeln 129
Panton, Verner 105
Paradox der Mode 17
Paris 104, 208
Parkett 78
Pathetische Nüchternheit 143
Pax-Barmen-Vikedal-Kleiderschrank 118
Pendlerpauschale(n) 14, 188
Penthouse, Penthäuser 65
Persönliche Note 144, 169, 203
Phalanstères 74
Phallusmännchen 167
Pietät 201
Pimpeln 130
Piscator, Erwin 174
Pissarro, Camille 208
Plato 28
Plattenbau(ten) 20, 31, 36f., 51, 72, 77f., 183, 185ff., 203
Plattenbau-Quartettspiele 55
Plattenbauwohnungen 14, 36, 45, 187
Platzeck, Matthias 41

221

Playmobilisierung aller
  Dinge 46
Plazentaplätzchen 48
Poe, Edgar Allan 88
Poelzig, Hans 138
Pop-Pfarrer 204
Privatapartment 74
Privatisierung 187
Privatsphäre 15, 92
Prominenten-
  Homestorys 16
Pruitt-Igoe 54
Pubertät 51, 56

Quelle-Katalog 134

Radio 67
Rasterfassaden 31
Rattan 110
Rauhfaser 23, 168
Reformpädagogik 53
Reihenhaus 92
Rembrandt-Deutscher
  120
Renaissance der
  Innenstädte 99
Renoir, Auguste 208
Rentner 190f.
  – schimpfende 44
Restauration 13
Retromöbel 12
Revolutionsarchitektur
  111
Richter, Friedrich Adolf 53
Rigips 25, 66f., 168
Ring Deutscher Makler
  80
Rist, Pippilotti 115
Roofpools 65
Rösel, Peter 62
Ruhesitz 194
Ruskin, John 132, 152
Rüther, Hubert 210
Rüther-Rabinowicz, Irena
  209f.

Sachlichkeit 132, 140
Sanierungsgebiet 66
Santiago de Compostela
  167
Sarkophage 111, 205
Schanzenviertel 96
Scheffler, Karl 137
Scherf, Henning 194
Schily, Otto 129
Schmeißfliegen 200
Schmucklosigkeit 140
Schöner Wohnen 116,
  125
Schopenhauer, Arthur 121f.
Schrankwand 60, 77, 111,
  159, 162f.
Schrebergärten 202
Schröder, Gerhard 19
Schrottimmobilien 183
Schund und Schmutz 128
Schutzgemeinschaft für
  allgemeine Kredit-
  sicherung (SCHUFA)
  18
Schwabe, Hermann 15
Schwabesches Gesetz 15
Schweden 108, 135
Schweiger, Til 146
Scott, L'Wren 94
Seiwert, Lothar J. 148f.
Sellers, Peter 165
Seniorenresidenz 194
Senioren-WG, -
  Wohngemeinschaft(en)
  190f., 194
Sensor 170
Sepulkralkultur 206
Serienproduktion 20
Serviettenringe 78
Sessel mit Auswurf-
  mechanismus 116
Sesselrutscher 59
Seßhaftigkeit 49
Sex 55, 68, 90f., 105, 166
Siebel, Walter 16

Siedlungsbau 55
Siedlungswohnungen 13
Simmel, Georg 17
Sitzbegräbnisse 200, 211
Sitzsäcke 41
Sitzsärge 211f.
Slums 32, 90, 99
Smart House 178
Sofaecke 161
Souterrains 12
Sozialdemokrat(en),
  Sozialdemokratie
  204ff.
Soziale Frage 204
Sozialismus, Sozialisten
  67, 73, 75, 187, 205
Speckgürtel 100
Spiegel (Magazin) 7, 116
Sprengung 72
Städte, schrumpfende 14
Stadtschrumpfung 182
Stadtumbau Ost 187
Stadtumbau West 188
Staffelmieten 26
Stahlrohrsessel 135
Stalinallee 14
Stehbegräbnis(se) 200,
  211
Sterbesakramente 197
Steuersparbtrieb 182
Stewart, Martha 27
Stilvoll Wohnen: Englisch
  110
Stilvolles Wohnen:
  Altdeutsch, Landhaus
  111
Strenge Erziehung 137
Stuck 38, 66, 78, 131, 173
Studierstuben 104
Sturmfreie Buden 51
Stuttgart 24, 136
Surrogat-Industrie 131,
  139
Swimmingpool 92
Swissair 145

Tante »i« 62, 64
Tati, Jacques 175, 180
Technoider Firlefanz 173
T-Com-Haus 179f.
Teelichter 110
Teletubbies 23
Tempelfresken von
  Ajanta 209
Terrakotta-Armee 211
Teyssot, Georges 103, 105
TGL-Normen 45
Thiel, Jens 157
Thoreau, Henry 148
Tokio Hotel 56
Tolstoi, Leo 197
Topsaniert 24
Totalauflösung wegen
  Wasserschadens 113
Totenbett 198
Traumhaus 184, 190
Truffaut, François 164
Trümmerfrauen 14
Türklinke(n) 120, 124,
  139ff.

Ulmer Hocker 155
Umzugskisten 23
Umzugsunternehmen 80
Unheimliche, das 55
Untote 206
Urbanität 100
Urhütte 9
Urne 20, 205, 207f.
Urnenfeld 207f.
USA 36, 40, 54

*Velázquez, Diego
  Rodríguez de Silva y*
  209
Velux-Fenster 67
Verband der deutschen
  Möbelindustrie 17
Verbraucherschutz 184
Verbundfenster 67
Verfeinerungszwänge 18

Verkinderzimmerung 46
Vermögen, anrechenbares
  14
Vertikalfriedhöfe 211
Villa, Villen 20, 62, 70f.,
  94, 194
Vitra 112
Vogel, Hans-Jochen 194
Volxküchenfolklore 79
Vorher-Nachher 124
Voyeurismus 21
Vulvafrauen 167

Wachtturm 128
Wagenburgen 80
Wagenfeld, Wilhelm 139
Wagenfeld-Lampen 112
Wagner, Richard 126
Wahlomat 28
Wallpaper 144ff.
Warhol, Andy 70, 74
Warhols Factory 70, 74
Warnke, Martin 161f.
Wasserhahn 141, 171
Wasserklosett 32, 38
WBS 70 70, 75
Weber-Fertighaus 179
Wegschmeißen 151
Weihrauch 208
Weimar 136
Weimarer Republik 13,
  118, 123, 154
Weißenhofsiedlung 136
Werkbund 20, 128, 133,
  135, 138, 142, 212
West, Mae 105
Westdeutsche Dach-
  geschoßdeppen 66
Westerwelle, Guido 19, 79
WG *(siehe auch
  Wohngemeinschaft)*
  23, 74, 190, 195
Wiedergänger 206
Wiedergeburt 200
Wien 123, 139

Wigley, Mark 164
Winkekatzen, vietname-
  sische 150
Wittgenstein, Ludwig 139
Wittgenstein-Klinke 139
Wittler, Tine 10, 19, 21,
  120, 165
Wohmann, Gabriele 61f.
Wohnbedingungen 12, 95
Wohnberatung 23, 212
Wohnbewußtsein 96
Wohneigentum 13, 88,
  182f., 185, 202
Wohngemeinschaften 70,
  194f.
Wohnhöhlen 46, 105
Wohnkarriere(n) 16, 70f.,
  199
Wohnkultur 11, 25, 107,
  110, 112, 131, 163, 168
Wohnlage(n) 18, 90, 95
Wohnmaschine(n) 46, 87,
  172
Wohnmobil 80
Wohnpädagogik 120
Wohnratgeber 17, 20f.
Wohnschwuchteln 18
Wohn-Shows 9
Wohnstil 16, 135
Wohnsiedlungen 13
Wohntyp 27
Wohnung für das
  Existenzminimum 118
Wohnungsausstattung
  15
Wohnungsbau 36f., 54f.
Wohnungsbauprogramm
  14, 36
Wohnungseinrichtung(en)
  108, 120, 130, 144, 151
Wohnungsfrage(n) 13f.,
  117, 196, 198, 204, 212
Wohnwelten 113, 178
Wohnzellen 54
Wohnzeitschriften 18, 120

Wohnzimmer 45f., 61, 73, 104f., 107, 110, 113, 116f., 159, 161f., 168, 178, 201
Wohnzufriedenheit 13
Wolfe, Tom 135

ZDF-Reporter 166

Zehn Gebote der Wohnungseinrichtung 120, 130
Zentralheizungen 38, 168
Zersiedlung 100
Zille, Heinrich 12f.
Zimmer der Dame 104
Zimmerfluchten 198

Zimmermann, Eduard 150
Zombie 206
Zusammenziehen 23, 102
Zwangsversteigerungen 26
Zweck-WG 74
Zweite Welt 34